Erlhoff

THEORIE DES DESIGNS

Michael Erlhoff

THEORIE DES DESIGNS

Wilhelm Fink

Umschlagabbildung:
Foto: Uta Brandes

Bibliografische Information der Deutschen Nationalbibliothek

Die Deutsche Nationalbibliothek verzeichnet diese Publikation in der Deutschen Nationalbibliografie; detaillierte bibliografische Daten sind im Internet über http://dnb.d-nb.de abrufbar.

Alle Rechte, auch die des auszugsweisen Nachdrucks, der fotomechanischen Wiedergabe und der Übersetzung, vorbehalten. Dies betrifft auch die Vervielfältigung und Übertragung einzelner Textabschnitte, Zeichnungen oder Bilder durch alle Verfahren wie Speicherung und Übertragung auf Papier, Transparente, Filme, Bänder, Platten und andere Medien, soweit es nicht §§ 53 und 54 UrhG ausdrücklich gestatten.

© 2013 Wilhelm Fink Verlag, München
(Wilhelm Fink GmbH & Co. Verlags-KG, Jühenplatz 1, D-33098 Paderborn)

Internet: www.fink.de

Einbandgestaltung: Evelyn Ziegler, München
Printed in Germany.
Herstellung: Ferdinand Schöningh GmbH & Co. KG, Paderborn

ISBN 978-3-7705-5285-6

Inhalt

Das Vergnügen an der produktiven Rezeption
– ein Vorwort – 9

BASEMENT

Design – Design – Design
– eine Einführung – 15

Linke Hand am linken Griff
– Ansichten einer geselligen Kunst – 29

Design als offenes System 43

SOUTERRAIN

Kreativität 51

Von innen nach außen 57

Würfel-Würfe 63

Wider die Banalität der Tiefe 79

PARTERRE

Harte Lebenswelten 93

Stadteinwärts
– Anmerkungen zur Verortung – 101

Touch Point
– wo man sich trifft – 105

Mediale Unmittelbarkeit
– Artefakte und deren Ansehen – 115

Modus Mode
– Die Inkarnation von Design – 123

Im Nebel der Mütterlichkeit
– Gedanken zu Material und Immaterial – 135

Die natürliche Tochter
– Design als Inszenierung – 141

HOCHPARTERRE

Informationen aus dem Urwald
– Design und Aufmerksamkeit – 149

In dubio pro re 155

Kreisverkehr 163

Zwischen Dickicht und Lichtung
– Design als Politik – 173

BEL ETAGE

Mord Design
– ein Versuch zur Aufklärung von Design – 185

Diagnose und Therapie 195

Rausch und Provisorium
– unscharf und ephemer – 199

MANSARDE

Endlich 211

Bibliographie 215

Das Vergnügen an der produktiven Rezeption
– ein Vorwort –

Es ist schon merkwürdig, wie sehr im alltäglichen Gebrauch von Sprache einige Verben jegliche Aktivität verloren haben. Das gilt zum Beispiel für „wohnen" ebenso wie für „leben", „hören", „sehen" oder, erst recht, für „verstehen". All diese an sich und für uns doch Tätigkeits-Wörter vermitteln heutzutage eher den Anschein, als beschrieben sie Zustände.

Kaum jemand noch begreift das Wohnen als äußerst lebendige Aktion, und demgemäß gerät es zur bloßen Befindlichkeit; was vergleichbar häufig dem Leben und übrigens auch dem Lieben geschieht, da beides zum puren Zustand gerinnt und die Idee davon zu oft verschwunden ist, man könne diese aktiv gestalten – wofür man allerdings einige Energie aufwenden müsste. Auch Hören und Sehen artikulieren jeweils aufzubringenden Aktionismus, wenn man nicht in der allgemeinen Gleichgültigkeit der Vorstellung von passiver Wahrnehmung eingeebnet werden möchte; wobei einfach nur passiv und somit gleichgültig beides ohnehin nicht möglich ist, da zumindest vorbewusst sich doch alle ihre Erfahrungen und Interessen in die Blickwinkel und Tonfelder einschmiegen und sie ohnehin konturieren – wenn in dieser Form auch eher repetitiv und langweilig.

Dies alles hat übrigens auch sehr viel mit Design zu tun, da sich Design immer erst im Gebrauch, also in einer aktiven Rezeption, realisiert und demgemäß angewiesen ist darauf, dass die Menschen mit den gestalteten Dingen, Zeichen oder auch Konzepten und Prozessen etwas anfangen, diese umsetzen und mit ihrer jeweiligen menschlichen Realität verknüpfen, um ihnen Sinn zu geben. Insofern also bietet Design – auch wenn viele Designerinnen und Designer dies nicht wahrhaben wollen – stets Möglichkeiten für den aktiven Gebrauch.

Was nun das Lesen und das Verstehen angeht und somit auch das Verhältnis dieses Buchs zu denen, die es lesen werden, so sei an dieser Stelle kurz darauf verwiesen, dass noch vor einigen Jahrzehnten sehr einsichtig bei – zumal – experimenteller Literatur und auch in der Theorie von „produktiver Rezeption" gesprochen und geschrieben wurde. Mithin appellierte man sowohl an das Geschriebene als auch an die Lesenden zu begreifen, dass erst im Prozess des Lesens die Texte entstehen. Womit auch das Verstehen als eine produktive Aktion erläutert wurde, also als etwas, was sich nicht einfach so von selbst einstellt und demgemäß auch in keiner Weise fixiert ist.

Wie erwähnt, entstehen Bilder und Töne ohnehin erst im Lauf durch die Gedankenwelten der Wahrnehmenden – und vermischen sich in der Wahrnehmung womöglich Töne mit Bildern und umgekehrt (ein kluger Satz aus der Frühzeit des Hörfunks besagte, das Radio produziere Bilder im Kopf). Umso mehr gilt dies für das Lesen, das man sich doch kaum vorstellen kann, ohne dass dabei Bild- und Tonwelten in den Köpfen und Körpern der Lesenden aufscheinen. Wobei, gewiss verständlich, diese eigenwillige Offenheit der Texte für die Leserinnen und Leser durchaus ambivalent ist: Schafft sie doch einerseits wundervolle Freiräume, sich im Rahmen des jeweils vorgegebenen Materials eigene Welten und eigenes Verständnis zu entwerfen. Doch sie zwingt auch unausweichlich dazu, sie nötigt zur Arbeit am Text und am Verständnis. – Fast protestantisch leider: Vergnügen bereitet eben auch Arbeit oder basiert auf dieser. Was sich zweifellos andersherum angenehmer liest: Arbeit verknüpft sich unausweichlich mit Vergnügen; sonst wirkt sie, wenn in diesem Fall überhaupt als Arbeit beschreibbar, nur langweilig und überflüssig.

Für die Schreibenden gilt das, nur aus einer anderen Perspektive, ganz ähnlich. Ohne Zweifel bereitet Schreiben Probleme, kostet es Zeit und Nerven, setzt es unter Druck, erscheint das weiße Blatt Papier oder der blanke Monitor in seiner Sauberkeit angsteinflößend und abstoßend. Und doch schreibt man. Denn es bereitet Vergnügen, alles das, was man so lange im Kopf bewegt hat, endlich los zu werden, um Neues denken zu können. Was umso edler klingt in der Vorstellung davon, dass einige das Geschriebene lesen werden, sich daran erfreuen oder sich darüber aufregen, auf jeden Fall aber sich irgendwie anregen lassen, weiter zu denken, eigene Bilder und andere Sinnlichkeit zu entwerfen. Was selbstverständlich auch bedeutet, dass beispielsweise das hier vorliegende Buch nicht in sich abgeschlossen ist und auch nicht als solches geschrieben wurde. Vielmehr wird man Widersprüche entdecken, sprachliche Ungetüme, verwickelte Sätze, merkwürdige Zitate und sowieso seltsame Gedanken – Gedanken, die allerdings eine gewisse Allgemeingültigkeit und Berechtigung formulieren und beanspruchen, da sie ansonsten (etwa als blasse Meinungen, die sich dann immer nur mit anderen Meinungen kabbeln) ja nicht taugen würden, um sich mit ihnen auseinanderzusetzen.

Dementsprechend muss in diesem Buch auch nicht alles von vorne nach hinten durchgelesen werden, kann man gegebenenfalls etwas überspringen oder „durcheinander" lesen – oder eben nicht. Dirigieren Sie diese Texte nach Ihren Erfahrungen und Interessen, spielen Sie damit. Auf dass die Lektüre auch Vergnügen (der Erkenntnis, der Kritik, der eigenen Erfindungen …) bereiten möge.

Danken möchte ich noch: etlichen Studierenden der Köln International School of Design (KISD), da ich in Diskussionen mit diesen immer sehr viel gelernt habe, sodann einigen Freundinnen und Freunden wie Hans Ulrich Reck, Paolo Tumminelli, Ruedi Baur, Christine Bruggmann-Reck, Regula Stämpfli, Martin Stankowski, Gerhard Baum, Uta Flick und Susanne Dickel für ständig viele Anregungen; außerdem Raimar Zons, der mich so sehr gedrängt hat, dieses Buch zu schreiben, und ermöglichte, es zu publizieren. Mein sehr besonderer Dank gilt Uta Brandes, die nicht allein das Literaturverzeichnis am Ende des Buches wesentlich erstellte und ohnehin mit gelegentlich durchaus heftig kritischen Diskussionen diese Texte veränderte und beflügelte, vielmehr habe ich ihr auch das großartige Foto auf der Titelseite zu verdanken.

Übrigens ein Foto, das keineswegs bearbeitet wurde, sondern genau so in Tokio vor einem Geschäft in der feinen Einkaufsstraße Omotesandō aufgenommen wurde – der Hundebesitzer hatte diese einfach so vor dem Laden warten lassen, während er einkaufte. Gewissermaßen als wunderbares Bild der ebenso eingebildet schicken wie blasierten „scientific community", eben auf den Hund gekommen.

Life is Design

Patti Smith

Basement

Design – Design – Design
– Eine Einführung –

Sicherlich erwartet man von einer Einführung – und ohnehin von Design – allgemein optimistische Zeilen und Kapitel. Was ganz verständlich ist, da im vorstellbaren Klischee dem Design diverse Erfolge abverlangt werden: Innovationen, schöne Umsetzung, angenehme Augenblicke, Verbesserung der Lebensqualität und ab und an auch einfach ein paar Freudentränen oder wenigstens ein Lächeln.

Nun wird im folgenden solch allgemeine Vorstellung nicht einfach negiert, wohl jedoch wird versucht werden, solche Einbildungen im Rahmen von deren Bedingungen, Implikationen, Umwegen und Perspektiven zu erläutern.

Nur führt dies unabdingbar zu vielen eigenartig assoziativen Widersprüchen mit gelegentlich sehr unscharfen Begründungen. Was gewiss ab und an verwirren mag, doch genau deshalb in die Nähe kommt, Design zu verstehen. – Gerade diese Disharmonien in den Texten und der Texte selber aber könnten sogar einen wirklichen, einen überzeugenden, einen unbeschreiblichen Optimismus formulieren. Diesseits der banalen Ideologie linearer Logik, die alles immer nur zurichtet, um mit sich selbst zufrieden zu sein („pacem facere", „befrieden", nannte schon Cesar die jeweilige Unterwerfung eines Volkes) in der selbstproduzierten Stimmigkeit und damit zugleich allgemeinen Sicherheits-Bedürfnissen und technokratischen Abläufen zu entsprechen.

1. beugen oder nicht beugen

Tatsächlich stellt sich das erste Problem bereits im Umgang mit der Kategorie „Design". Denn die ganz offensichtliche Frage ist doch, ob man Design beugen soll oder nicht – zumal dies gegebenenfalls sogar impliziert, dass sich Design beugen sollte.

Die Frage kreist um jenes Problem, ob sich mittlerweile die derweil so englischsprachige Kategorie und ob damit insgesamt womöglich sich die angelsächsische Vorstellung von Design auch in anderen sprachlichen Kontexten durchgesetzt hat, dass es nunmehr durch sprachliche Adaption grammatikalisch geschmeidig geworden ist: „des Design" oder „des Designs"?

Nun ist bekannt, dass das Wort „Design" ursprünglich aus dem Italienischen stammt: „Disegno" (schon Giorgio Vasari und andere, sowie dann Leonardo Da Vinci nahmen diesen umfassenden Begriff in einem durchaus erweiterten Sinn als Titel ihrer „Accademia delle Arti del Disegno" in Florenz). In historischer Rückschau gemahnt das Italienische dann an das lateinische „designo" und daran, dass dieses sehr wohl gebeugt wird. Nur ist das inzwischen längst vergessen, hat die englische Sprache mitsamt wunderbaren, nämlich bloß lautlich bestimmten Verdrehungen der Buchstaben sich das „Design" angeeignet und es in den Beziehungsrahmen gesetzt, mit dem wir heute zu tun haben. Die englische Sprache aber ist nun einmal aristokratisch und duldet weder eine grammatikalische Veränderung der Hierarchie von Subjekt, Prädikat und Objekt im Satz noch, dass sich etwas – und sei es im Genitiv – zu beugen habe. Womit sprachlich zumindest dann auch das Design erhobenen Hauptes seiner Wege gehe.

Andererseits hat sich das Design auch als Kategorie – mit der globalen Durchsetzung der englischen Sprache insgesamt und damit gelegentlich auch angelsächsischer Idee von Theorie, von Öffentlichkeit und anderem – so sehr in alle möglichen Sprachen dieses Globus eingeschlichen, dass man meinen könnte, es gehöre inzwischen dazu. Um auf diesem Weg denn doch hin und wieder gebeugt zu werden.

Der folgende Text wird sich nach diesem Raisonnement, vergleichbar manch anderen Aspekten, uneinheitlich zu jenem Problem verhalten: Mal wird der Genitiv ausgestellt wie im Titel, mal verbleibt die englische Version der Kategorie.

2. Vom Design

Das nächste Problem: So richtig weiß niemand, was Design ist.
Das beginnt schon bei der überaus umstrittenen Frage, wann es denn entstand. Da gibt es jene, die es mit jeglicher irgendwann in der Geschichte begonnener dinglichen oder zeichenhaften Artikulation der Menschheit verbinden, also es offenbar als dem menschlichen Dasein natürlich Innewohnendes behaupten. Diese Problematik erwischt auch diejenigen, die schon das Handwerk in der Antike und dann im Mittelalter als Design ausweisen wollen: So werden alle historischen, ökonomischen und kulturellen Entwicklungen und Differenzen unterschlagen, in Allgemeinplätzen beschwichtigt, die wenig Erkenntnis bergen. Sodann treten jene auf, die

den Beginn des Designs mit der aufkommender Industrialisierung am Ende des 18. Jahrhunderts erklären oder mit der um Qualität von Massenprodukten ringenden englischen Bewegung „arts & crafts". Wobei drastisch übersehen wird, dass mit der Industrialisierung und den damit wesentlichen Veränderungen in Form von Arbeit und von Distribution (Trennung von Arbeitsmitteln und Arbeitenden, Arbeitsteilung und Abstraktion des Marktes) zwar die Frage der Gestaltung der Produkte und auch Zeichensysteme und sogar der Dienstleistung obskur geworden war, weil nun nicht mehr im direkten Kontakt zwischen Produzent und Klient etwas formuliert wurde: Und diese Fürsprecher für den Beginn eines Konzepts von Design schon im 19. Jahrhundert übersehen, dass dabei lediglich nostalgische Konzepte von Handwerklichkeit des Mittelalters rekonstruiert werden sollten. Noch war in jener Zeit offensichtlich nicht begreifbar, was Industrialisierung mit den substanziell neuen Formen gesellschaftlichen Verkehrs auch für die Gestaltung bedeutete.

Dazu kommt – und dies betrifft wie schon das zuvor Geschriebene auch das „Bauhaus", das 1919 gegründet wurde und so tiefgreifend bis heute international Vorstellungen von Design geprägt hat –, dass aus der Schwierigkeit, Design zu begreifen, man immer wieder versuchte, es in die Nähe von Kunst zu setzen. Damit wurde gegen alle Konzepte einer autonomen Kunst die antike Formulierung von „ars" als damals noch begründbares Ineinander aller Künste und Techniken völlig unhistorisch wieder aufgenommen, um so durch die nunmehr im Laufe des 19. und vor allem des 20. Jahrhunderts im Bürgertum angesehene Kunst sich selber – als Bürger – zum Glänzen zu bringen und zugleich durch diese Identifikation ein Selbstbild des eigentlich noch nicht Verstandenen zu entwerfen.

Neueren Datums und vielleicht am plausibelsten ist, dass Design sich erst durch Re-Designs, durch die Verbesserung anstelle des Schaffens stets neuer Originale, von der Kunst emanzipierte; und wie sie sich früh bei Peter Behrens und später ebenso überzeugend bei Raymond Loewy finden. – Doch zu diesem Kontext gibt es ausführlichere Überlegungen in den folgenden Texten. Hier lohnt nur festzuhalten, dass die Geschichte der Aktion und Reflexion von Design immer noch umstritten oder sogar unklar ist.

Nicht nur dies verbleibt unübersichtlich. Immerhin haben wir inzwischen mühsam gelernt wahrzunehmen, dass alles um uns herum gestaltet ist, also Design ist. Selbst diese Einsicht stellt sich erst allmählich ein, da heutzutage die Menschen vielfältig mit ihnen fremd erscheinenden Dingen und Evidenzen konfrontiert sind. So einfach ist das nicht mehr in tradierte Vorstellungen von Handwerklichkeit integrierbar. Die Digitalisierung und die Medien, Praktiken und Denkformen der Virtualität haben dazu sicherlich beigetragen.

Denn inzwischen ist klar, dass nicht allein die vielen Produkte, die unser Leben bedingen – Autos, Wein und Weinflaschen, Verkehrsmittel jeglicher Art, Papier und Bücher, Schriften und Wegweiser oder auch Ampeln und Straßenschilder, Zigarren und Kugelschreiber, eben alles –, Resultate von Design und dessen Gebrauch sind, sondern ebenfalls die städtische und ländliche Gestaltung mitsamt ihren Bäumen und anderen Pflanzen als Artefakte: „Stage-Design"; gleichfalls gilt dies für die Arbeitsprozesse aufgrund von Logistik und den Anforderungen von Maschinen und Computern, das Schlafen und Träumen auf entsprechenden Matratzen in stets besonderen Betten und Zimmern, die gesamte Kommunikation mit gestalteten Zeichen, Bildern und Instrumenten, sogar für die Prozesse von Essen, Reisen oder Akustik, Haptik, Olfaktorik, Formen der Sexualität, Zuschreibungen von Kindlichkeit, Jugendlichkeit und Erwachsen-Sein und sehr vieles mehr. Nichts entkommt in unseren Gesellschaften dem Design. – Nur gerät Design so zu einer Allmacht, wird es gänzlich unübersichtlich, tummeln sich darin Hunderte von Professionen und entzieht es sich damit klammheimlich jeglicher Definition. Immerhin hat diese schier ungeheure Dimension von Design einen ehemaligen US-amerikanischen Präsidenten dazu verführt, die gesamte Gestaltung der Welt und ohnehin der Menschen mitsamt ihren Beziehungen als Ergebnis eines „Intelligent Design" in die Welt zu setzen und dabei irgendeinen Gott als Designer zu halluzinieren.

Zweifellos ist das kompletter Unsinn, aber es bezeichnet genau die Problematik der Menschen angesichts solcher Unbestimmtheit dessen, was oder dass alles gestaltet ist (allerdings von Menschen im Rahmen je gesellschaftlicher Bedingungen).

Für eine Theorie des Designs oder auch für eine Theorie des Design bedeutet dies, solche Unübersichtlichkeit als Qualität zu begreifen und diese und somit Design als nicht fassbares Element vorzustellen. Was notwendig zu Widersprüchen, zu Ungefährem, Unschärfe und potenziellen Verwirrungen führen kann, im geglückten Fall aber zu Offenheit und Elastizität des Designs – auf keinen Fall jedoch zu einer Disziplin.

3. Die eine Theorie

Nun verheißt der Titel dieses Buches, dass es eine Theorie des Designs gäbe. Was immerhin drei wesentliche Aspekte unterstellt: die Existenz eines in sich schlüssigen Begriffs von Design, der entsprechend auf einer vorstellbaren Einheit von Design basiert; zweitens die Gegebenheit oder auch Notwendigkeit einer, wirklich der einen, Theorie des Designs, die nicht in mehrere Theorien zerfalle; und drittens, dass es überhaupt zum Design eine Theorie geben könne. – Versuchen wir also, diese drei Probleme oder Fragestellungen genauer zu beschreiben:

Es existieren durchaus einige Kriterien, die man heranziehen könnte, Design in dessen nahezu unfassbarer Komplexität dennoch als Design zu benennen. Wobei, zugegeben, diese vorderhand recht vage klingen, aber mit einiger theoretischen Phantasie gefüllt doch zur Bezeichnung taugen. Erst einmal ist klar, bei Design geht es um die Gestaltung und gestaltete Verbesserungen von Objekten, Zeichen (und Zeichen-Systemen) und Prozessen jeglicher Art.

Dabei allerdings ist gleich zu bedenken, dass hier nicht das Problem durch den einfachen Trick gelöst wird, Design durch Gestaltung zu ersetzen. Was nebenbei zusätzlich Verwirrung im deutschsprachigen Raum spiegelt, eigentlich zwischen „Gestaltung", „Formgebung", „Design" oder gegebenenfalls auch noch „Kreativität" unterscheiden zu müssen. Immerhin beschäftigen sich Hochschulen für Gestaltung oder ein Rat für Formgebung auch mit Design und spricht man im allgemeinen öffentlichen Diskurs doch gerne von Kreativität.

Etwas Klarheit über diese unterschiedlichen Benennungen schaffen vielleicht folgende Überlegungen: Gestaltung bindet sich recht stark an jene im Verlauf der deutschen Geschichte recht ominöse Vorstellung von Gestalt bis hin zur Gestalt-Psychologie, was wabernd, wenn nicht gar metaphysisch klingt; und doch schon bei der berühmten Ulmer Hochschule für Gestaltung, „hfg ulm", die nach 1950 auch über Deutschland hinaus so wichtig für Design wurde, einerseits eine über das Design hinausgehende Öffnung hin zum Beispiel zur Architektur meinte und andererseits sehr nach dem Versuch aussieht, eine deutschsprachige Version von „Design" zu formulieren. Die Formgebung andererseits anstelle der Kategorie „Design" ist dann gar nicht so falsch, wenn die Frage der Form als zentrales Moment von Leben allgemein begriffen würde, eben auch die so genannten Inhalte zu formen (etwa in der Weise, wie Karl Marx völlig berechtigt schrieb, dass es auf die Form – nicht auf den Inhalt – der Arbeit ankäme und darauf, in welcher Form Arbeit stattfinde, da Arbeit an und für sich immer Arbeit sei). Nur wird dieser Kontext kaum beachtet, wird Form vielmehr im alltäglichen Gebrauch eher als oberflächlich wahrgenommen.– Bliebe noch die Kreativität, doch die ist einerseits inzwischen belastet von einem geradezu religiösen haut goût des Schöpfungs-Akts, der Göttliches in sich bergen möchte; zugleich ist das Wort „kreativ" seltsamerweise auch heruntergekommen, da irgendwie alle mit allem kreativ sein wollen, eben in göttlicher Attitüde von Schöpfung.

Kommen wir also zurück aufs Design und setzen wir den Gedanken fort, wie Design irgendwie als Einheit beschreibbar ist – wobei, und sei es nur der Variation zuliebe, gelegentlich von Gestaltung und Formen die Rede ist: Design als Begriff umfasst alle Gestaltung von Objekten, Zeichen und Prozessen. Doch dies alleine genügt nicht, da Vergleichbares auch für Kunst, für Architektur und sogar für Ingenieurwissenschaften oder auch Management partiell gelten könnte; da doch alle mit Artefakten hantieren.

Nun scheint die Differenz von Design zur Kunst relativ einfach und plausibel. Ist doch das Design unabdingbar mit Gesellschaftlichkeit, dem Sozialen verbunden, denn es realisiert sich immer erst im Gebrauch und es zielt auf Gebrauch – was der Kunst unausweichlich fremd sein müsste, da sie doch nur angeschaut oder auch angehört, aber nie in die alltägliche Praxis involviert werden möchte. Ein Bild von Rembrandt oder eine Arbeit von Joseph Beuys taugen nicht als Tablett, Stuhl, Bett und Telefon. Wenn überhaupt ein Problem der Verknüpfung von Design und Kunst existiert, so ist das wahrlich nicht dem Design das Problem (oder zumindest nicht mehr), aber die Kunst tendiert dazu, zwischen dem Anspruch auf Autonomie (Aufenthalt im Elfenbeinturm) und Resozialisierungs-Versuchen zu schwanken und im Versuch, sich gelegentlich zu vergesellschaften, entweder langweilig sozial-realistische Bilder oder Skulpturen zu produzieren, sich wissenschaftlich aufzuspielen oder eben sich in das Design, dann allerdings eher vordergründig, einzumischen (vgl. dazu ausführlicher Kap. „Linke Hand am linken Griff").

Der Widerspruch zwischen Design und Architektur stellt sich anders dar. Dabei sind es noch nicht einmal, was man allzu schnell glauben mag, die weit höheren Baukosten, die den Unterschied ausmachen (außer, wenn diese, wie bei der Elbphilharmonie, explodieren); denn das Design verursacht, wenn man alles berechnet – neue Formwerkzeuge und Maschinen zur Herstellung, neue Logistik, veränderte Distributionswege und Werbung und einiges mehr –, fast vergleichbare Kosten (lediglich die Honorare sind in der Architektur noch sehr viel höher). Der Unterschied liegt offensichtlich eher in der messbaren und sichtbaren Größe, da Häuser im Durchschnitt mehr Raum einnehmen als die meist nur einzeln wahrgenommenen Produkte des Design. Doch auch diese Abgrenzung taugt nur bedingt, da etwa alle Waschmaschinen oder gar alle Eisenbahnzüge eines Typs aufeinander gestapelt gewiss sehr viel mehr Raum einnehmen und Telekommunikation jeglicher Art räumlich gar nicht mehr fassbar ist. Bliebe als Unterscheidungsmerkmal von Design und Architektur womöglich allein, dass Architektur in anderer Dimension von Zeit denkt und formuliert, nämlich meist Monumente schafft, Gebilde für Jahrhunderte; man könnte ja die Ruinen als Sinnbilder architektonischer Melancholie zitieren, da die Architektur Ruinen liebt und verehrt, weil diese Neubau fordern – und zeitgleich erscheint in der Ruine permanent das jeweils eigene Ende von Architektur. Im übrigen haben sich Architekten (kaum Architektinnen) auch gern in das Design eingemischt, vor allem im Bereich von Möbeln und Accessoires (Norman Foster, Michael Graves und ganz anders die meisten der berühmten italienischen Designer wie Ettore Sottsass, Alessandro Mendini, Andrea Branzi und viele andere, da es in Italien bis vor etwa 20 Jahren gar kein Designstudium gab). Wobei außer bei den Italienern, die sich wirklich mit Design auseinandergesetzt haben, erstaunlicherweise dann doch oft das Problem der Größendiskrepanz zwischen, beispielsweise, einem Hochhaus und einem Wasserkessel eklatant hervortritt: noch der Kessel oder der Stuhl gerät den Architekten zum Monument.

Zum dritten Unterschied, dem zwischen Ingenieurwissenschaften und Design: In diesem Zusammenhang lohnt es, sich sowohl daran zu erinnern, dass der Beruf des Ingenieurs und auch die entsprechenden Hochschulen am Ende des 19. Jahrhunderts entstanden, also zu einer Zeit, in der allgemein in den Künsten, in der Theorie und auch in der Wirtschaft etliche Bestrebungen existierten, die jeweils eindimensionalen Disziplinierungen und somit Arbeitsteilungen der Wissenschaften, der Sinne und aller Aktivitäten aufzulösen, die sich so drastisch parallel zur entwickelten industriellen Arbeitsteilung gesellschaftlich und in den Hochschulen im Verlauf des 19. Jahrhunderts durchgesetzt hatten. So entstanden am Ende jenes Jahrhunderts die vielfältigen Experimente und Reflexionen zur Synästhesie und wurden auch die Ingenieure „geboren" als diejenigen, die – so besagt es doch schon ihre Bezeichnung als „in genius", „Genies" – alles wieder integrieren und zusammen denken sollten. Dass in der historischen Folge die Ingenieure dies nicht getan haben, sondern sich auch nur disziplinierten und spezialisierten, ist bekannt und schuf eine Leerstelle, die zu füllen war. Spannend ist dies für das Design, da heutzutage in einem neuen Aufbruch raus aus Disziplinierungen und Spezialisierungen genau das Design Hoffnungsträger, Wegweiser und praktisches Exempel für eine neue Transdisziplinarität geworden ist. – Aber auch darüber hinaus gibt es Verbindungen zwischen dem Ingeniösen und dem Design, weil sich Letzteres immer wieder auch in technische Innovationen und Entwicklungen eingebracht hat und auf jeden Fall über die Gestaltung Leitlinien für die technische Formulierung artikuliert. Geht es allerdings um Unterschiede zwischen beiden, dann findet man die wohl zum einen in der strikten Spezialisierung der heutigen Ingenieurwissenschaften entgegen dem radikal integrativen Ansatz von Design und zum anderen im Widerspruch des Designs gegen den in den Ingenieurwissenschaften verbreiteten Glauben an klare Berechenbarkeit, präzise Daten, stets ableitbare Schlüsse und an Eindeutigkeit. Hier nämlich hat das Ingenieurwesen sich gewissermaßen seine eigenen Systeme und Absicherungen aufgebaut, die gewiss – ähnlich wie in der Mathematik – in sich selber stimmig sind, jedoch allzu oft mit der empirischen Wirklichkeit oder auch mit humanen Perspektiven nichts oder wenig zu tun haben. Genau dies macht den Unterschied zum Design, das um Unschärfe, Qualität des Fehlers, Zufall und assoziative Logik weiß und diese nutzt.

Bleibt das Management als Überflieger, alles zu koordinieren. Nur läuft es Gefahr, im Gegensatz von Design hohl daherzukommen, vielfach allzu sehr als self-fulfilling prophecy zu agieren, ohne die im Design jederzeit geforderte empirische Kompetenz zu wesentlich interne Abläufe im Unternehmen verhandelt und organisiert und kaum noch die Wirklichkeit außerhalb wahrnimmt. Abläufe, die tatsächlich wichtig sind für das Funktionieren eines Unternehmens, die aber keinerlei gesellschaftliche Veränderungen oder Verbesserungen von Lebensqualität anbahnen. Zweifellos hat sich das Design mittlerweile auch ins Management eingemischt und wird es vice versa inzwischen vom Management als Qualität zusehends entdeckt, kluge Konzepte selbst für interne Abläufe (im Rahmen von Corporate Design, Corporate Identity und Branding) zu entwickeln, doch geschieht dies gerade aus der Einsicht heraus, dass im Design mehr zu erwarten ist oder auch ganz anderes als das, was konventionell üblich sein mag.

Versuchen wir nun, Design genauer zu beschreiben: Design gestaltet – aufgrund von Forschung über gesellschaftliche Notwendigkeiten, Sehnsüchte und Perspektiven ebenso wie aufgrund von Forschung über Materialien und deren Verbindungen, über Energie, Transportwege, aber auch ökonomische Implikationen und anderes mehr – Konzepte und dann Entwürfe für die Verbesserung gesellschaftlicher Prozesse und die sie bedingenden Objekte, Zeichen, Medien und deren gegenseitige Beziehungen sowohl in der Produktion als auch in Verwendung und Gebrauch. Das impliziert neben den gestalterischen unter anderem auch wirtschaftliche, kulturelle, ökologische, technische, soziale Dimensionen. Womit es sich offenkundig noch in ganz andere wissenschaftliche und praktische Aktivitäten einbringt (Soziologie, Technologie, Psychologie, Musik et cetera).

Gewiss, selbst solch ein umfangreicher Versuch der Darstellung der Besonderheiten von Design scheitert hoffnungsfroh im Sinne einer Definition, offenbart jedoch sehr exemplarisch, dass solche disziplinierten Definitionen nicht mehr funktionieren und auch nicht helfen, irgendetwas zu verstehen. So bleibt auch hier die Bestimmung von Design ziemlich vage, behauptet aber zugleich, dass eben solche Offenheit oder wenigstens Un-Disziplinierbarkeit exemplarisch und wegweisend auch für andere Denk- und Handlungs-Formen ist. In der Unschärfe der Kategorie entpuppt sich die Qualität von Design. Man kann es halbwegs beschreiben, mehr jedoch nicht.

Gleichwohl beflügelt genau dies eine Theorie des Designs. Zumal inzwischen in allen wissenschaftlichen Bereichen solche glücklichen Auflösungs-Tendenzen sichtbar werden und tradierte Disziplinierungen und Spezialisierungen zunehmend obsolet erscheinen.

4. Die Theorie und das Design

Wenn nun das Design sich schon als Kategorie jeglicher Festigkeit munter entzieht und professionell gemäß der Tatsache, dass alles um uns herum gestaltet ist (übrigens sogar Proteste und deren Artikulationen), sich unfassbar verästelt – beispielsweise in Produkt-, Gender-, Schmuck-, Mode-, Web-, Event-, Stage- oder Bühnen-, Service-, Licht-, Info-, Messe- und Ausstellungs-, Mobilitäts-, Interieur-, Akustik-, Film- und Fernseh-, Garten-, Kommunikations-, Schrift-Design und Stadtgestaltung (urban oder public design), Werbung, Media-Design, Designberatung, Designforschung und noch viel mehr: Wie um Himmels Willen soll da eine Theorie des Designs möglich sein?

Immerhin, all dies hat zu tun mit der Formulierung von etwas und mit dessen Reflexion ebenso wie mit je mittelbaren und unmittelbaren Auswirkungen auf gesellschaftliche Realität im umfassenden Sinn und mit menschlichem Verhalten und entsprechenden Vorstellungen. Stets verändern sich Design und dessen Gebrauch, werden alle Sinne und neuronale Systeme beschäftigt und Handlungs- wie Denkweisen informiert oder auch begeistert.

So groß die Heterogenität von Design auch ist und so ungreifbar es zu sein scheint: Man findet eben doch genug Momente und Aspekte, die Zeichen setzen und Argumente liefern, eine merkwürdige Theorie des Designs zu entwerfen. Durch die unabdingbare und unausweichlich radikale Offenheit und Vielfalt von Design womöglich sogar eine Theorie, die den Begriff der Theorie insgesamt herausfordert

Denn die Augenblicke eröffnen prismatische Perspektiven: Eine Theorie des Designs bewegt sich in dem eklatanten Widerspruch, einerseits sich als veritable Theorie zu behaupten und andererseits sich zugleich in diverse begründete Theoreme aufzulösen, also Theorie als eine offene Form zu begreifen und die Drohungen oder die Dogmatik einer einzigen, alles durchdirigierenden Theorie wohlbegründet abzulehnen. Womit sowohl die altbackene und bloß ideologische Vorstellung disziplinärer Zuweisungen von Theorie (zum Beispiel Kunst-, Architektur-, Musik-, Kultur- und andere so dogmatisch gebundene Theorie) kritisiert wird als auch disziplinübergreifende „Lehrgebäude" nicht als in sich geschlossene Systeme akzeptiert werden. Allerdings wird sich eine Designtheorie selbstverständlich aller klugen Einsichten und Erkenntnisse, Überlegungen und Fragestellungen bestehender Theorien dann bedienen, wenn dies der Entwicklung neuer Erkenntnisse, Fragestellungen im Design und dessen so komplexer Kontexte hilft. – Zugegeben, dies läuft Gefahr, in existierenden Theorien wie im Supermarkt herumzustöbern und zu greifen, was gerade passt. Was zu einer ebenso langweiligen wie dümmlichen Beliebigkeit führen muss. Dagegen kann man – dies ist das Risiko jeglicher Offenheit – lediglich den permanenten kritischen Diskurs, die ständige Auseinandersetzung und argumentative Kompetenz stellen, damit statt Beliebigkeit eine Qualität der Offenheit von Theorie entstehen möge.

Damit verbunden ist, dass Theorie nicht als Sammelsurium von Antworten verstanden wird, sondern im Gegenteil als ständige Entwicklung von begründeten Fragestellungen und Paradoxien. Eine Theorie des Designs bietet tatsächlich – und das gerät zu ihrer Qualität – immer neue Fragen; und sie wird von fortwährend neuen Perspektiven und aus jeweils anderen Blickwinkeln diese Entwicklung von Fragen bearbeiten – und wiederum in Frage stellen. Wobei, zweifellos ein weiteres offenes Problem, stets auch die Zweifel daran bleiben werden, welche der Fragen denn wegweisend oder besonders klug und wichtiger als andere sind: Eigenartig werden dies nur die Diskurse und womöglich die Auswirkungen in der Praxis erhellen.

Verstehen wir demgemäß die Theorie des Designs als die vielfältiger Theoreme, mannigfaltiger Fragen, offener Zugänge und prismatischer Argumentationen, so kommt noch hinzu, sich hier auf die ursprüngliche Bedeutung von Theorie zu besinnen. Meinte dies im Griechischen doch das Anschauen, das Betrachten und Beobachten, also das Sich-Beeindrucken-Lassen von dem, was da passiert in endlosen Konstellationen, also an einem vorbeirauscht und sich bewegt. Was übrigens jener Version der deutschen Sprache, die diese Vorstellung von Theorie eigentlich aufgenommen hat, widerspricht: der „Anschauung" oder gar „Welt-Anschauung", da diese sprachliche Form lediglich statisch daherkommt, als könne man die Erkenntnisse und Einsichten widerspruchslos einheimsen. Denn Theorie ist im Gegenteil immer die Auseinandersetzung mit Widerspruch und mit Prozess. – Wenn im griechischen Ursprung Theorie sich reduziert auf das Sichtbare, so ist dies nur geschuldet der partiell immer noch gängigen Hypertrophie des Visuellen als sinnlicher Unterscheidung der Menschen zu den eher an den Nah-Sinnen orientierten Tieren. Zudem ist sicherlich bedenkenswert, dass in „Theorie" sich noch „Theos", also eine Vorstellung göttlicher Macht verbirgt, die zusehends zu verstehen einst als Aufgabe von Theorie gedacht wurde, um so sich einer denkbaren Wahrheit zu nähern. Noch heute durchweht solche Gedankenwelt etliche Wissenschaften und suchen viele weiterhin nach gründlichen Ursprüngen, doch könnten wir mittlerweile immerhin mit Immanuel Kant darauf verweisen, dass so etwas, selbst wenn es existierte, ohnehin nicht fassbar ist und deshalb auch nicht Gegenstand der Reflexion sein sollte. Bleiben wir also in unseren Fragestellungen einfach konkreter und dementsprechend komplexer.

Solch Vorgehen oder auch Vorstellung von Theorie entspricht dem Design ohnehin. Denn besonders merkwürdig am Design und somit auch dessen Theorie ist doch, dass dieses a priori auf einer Verknüpfung von Hand- und Kopfarbeit basiert. Denn mit der historischen und unausweichlichen Loslösung vom Handwerk wurde Design auch und manchmal sogar wesentlich zur konzeptuellen, planenden, forschenden und nachdenklichen Tätigkeit, zur theoretischen Kompetenz – jedoch ohne dabei die Notwendigkeit aus den Augen zu verlieren, sich weiterhin handgreiflich einzumischen und sich praktischen Anforderungen stellen zu müssen. Was zu der eigenwilligen Forderung an das Design führt, unabdingbar denken und handeln zu müssen – und zwar in dem hintergründigen Widerspruch einer „theoretischen Praxis und praktischen Theorie" sich zu bewegen und zu artikulieren. Daraus eine neue Qualität von Praxis ebenso wie von Theorie zu formulieren, ist eine der ebenso hervorragenden wie alltäglichen Aufgaben im Design. Eine Theorie des Designs muss dies bedenken und bearbeiten.

Es führt kein Weg drumherum: Eine Theorie des Designs ist verzwickt eingebunden in viele Widersprüche, hat diese genussvoll zu reflektieren, wird sich darin offen bewegen und zahllose Fragen aufwerfen. Sie ist die Theorie der Fragen und der ständigen Selbstkritik. Gerade dies macht womöglich ihre Qualität und wegweisende Kritik an einem tradierten Verständnis von Theorie aus – und offenbart sich zugleich als eben nicht in sich geschlossene Theorie.

Der Mensch ist von Natur aus ein künstliches Wesen.

Helmuth Plessner

„Linke Hand am linken Griff"
– Ansichten einer geselligen Kunst –

Ohne jegliche Umschweife kann man sehr klar festhalten: Die Kunst ist dem Design kein Problem.

Man bewundert, beobachtet und schätzt sie, und man kann für das Design von der Kunst nicht minder lernen als von Physik, Soziologie, Musik, Psychologie und allem anderen.

Offenbar jedoch ist das Design häufig ein Problem der Kunst. Denn entweder (etwas vereinfacht) sucht die Kunst, sich heimisch zu machen in der Autonomie des Elfenbeinturms („Kunst ist Kunst, und alles andere ist alles andere", Ad Reinhardt), oder sie fühlt sich dort von Zeit zu Zeit unwohl und versucht, sich zu sozialisieren, sich gemein zu machen mit dem Allgemeinen. Das führt dann idealtypisch zu blasser populistischer Anbiederung über vermeintlich realistische gesellschaftliche Themen oder sucht, sich in aktuellen Wissenschaften, Medien und Techniken zu tummeln, oder die Kunst mischt sich in den Alltag der Dinge ein und baut Möbel, Hausgeräte, Schmuck, bildet Typografien und Layouts und dergleichen. Letzteres geschah immer wieder, etwa bei Uecker, Arman, Andy Warhol, findet sich heute bei Rehberger oder Erwin Wurm und vielen anderen und kann sich historisch allemal beziehen zum Beispiel auf Konstruktivismus und Dada. Wobei oft schöne und durchaus sehr interessante Sachen und auch Gedanken entstanden sind, die zweifellos meistens ihren Markt gefunden haben.

Dagegen ist also nichts zu sagen, nur hat das mit Design nichts oder bestenfalls sehr wenig zu tun. Denn bei diesen Artefakten geht es lediglich darum, innerhalb von Kunst eine gewisse Geselligkeit oder auch Partizipation an alltäglichen Ereignissen vorzuweisen und die ansonsten apostrophierte radikale Autonomie infrage zu stellen, die doch behauptete, Kunst existiere an und für sich und bedürfe keineswegs der Betrachtung und wehre sich gegen jeden Nutzen.

Tatsächlich eröffnete traditionell die Selbstbehauptung dieser Autonomie die drastische Differenz zwischen Kunst und Design: Während nämlich Design unabdingbar gesellschaftlich vermittelt sei und im Gebrauch erst realisiert würde, existiere die Kunst an sich selber und nur an sich selber. –

Zugegeben, diese einst so fundamental vorgetragene These der zwangsläufigen Autonomie von Kunst, wenn diese denn Kunst sein wolle, ist in unserer Gegenwart – nicht zuletzt im Rahmen von Medialisierung und

Digitalisierung – praktisch sehr fragwürdig und nur selten noch haltbar geworden. Umso mehr aber geriet Design zum Problem der Kunst, da diese nun noch häufiger sich in der Nähe von Design ansiedelt.

Noch ein weiteres Moment könnte herangezogen werden, eben doch das Design von der Kunst zu scheiden: Thomas Wagner und Thomas Edelmann haben dies schon erwähnt, nämlich im Design die Relevanz einer diskursiven Tätigkeit zu entdecken, da sie fast immer in Kooperation unterschiedlicher Menschen und in der Auseinandersetzung mit diversen Instanzen (in Unternehmen, Institutionen und Agenturen) stattfindet. Mit einigen Ausnahmen wird hingegen von der Kunst üblicherweise erwartet, dass sie von Einzelnen und keineswegs redselig vorgetragen wird. Was übrigens auch beträchtliche Konsequenzen für das jeweilige Studium impliziert, da zum Designstudium unausweichlich Gruppenarbeit, Teilnahme an diversen Projekten und Seminaren und öffentliche, argumentierende Präsentationen gehören und „Meister-Klassen" und Ähnliches unsinnig sind; anders in der Kunst, in deren Studium zumindest traditionell die Förderung der Einzelnen und die personale Auseinandersetzung mit den Lehrenden offenbar sehr wesentlich ist.

So weit, so doch sehr einsichtig. – Aber leider gibt es einen Aspekt, unter dem die Kunst ein Problem von Design ist. Kunst nämlich verfügt – typisches Syndrom angestrengt bildungsbürgerlicher Gesellschaften seit mindestens der Mitte des 19. Jahrhunderts, da doch die Bürger so gern ein wenig zumindest an Feudalismus und dessen Kultur knabbern mochten und möchten – in der Gesellschaft über ein sehr viel höheres Ansehen als das Design. Dabei ist enorm wichtig, dass Kunst (Thomas Wagner schrieb davon schon) es merkwürdigerweise bis heute weitgehend geschafft hat, nicht mit Ökonomie verknüpft zu werden: Obwohl alle wissen müssten, dass Kunst zutiefst in die diversen Märkte (auch als Import und Export) verwickelt ist und für beträchtliche Umsätze sorgt, wird öffentlich kaum über diese wirtschaftliche Wirklichkeit und Relevanz von Kunst gesprochen, vielmehr offenbart sich Kunst gern als wirtschaftlich integer, als in sich selber fern vom kapitalistischen Verwertungs-Prozess. – Design andererseits ist evident Teil des Markt-Geschehens, steckt inmitten der Widersprüche des Kapitals und einer vom Markt strukturierten Gesellschaft. Alle so grässlichen Aspekte dieser Wirklichkeit (man denke bloß an Information, Kommunikation, Wettbewerb, Corporate-Design …) tangieren substanziell das Design – nur zwingt dies das Design zugleich dazu, sich eben offensiv mit diesen Widersprüchen auseinanderzusetzen und womöglich diese Widersprüche auch als Spielform zu nutzen, Subversion, Intervention und komplexe Formen des Widerstands zu entfalten oder gar zu gestalten.

Dieses gesellschaftlich höhere Ansehen der Kunst allerdings führt für das Design ständig zu dem Problem, dass Kunst jederzeit öffentlich und privat gefördert wird und insbesondere durch Unternehmen Sponsoring erfährt. Dem Design widerfahren solche Wunder nur sehr selten: Denn so richtig mag sich niemand in der Gesellschaft damit schmücken, und insbesondere Unternehmen (aber auch Politik und Institutionen) ahnen jeweils, dass eine Förderung von Design (etwa in Ausstellungen oder Kongressen) stets sie selber wirklich betrifft, Kritik an ihnen implizieren könnte. Das Design ist einfach zu nahe dran an diesen stetigen Widersprüchen, als dass man sich mit dessen Förderung – anders als mit der von Kunst, Literatur oder Musik – gewissermaßen freikaufen könnte vom eigenen unternehmerischen und somit durchaus fragwürdigen Handeln.

Verständlich in diesem Kontext ist deshalb durchaus, dass aus solch schlicht finanziellen Gründen die eine oder die andere Hochschule nun das Design unter der Rubrik „Kunst" firmieren lässt.

1. Artistische Konflikte

Zurecht und an sich ja doch überraschend sprechen die Künstler noch der zwanziger Jahre des vorigen Jahrhunderts selber von einer „Kunst der Werbung".

Überraschen könnte dies angesichts ansonsten eines ja seit dem 18. Jahrhundert verbreiteten Anspruchs auf Autonomie der Kunst, was eine Formulierung wie „angewandte Kunst" weit von sich weisen und werbliche Aktivität scheuen musste. – Andererseits ist ganz richtig von Kunst die Rede, da Design als Profession und Bedeutung im heutigen Sinn in jenen zwanziger Jahren des 20. Jahrhunderts noch gar nicht existierte, sich eben erst allmählich über etwa Peter Behrens entwickelte und in den Arbeiten amerikanischer Designer wie Raymond Loewy oder Bel Geddes durchsetzte, also Mitte der dreißiger Jahre.

Bis dahin nämlich tummelte sich diesseits der autonomen Kunst bloß Kunsthandwerk und suchte dies vor allem in der Form von „arts & crafts" um William Manis und John Ruskin nur und verzweifelt die Rekonstruktion längst vergangener Unmittelbarkeit der Gestaltung, wie das Mittelalter dies einst angeboten hatte (was selbst noch das Bauhaus heimsuchte).

Mithin bleibt lediglich, doch durchaus vergnüglich, bis hin zum expliziten Design, sich in der Kunst umzuschauen und zu verstehen, wo und wie sie sich zu veralltäglichen bemühte und damit diesseits wahren Kunstanspruchs sich vergesellschaftlichte. Tut man dies, so entdeckt man geschwind jene denkwürdige Spannung innerhalb der Kunst selber, am Ende auratischer Existenz sich noch einmal inmitten (seit dem 19. Jahrhundert existenter) bürgerlicher Kultur-Gebärden Autonomie zu verschaffen, eben als Aura-Ersatz oder auch radikal wider eine platte Vergesellschaftung den „Elfenbein-Turm" zu erklimmen und sich zu verweigern – oder sich als vermeintlich wichtigem Wortführer (gewissermaßen entfesselt) in die gesellschaftlichen Prozesse probehalber einzumischen oder als erträumte Avantgarde sich dort heftig zu mühen. Irgendwie nämlich wäre Kunstgeschichte schon seit dem 18. Jahrhundert beschreibbar unter dem Aspekt eines schier schwindelnden Schwankens zwischen dem Versuch, radikal verzweifelt Geselligkeit zu widersprechen, und dem Versuch von einflussreicher direkter Sozialisierung. Gut, das ist nicht so einfach trennbar, da oft auch die gewollte Radikalität über den Markt oder als Missverständnis ins Soziale doch wieder eingebracht wird, letztlich widerstandslos bloß überlebend.

Zudem sind auch die Formen gesuchter Sozialisierung in den Künsten sehr different: Die von heute aus betrachtet trübsinnige und banale Weise ist die der nur thematisch (man nennt das oft „inhaltlich") organisierten politischen Artikulation, wie das in sogenannten Realismen allerorten geschah; denn dies verließ nie den Boden künstlerischer Geste oder glaubte gar, mit eben diesem Pfund wuchern zu können in einer bildungsbürgerlichen Gesellschaft. Aufregender, anregender und perspektivenreicher sind zweifellos all jene Kunstformen, die versuchten, gesellige Strukturen rechtzeitig zu begreifen und sich in diese – allemal subversiv – einzuschmiegen. Denn diese Kunstformen waren und sind angewiesen darauf, Zeit und Prozesse gewissenhaft zu begreifen, zu transformieren – und fanden sich dann allemal schier plötzlich inmitten von Architektur und der Antizipation von Design wieder.

Übrigens wäre dies nahezu auch beschreibbar als eine Kunstgeschichte von radikal zauderndem Rückhalt (im Elfenbeinturm als Alternative zur gesellschaftlichen Entwicklung) und als hoffend oder gar grundsätzlich optimistisch, die Welt oder wenigstens einige ihrer Emanationen verändern zu können (Design zum Beispiel ist unabdingbar optimistisch, muss an die rabiate Veränderung der Welt glauben, da Design sonst gar nicht legitimierbar wäre).

2. Historische Konfigurationen

Folgen wir nun dieser allgemeinen und hier zweifellos recht komprimiert vorgetragenen Begründung dafür, dass beizeiten Kunst sich eingelassen hat und sich einlässt in die Kultur der Warenästhetik, eben in Verständnis und Umsetzung kapitaler Gesellschaftsordnung mitsamt der Tendenz, diese zu überfordern und unheimlich aufzulösen.

Bleiben wir für diese Erörterung im Beginn des 20. Jahrhunderts, so dürften als erste die italienischen Futuristen genannt werden. Denn diese, nahezu überwältigt von neuartiger Geschwindigkeit und Totalität und Urbanität ihrer Zeit, mühten sich vielfältig und leider meist hinterrücks doch bloß adaptiv oder onomatopoetisch, auf eben jene gesellligen Veränderungen zu reagieren:

Luigi Russolo baute jene Maschinen, die neue Tonalität wiederzugeben, Marinetti widerhallte in seiner akustischen und visuellen Poesie dröhnend zerschmetternde Kriegs- und andere Verkehrszustände, Giacomo Balla machte Mode, und Fortunato Depero entwarf die Reklame für „Campari": ausufernd, immer perspektivisch gefasst, durchaus autoritativ und in seltsamer Kombination von (das aber zeichnet Futurismus allgemein aus) Statik und Bewegung, was stets irgendwie gerinnt, da man verzweifelt bloß reagiert und noch nicht zu verstehen und Instrumente zu entwickeln schaffte, die Gegenwärtigkeit zu vergegenständlichen.

3. Soziale Kombinationen

Das wird anders im Konstruktivismus und vor allem in dem diesem nahestehenden Dada. Da nämlich deuten sich Komplexität und Kompetenz davon an, was später Design genannt werden kann: Integration von Theorie und Praxis, konzeptuelle Analysen, avancierte Strategien ... – nämlich symptomatische Prozesse so intensiv zu adaptieren, dass diese über sich selbst hinaus in neue Welten des gesellligen Daseins transferiert werden.

Gewiss, auch in diesem Kontext waren die Bedingungen sehr unterschiedlich: Für die russischen Konstruktivisten erzwangen und ermöglichten die seit spätestens 1905 revolutionäre Situation und dann ohnehin die Oktoberrevolution ganz praktische Äußerungen, wesentlicher Teil der revolutionären Prozesse zu sein. Neben seinen berühmten Bildern schuf Malewitsch eben auch Bühnen-Kostüme, Architektur und Geschirr (und fanden sich einige seiner Bilder sogleich als erste Graffiti-Formen auf Moskauer Hauswänden und auf Hemden, die die Menschen herumtrugen), und El Lissitzky entwarf nebst seinen Bildern radikale kunstpädagogische Räume (etwa das hannoversche „Abstrakte Kabinett"), Schulbücher, Buchumschläge und Werbung zum Beispiel für das hannoversche Unternehmen „Pelikan".

Fast könnte man sich fragen, ob nicht jene Kunst ohnehin als immanent seriell oder zumindest rechtwinklig und gradlinig menschlichen Hirnwindungen hinterrücks so angenehm erscheint – da wiedererkennbar, antizipierbar und beruhigend – und einer neuen Vorstellung humaner, wirksamer und einprägsamer Beziehungsgeflechte entstammte, eben unsere heutige Vorstellung der Einflussnahme von Werbung vorwegnahm. Gerade El Lissitzky, der so viel über die Wahrnehmung von Bildwelten nachdachte (stets erzeugt er Spannung durch eine minimale Differenz von geometrischem und optischem Mittelpunkt), könnte Protagonist einer Werbegestaltung sein. Hatte er doch schon all jene Diskussionen des Endes des 19. Jahrhunderts umgesetzt, die in spät-kantianischer Perspektive das Verhältnis der Sinne zu Wahrnehmung oder die Spannung von sinnlicher Erkenntnis und Denken begriffen: den deutschen Naturwissenschaftler Helmholtz, der unter anderem schon um 1850 bewiesen hatte, dass das menschliche Auge weder Rechtecke noch Parallelen sehen kann, diese vielmehr – wunsch-getrieben – sich bloß einbildet, Ernst Machs Erörterungen zur körperlichen Wahrnehmung, Jean Piagets und Sigmund Freuds Studien der Vorstellungen und wandelbaren Morphologien oder auch die Analysen synästhetischer Kompressionen durch Wladimir Baranoff-Rossiné und andere. Während, sehr verkürzt formuliert, die Impressionisten noch Wahrnehmung studierten und in die Chemie des Bildes selber umzusetzen versuchten (Cézanne geht da schon weiter voran), zielt El Lissitzky direkt ins Zentrum menschlicher Wahrnehmung. Durchaus gefolgt oder einfach begleitet von Alexei Krutschonych und Welimir Chlebnikow in der Poesie und Alexander Rodtschenko ebenso wie Ljubow Popowa und anderen mitsamt deren Entwürfen von Plakaten, Kleidern und weiterem Handlichen.

Tatsächlich öffnete sich hier eine Dimension, als quasi Avantgarde seitens der Kunst direkt ins Leben einzugreifen, Teile des holländischen „de stijl" zum Beispiel sprangen genau in diese Bresche – Theo van Doesburg mit seiner Architektur, seiner Zeitschrift „Mecano" und als „Bonset" mit Aktions-Poesie, und selbstverständlich Gerrit Rietveld mitsamt all seinem Mobiliar, Ebenso kann Moholy-Nagy zitiert werden, der, irgendwie von einem organischen Expressionismus kommend, sich konstruktivistisch politisierte (siehe die frühen und die späteren Ausgaben jener Zeitschrift „MA", die er gemeinsam mit Lajos Kassák herausgab, der ähnliche Wege einschlug) und zum Beispiel in seinen Theorien zum Film sehr gegenwärtig fast marketingmäßig über dessen Wirkung publizierte – übrigens ganz adäquat zu Sergei Eisenstein, Wsewolod Pudowkin, aber auch Walter Ruttmann und zu den theatralisch populären Inszenierungen von Wselowod Meyerhold oder Erwin Piscator.

4. Sinnliche Kongruenzen

Von all dem konnte Dada blitzschnell gelernt haben. Aber mehr noch: Insbesondere Berlin Dada (und auch, womöglich etwas marginaler, die Kölner Max Ernst und Johannes Baargeld) verstanden quasi plötzlich, was bürgerliche Öffentlichkeit nun bedeutete und bedeutet: Nämlich, „Events" zu produzieren, also Schlagzeilen für die Presse, provokative Headlines.

Johannes Baader warf im Weimarer Reichstag Flugblätter ab, John Heartfield und George Grosz und andere popularisierten ihre Zeitschrift als „Jedermann sein eigener Fußball", und Raoul Hausmann entwickelte seine erste phonetische Poesie aus großen Werbe-Lettern als Plakatgedicht („fmsbw tä zä u ...").

Gerade dieser Raoul Hausmann übrigens erarbeitete sich intensiv all jene Konzepte zu menschlicher Wahrnehmung (von Ernst Mach bis Ernst Marcus und dessen Theorie einer „exzentrischen Empfindung") und suchte noch in seiner Fotografie der zwanziger bis in die fünfziger Jahre, diese präzise umzusetzen (im Vertrauen auf Thesen, das menschliche Auge möge Wölbungen links oben und Verflachungen nach rechts unten, womit sich Fotos einschleichen könnten, um wirksam zu sein).

Wirkung wurde eine zentrale Kategorie der selbsternannten Avantgarde: Beispielsweise in den Publikationen der Berliner Dadas mit „Eyecatcher" auf dem Cover, Sperrung im Layout, dazwischen manch vermeintlich Unverständliches, was ja nur umso mehr zum Wahrnehmen anregt, verkappte Zitate und massenhaft Anspielungen auf alltägliche Ereignisse und werbliche Präsenz. Übrigens gehören dazu auch fiktiv angezettelte Gerichtsprozesse, erhoffte Zensur von einigen Magazinen oder gar hinreißende Mythenbildungen – etwa um Johannes Baader und dessen vermeintliche, ärztlich bescheinigte, Psychopathologie oder noch drastischer um Walter Serner, der als promovierter Philologe einigen Menschen, beispielsweise John Heartfield, mit angeblich medizinischen Gutachten („Dr. Serner") half, dem Militärdienst im Ersten Weltkrieg zu entkommen, der zudem einst angeblich das hannoversche Café Kröpcke in einen Wolfspelz gehüllt betrat, diesen dann ablegte und darunter – ganz konsequent – nackt war.

Dada arbeitete vielfältig so spielerisch marktkonform, dass dies alle bildungs- und kunstbeflissenen Bürger erschreckte, da diese durch die Kunst (gewissermaßen als hohes Gut und womöglich als Entschuldigung für kapitales Tun) sich sauber zu halten versuchten von Geselligkeit und deren Schrecken.

5. Vertrackte Komplexität

Irgendwie eskalierte alles in Kurt Schwitters, jenem denkwürdigen Hannoveraner, der eine Art von doppeltem oder dreifachem Leben führte: vordergründig üblich hannoverscher Kleinbürger (Haus in dem Vorort Waldhausen, verheiratet, adrett gekleidet), sodann als Aktionskünstler heftiger Art (unterstützt von der reichen Mediziner-Ehefrau Käthe Steinitz) und als Werber und Layouter. Schwitters hatte als technischer Zeichner gearbeitet, aber auch Kunst studiert, hatte in der Berliner „Sturm"-Galerie des Herwarth Walden ausgestellt und dort die heftige Poesie August Stramms und anderer kennengelernt; er wollte Mitglied von Dada werden und wurde von George Grosz als Kleinbürger der Wohnung verwiesen, verblieb also in Hannover und gründete „Merz".

Dieser Kurt Schwitters hatte offenkundig ein eigenartiges und radikal empirisches Verhältnis zur Wahrnehmung seiner unmittelbaren politischen, sozialen und auch ökonomischen Umwelt (er argumentierte übrigens sehr kunstgewandt häufig ökonomisch): Er sammelte ständig Alltagsreste und hob diese in seinen Collagen und Assemblagen auf, er hörte alltäglicher Sprache zu und begann seine „Revolution in Revon" so hinreißend normal mit „Mama, da steht ein Mann"; er begriff, wie sehr Gesellschaft zum Zahlenwerk geworden war, und schrieb Zahlengedichte und ließ Anna Blume zählen oder zählte ihr etwas vor, und er las Zeitung, betrachtete Plakate und hörte auch zeitgenössischen Schlagern zu (1929 schrieb er selber den Text – Musik Walter Gieseking – zum Schlager für das Zinnoberfest).

Kurz aus einer anderen Perspektive: Vor vielen Jahren bat ich eine Studentin, für den „Kurt Schwitters Almanach" einfach die hannoverschen (Schwitters war dezidiert Hannoveraner) Tageszeitungen von 1919 und 1920 im Hinblick auf Verkehrsunfälle, Kriminalität, Werbung sowie Geburts- und Todesanzeigen durchzuschauen. Letzteres übrigens ergab quasi selbstverständlich, dass zu jener Zeit der Name „Blume" und auch jene Anna Blume sehr geläufig waren, nämlich oft als Name jüdischer Familien (damit wurde dann auch in Hannover nach 1933 aufgeräumt).
Ansonsten ergab sich, dass der damals häufigste Verkehrsunfall das in den Kurven Herausfallen von Passagieren aus der Straßenbahn war (Geschwindigkeit war noch nicht gelernt), und im Rahmen von Kriminalität (Haarmann kam erst später) über Wochen hin insbesondere ein Mensch, der die Kleidung anderer mit Tinte bespritzte, und ein anderer, der kleinen Mädchen hinterrücks die Zöpfe abschnitt, die Schlagzeilen des Lokalteils bestürmten. Der Alltag selbst also bot genug Skurriles, dies einfach so zu übernehmen.
Spannend aber war auch die Werbung jener Zeit, die viel einfacher und somit drastischer formulierte (etwa ganz groß „Atom" und darunter etwas kleiner „Staubsauger..." und oft sehr lautliche Akronyme, etwa „Ca Ha Bü" und dergleichen). Dazu fand jene Studentin eine schier sensationelle, wenn auch kleine Anzeige: Auf einer rechten Seite der Tageszeitung sieht man ein seltsam abstraktes Bild mit lediglich kurzen und schmalen senkrechten und waagerechten Balken – schlägt man die Seite um, so entdeckt man auf jener Rückseite an derselben Stelle ein Pendant dazu, ebenso ein gewissermaßen konstruktivistisches kleines Bild. Nun ist des (zwangsläufig aufkeimenden) Rätsels Lösung ebenso simpel wie großartig: Hält man die erste Seite ans Licht, so liest man (Seiten von Tageszeitungen sind nicht sehr opak) beide Bilder zusammengenommen als „Besuchen Sie das Weinhaus Steidl".

Mithin schimmerte in all dieser Alltäglichkeit ein neues und noch nicht aufbereitetes Potential neuer Bildwelten für die auf, die sie wahrnahmen, und begriffen die Dadas ebenso wie Kurt Schwitters die neue Dimension (und Ambivalenz) von Parolen, Headlines, Slogans und plakativer Kommunikation. Schwitters geriet so etwas gelegentlich auch ganz vergnügt in die eigene Poesie hinein, beispielsweise in die „Banalitäten aus dem Chinesischen" mit Reimen wie „Fliegen haben kurze Beine" oder „Die Frau entzückt durch ihre Beine/Ich bin ein Mann, ich habe keine". Aber Schwitters stieg zugleich auch direkt in die Werbung ein und gründete die „Werbezentrale Merz", die dann im Laufe der zwanziger Jahre des 20. Jahrhunderts etliche Klienten bediente: die Firma „Pelikan" (für die durch ihn vermittelt ebenfalls El Lissitzky arbeitete), die hannoversche Straßenbahngesellschaft „üstra" (für die er auch Verhaltensanweisungen für die Passagiere – etwa, sich festzuhalten – entwarf und umsetzte), und er gestaltete für hannoversche Schulen und dann gar für die Stadt Hannover neue Briefköpfe und -papiere, die denkwürdigerweise von der Stadt noch einige Zeit lang benutzt wurden, nachdem Schwitters offiziell 1937 schon zum „entarteten Künstler" abgestempelt worden und dann emigriert war. En passant entwarf er eine eigene Typografie und zudem das Layout von Büchern, zum Beispiel den Katalog von Gropius' Karlsruher „Dammerstocksiedlung" oder den für die gemeinsam mit Otto Haesler entwickelten „Celler Volksmöbel":

Eindringlich ist bei all diesen Arbeiten jedoch (und das gilt ohnehin für Heartfield und vor allem für Raoul Hausmann), dass er so sehr nicht die Kunst von der Werbung trennte, denn Stempel und Werbung und dergleichen konstruieren ja auch viele seiner Zeichnungen, Collagen und auch Gedichte oder die Prosa: Irgendwie jedoch trennte er zugleich beides, verlor sich eben nicht in betulichem Kunsthandwerk; denn experimentell ist er beiderseits, aber seine Kunst bleibt stets unmittelbarer, also emphatisch erfahrbar, während die anderen Arbeiten mittelbar, eben oberflächlicher oder diskursiver verständlich sind.

Bleibt noch zu erwähnen, dass Schwitters in der späten Mitte jener zwanziger Jahre sogar den „ring neuer werbegestalter" initiierte: Zu diesem gehörten einige andere Künstler (allesamt), wie Walter Dexel, der ja schon zuvor aus seinen konstruktivistischen Bilderwelten heraus ebenfalls Reklameschilder und Logos gestaltet hatte, und Vordemberge-Gildewart, der beispielsweise (seinem alten Osnabrücker Schulfreund Erich Maria Remarque zuliebe, der dort Schriftleiter war) für das Werk der „Continental-Reifen" das Layout der Werkszeitschrift entworfen hatte.

6. Vorläufige Konklusionen

Nun waren dies wahrlich keine Eintagsfliegen, vielmehr hat dies insbesondere das dann später entstandene Grafik-Design sehr heftig beeinflusst, gerade auch das in Holland um Mart Stam und dann jene Zeitschrift „i 10", die sich schon ausdrücklich mit dem Thema Kunst und Werbung auseinandersetzte, und die Schriftgestaltung der fünfziger und der sechziger Jahre.

In der weiteren Entwicklung bildender Kunst und auch der von Literatur könnte man nun etwa auf die visuelle Poesie der späten fünfziger und sechziger Jahre verweisen (Franz Mon, Jochen Gerz, Eugen Gomringer etc.) und im neuen Jahrtausend bis zu John Maeda vom MIT – und dann gab es noch jene Pop Art, von denen manche Protagonisten ja aus der Schriftgestaltung und Werbung kamen, oder „Zero" mit deren Zeitschriften und am Rande dann Ferdinand Kriwet. Vor allem wäre wahrlich „Fluxus" zu nennen, eklatant in der Person des einen Gründers George Maciunas, aber frühzeitig auch bei Emnett Williams oder George Brecht und Robert Filliou. Der Alltag, die alltäglichen und allemal kommerzialisierten Kommunikationsformen sind eben für diejenigen aus Kunst, Literatur und Musik, die sich in gesellschaftliche Realität strukturell und hoffnungsfroh subversiv einlassen und einlassen wollen, unausweichliches Material – das gelegentlich und manchmal absichtsvoll wiederum aus der Kunst herauspurzelt und plötzlich als Werbung und dergleichen auftreten mag.

Nicht zum Schaden der Kunst – und: obwohl inzwischen Design existiert. Aber das ist ja auch ganz anders, nämlich viel komplexer.

7. Es geht weiter

Tische von Yves Klein und Günther Uecker, Bestecke von Arman, Bettwäsche von Dorothee von Windheim, T-Shirts von Sigmar Polke: Innerhalb der Kunst eskalierte ganz praktisch stets der Widerspruch zwischen Ad Reinhardt („Kunst ist Kunst, und alles andere ist alles andere"), Barnett Newman und Mark Rothko (und auch anderen) und all denen, die ihre Kunst ins Allgemeine gebeugt haben und so auch noch ins alltägliche Leben sich einmischten und damit zusätzlich an diesem Markt partizipiert haben. – Dieser Widerspruch ist im 21. Jahrhundert fast gänzlich verschollen.

Das hat viel mit den neuen Medien zu tun, da Medien-Kunst und Medien-Design meist ununterscheidbar sind (jene insbesondere digitalen Medien schalten einfach alles auf gleich – was übrigens sogar noch die Fotografie impliziert). Zudem scheint aus etlichen Gründen (das hat mit globalisierten Märkten ebenso wie mit dem gesellschaftlichen Aufstieg und der Entfaltung von Design zu tun, aber ebenfalls mit der Hektik des Marktes) so verunsichert, dass sie damit sehr häufig Rückhalt in Wissenschaften sucht (manche Arbeiten vermischen sich intensiv mit soziologischen oder naturwissenschaftlichen Studien) oder eben im Design. Tobias Rehberger, Erwin Wurm und so viele andere wirken häufig im Rahmen konventioneller Vorstellungen von Design. Eben interessante Objekte und auch Bildwelten für den Gebrauch, für Wohnen und Accessoires oder für Mode zu formulieren.

Das Design wird analog zu diesen allgemeinen Vorurteilen gegenüber Design dadurch insofern affiziert, als es entgegen seiner eigentlichen Komplexität und vielfältigen Serialität sich dem Markt partiell beugt und nun im sogenannten „Autoren-Design" verwaltet. Also in exklusiven Einzelstücken oder Kleinserien. Was auf den Kunstmessen erstaunliche Preise erzielt und denen, die das als Design produzieren, große öffentliche Aufmerksamkeit sichert (ähnlich ergeht es übrigens der Architektur).

Insofern muss man schließlich eingestehen, dass es zweifellos stets Überlappungen von Kunst und Design gegeben hat. Nur haben diese andererseits auch das Design befreit, seine eigenen Wege zu finden und seine so weit aufregendere Komplexität zu entfalten.

Man glaubt gar nicht, wie viel Hässlichkeit die angestrengte Beschäftigung mit der Schönheit erzeugt.

Karl Kraus

Design als offenes System

1. Allgemeine Begründungen von Design

Befragt man die Designgeschichte oder noch lebende Designerinnen und Designer nach den Gründen für die jeweilige Formulierung des Gestalteten, so ergeben sich unter anderem folgende Argumentationen:

Gestaltet wird, so meinen viele insbesondere im Kunstgewerbe, wie es einem gerade „kreativ" eingefallen sei – dies mag die ehrlichste Antwort sein, ist zugleich jedoch die traurigste und trostloseste Begründung, weil sie bloß der Abstraktion von vermeintlicher Spontaneität und von Meinung verfällt, bäuchlings polternd und schnell in der Falle allgemeiner Standardisierung sitzt und dabei immer noch verzweifelt an ihre Originalität glaubt; man sei, so hört man auch, der Immanenz und inneren Konsequenz des Materials gefolgt – dies betonen Produkt-Designer ebenso gern wie etwa Grafiker und Typografen, die sich damit jedoch in eine jeweils sehr enge Systematik begeben (eben des Tons, des Holzes, der buchstäblichen Rundungen...), ohne auf die im Design so substanzielle Notwendigkeit der Transformation zu achten, ohne also das System in ein anderes oder diese eine Systematik in eine andere zu überführen oder tentativ eine Verknüpfung unterschiedlicher Systeme zu erörtern: Denn Gestaltung ist ja intentionaler Eingriff, beabsichtigt die Veränderung und Vernetzung des Materials zum Zweck der Handlungsfähigkeit anderer, also nicht nur der Gestalterinnen und Gestaltern selber. Eng damit verbunden äußern allzu viele, Design habe das innere Wesen des zu gestaltenden Gegenstands pur zum Ausdruck zu bringen, entspräche also einer „Phänomenologie des Geistes" (der berühmte holländische Gestalter Gerrit Rietveld artikulierte ganz hegelianisch, dass seine Stühle nicht dem Sitzen, vielmehr dem „Sitz-Geist" angemessen sein sollten): Dies jedoch unterstellt eine über alle Geschichte hinweg immer noch bestehende tiefe Verbindung von „Form und Inhalt" oder von „Wesen und Ausdruck" und behauptet damit eine Wesenhaftigkeit jeglichen Gegenstands – was zumindest bei komplexen Objekten (etwa Autos oder Interfaces), bei Texten und Prozessen (zum Beispiel Dienstleistungen oder mikro-elektronisch gesteuerter Kommunikation) offenkundig überheblich und absurd wird, zumal dann ja etliche „Wesen" aufeinanderprallen würden oder man ein allumfassendes, gottähnliches Wesen allem unterstellen müsste, das sich in jedes kleinste Detail (der Philosoph Hegel versuchte das mit der Formulierung der „List der Vernunft") verästele und dort aktiv wiederzufinden sei; in diesen Zusammenhang gehört auch die gern geäußerte Begründung von Gestaltung aus der „Funktion", die, obwohl immanent als teleologisch oder dialogisch behauptet, ebenfalls aus dem Ding inhärent, ihm innewohnend, formuliert werden soll – dies, also das „form follows function", gerät flugs zur heftigen Ideologie des Funktionalen und unterschlägt, dass jedes Ding zwei Seiten (zumindest) hat, zum Mord ebenso wie zum Glück taugen kann, eben in sich selber stets schon multi-funktional ist.

Nun leiden all diese häufig gehörten Begründungen von Gestaltung insbesondere daran, dass sie immer einen „Ur-Grund" beschwören und leichtfertig Gestaltung wie den Gebrauch der gestalteten Dinge als überzeitlich, als ahistorisch stabilisieren wollen, als Ausfluss eherner Gesetze und Ordnungen; so verhält man sich zu Geschichte und zu den Menschen ignorant und autoritär, tut dies gleichwohl gern unter dem Deckmäntelchen, „sozial" zu sein. Leider betrifft dies übrigens sehr häufig auch den Versuch, die Gestaltung ökologisch zu begründen, sich gewissermaßen durch das Zitat „natürlich" eine uneingeschränkte Legitimation zu holen und durch den in „Ökologie" verborgenen und tätigen „Logos" eine Zwangsläufigkeit zu imaginieren: Das aber unterstellt, dass es ökologisches Design gäbe, während doch das eine Tun bestenfalls etwas umweltbewusster sein kann als das andere, und die Ökologie uns auch im Rahmen von Design gerade vorführt, wie sehr alles mit allem zusammenhängt und wie wenig einzelne Maßnahmen helfen; mithin müsste die Diskussion von Ökologie und Design die Redlichkeit entwickeln, unter der Perspektive umweltbewusster Reflexionen die damit verbundenen Probleme klarer darzustellen (Design sollte ohnehin oft eher problematisieren als gleich alles tätig zu lösen versuchen) und die eingeschränkte Perspektive einzelner Lösungen erörtern.

Eine andere Richtung im Design argumentiert immerhin davon unterschieden, nämlich vermeintlich empirisch, ausgerichtet auf Verbraucherinnen und Verbraucher:

Da gibt es beispielsweise jene, die einfach der Mode folgen wollen – dabei allerdings aussichtslos unterschätzen, wie schnell Moden sich wandeln, wie schwer Tendenzen oder sogenannte „Trends" antizipierbar sind, wie lange Entwicklungs- und Produktionszeiten von Gegenständen und Texten dauern und wie eilig man veraltet; nur wenig besser stehen diejenigen da, die auf das Marketing und auf dessen Marktforschung verweisen und dabei, entsprechend der immanenten Reduktion auf quantitative oder lediglich kurzsichtig qualitative Marktforschung, immer nur den Status quo des Marktes widerspiegeln oder linear fortschreiben, oder hocus pocus empirische Forschung mit dem Lesen im Kaffeesatz verwechseln, sich dadurch Antizipationen versagen und an diesem Unsinn allmählich auch ökonomisch scheitern.

Solche Fülle von Hilflosigkeit aber bedeutet (auch wenn wohl neunzig Prozent der Designerinnen und Designer weltweit so argumentieren) zweifellos nicht das Ende von Design. Mindestens zwei Perspektiven nämlich wären bedenkbar und könnten Hilfe leisten, das Design endlich zu qualifizieren und es dazu zu bringen, was die Gesellschaft von Design längst berechtigterweise fordert.

2. Urteilskraft und die Ästhetik

Schon Ende des 18. Jahrhunderts beschrieb Immanuel Kant sehr verständlich ein Problem, mit dem gerade Designerinnen und Designer noch oder insbesondere heute stets handfest konfrontiert sind: Irgendwie klafft eine harte Lücke zwischen Theorie oder zwischen dem Diskurs und darin erarbeiteter Konzepte einerseits und der praktischen Umsetzung andererseits. Irgendetwas scheint diese Kluft gleichwohl überbrücken zu können, aber diese Brücke zu formulieren, ist offensichtlich ebenso notwendig wie schwierig.

Kant verschärfte dieses Problem auf den ersten Blick sogar noch, schuf dadurch aber hinterrücks Freiräume. Denn er argumentierte sehr einsichtig, dass Theorie – da sie stets kategorial verfahre, also allgemeine Zusammenhänge bedenke und somit jederzeit verallgemeinere – zwangsläufig nicht jede Einzelheit und Besonderung begreifen könne; und er fügte hinzu, dass Praxis – weil diese ja allein als intentionale, zweckbestimmte so genannt werden könne und deshalb verständig sein müsse – ebenfalls permanent verallgemeinere und demgemäß generalisiere und Sonderfälle nicht berücksichtigen und wahrnehmen könne.

Wir alle kennen dieses Problem, da wir doch ständig, beispielsweise, mit Stühlen konfrontiert sind, die gerade nicht unseren Wünschen und körperlichen Bedürfnissen entsprechen oder diese allenfalls halbherzig erfüllen, und weil andere Dinge dieselben Schwierigkeiten aufweisen und allemal einen Standard anpeilen, der womöglich in der Wirklichkeit gar nicht existiert (spätestens hier, übrigens, erweist sich dann auch Ergonomie als Illusion oder als bloße und niederträchtige Zurichtung der Menschen, also des jeweils Besonderen, auf die Dinge).

Die Frage demnach ist, wer wie und wann, warum und wodurch eine Entscheidung für das Besondere fällt, mithin schier plötzlich aus dem Allgemeinen, aus dem Standard herausfällt und eine ganz andere Idee oder Lösung vorschlägt, die dann wiederum auf ein großes allgemeines Interesse stößt und allgemein begeistert.

Kant bezeichnete diese Kompetenz als „Urteilskraft" und formulierte, dass eben diese Urteilskraft zu ungewöhnlichen und deshalb zu wahrhaftigen Antizipationen fähig sei – damit präzisiert er an sich ja nur das, was wir aus Erfahrungen kennen und dann, ein wenig hilflos, als den „Sechsten Sinn" oder „feeling" und dergleichen zu benennen versuchen.

Das jedoch setzt etwas voraus, was bisher offenkundig allzu vielen Designerinnen und Designern in Geschichte und Gegenwart weltweit (und wohl bloß aus narzisstischen Gründen oder wegen purer Dummheit) zuwider gewesen ist, nämlich Aufmerksamkeit, die Kompetenz zu Wahrnehmung und zu Empathie, aufzubringen.

3. Die Kunst der Wahrnehmung und die Offenheit

Selbst eingedenk dessen, dass gewiss alle kapitalentwickelten Gesellschaften zur schrecklichen Verballhornung von Wünschen, Bedürfnissen, Träumen, Wahrnehmungen, Umgangsformen und Taten der in ihnen lebenden Menschen tendieren und schon kräftig beigetragen haben (andere Gesellschaftsformen erleben andere Probleme): Menschen selbst in diesen Gesellschaften äußern dennoch – und geschehe dies zumindest in den ständigen Regelverletzungen, die die Menschen gerade gegenüber Gestaltung gern ausüben – Ansprüche und Wünsche gegenüber Gestaltung und gegenüber Ordnung, die völlig plausibel oder gar einsichtig sind. Sie verändern permanent Dinge und Prozesse, nutzen diese in neuer und eigenständiger Form, stellen sie zuweilen sinnvoll auf den Kopf, krümmen die rechten Winkel, beschleunigen oder verzögern, üben gelegentlich sogar vernünftige Zerstörung. Der Beispiele dafür sind viele, das reicht vom empirisch abgekürzten Wegkreuz zum Trampelpfad in Parks über als Aschenbecher genutzte Untertassen oder Flaschen bis zur vehementen Veränderung von Architektur und von Interior-Design durch Vorhänge, Blumen und andere Vorkehrungen.

Dies aber bedeutet doch, dass im geglückten Fall sich die Menschen die Dinge, Prozesse und Texte produktiv aneignen (oder aneignen wollen) und sich ihnen nicht einfach ausliefern mögen, dass sie also die Entwürfe und Dinge gerade dadurch ernst nehmen. Der Umgang mit der Objektwelt und mit deren Tücke nämlich ist lebendig, und die Objekte verändern sich in diesem Prozess fortwährend (und geschehe dies auch bloß in der Imagination, da selbst bei einer den Vorschriften gleichenden Handlung der Inhalt, die Absicht oder der Kontext dieser Handlung völlig verändert werden können).

Nun wäre andererseits ein Plädoyer gewiss völlig unsinnig und gewissermaßen bloß meta-autoritär, jetzt auch noch die potenziellen Abweichungen von den Regeln gleich mitgestalten zu wollen – da würde man dann sowieso ein blaues Wunder erleben. Wohl jedoch sollte man vom Design öffentlich und intensiv fordern, diese empirische Phantasie der Menschen wahrzunehmen und ernst zu nehmen und sie zu einem wesentlichen Aspekt von Design werden zu lassen.

Gefordert werden deshalb ein offenes System des Gestaltens und das Einverständnis darüber, dass Design bloß Möglichkeiten von Handlungen und Verständnis anbietet und somit den Gebrauch des Gestalteten als Perspektive des Gestaltens erkennt – womöglich handelt es sich dabei um kluge Möglichkeiten und Erfahrungen, aber das weist fraglos wieder auf das Problem einer qualifizierten Empirie zurück, die unterhalb aller frustrierender Standardisierung gesellschaftlichen Verhaltens die permanenten Potenziale von Antizipation und von veränderndem Bewusstsein erspürt und aufsucht.

Nun verlangt solche Reflexion allerdings von den Designerinnen und Designern und von allen, die damit zu tun haben, ein wahrhaftiges Interesse am Gebrauch oder gar am Missbrauch der von ihnen gestalteten Objekte und Handlungen zu entwickeln und ihre Kompetenz darauf zu richten, offene Systeme der Nutzung zu formulieren, Möglichkeiten des Eingreifens in ihre materialisierten Entwürfe einzubauen und damit strukturell eine völlig neue Dimension und Form von Design zu entwickeln.

Immerhin könnte man in diesem Moment erneut den großartigen und einsichtigen deutschen Künstler und Gestalter Kurt Schwitters zitieren, der schon Mitte der 1920er Jahre (gegen das „Bauhaus" und gegen das „Neue Bauen") einwandte, ein in sich harmonischer Raum sei doch a priori unmenschlich, da jeder diesen Raum betretende Mensch die Harmonie zerstöre. Weshalb schon Schwitters laut darüber nachdachte, wie denn menschliche Räume aussehen müssten, die durch den Gebrauch entstünden.

Das ist doch eine Perspektive.

Souterrain

Gedanken ohne Inhalt sind leer, Anschauungen ohne Begriffe sind blind.

Immanuel Kant

Kreativität

Zugegeben, Kreativität ist als Kategorie in den letzten Jahrzehnten ziemlich in Verruf geraten und banalisiert worden als Beschreibugsversuch all dessen, was geradezu zwanghaft leidenschaftlich in Form von Töpferei, Malerei, Basteln, Gesinge und anderem „Kunstwollen" pseudo-pathetisch in die Welt geworfen wird.

Offenkundig nämlich animiert im christlichen Kultur-Kontext der damit verbundene Schöpfer-Mythos allzu viele allzu häufig dazu, selber sich im Gestus des Schöpfers zu ergehen und diesen Akt nachzuahmen. Oder, aus anderer Perspektive: Das, was die christliche Kirche permanent als Basis der Welt und als Inhalt von Sexualität predigt – eben die Schöpfung –, erscheint internalisiert und wird im allgemeinen Glauben an Kreativität alltäglich erweitert oder auch bloß kompensiert. Gegebenenfalls trostlos in einer auf diesem Niveau überkreativen Gesellschaft, in der alle kreativ sein wollen und sind, für ihre Kreationen jedoch kaum noch Abnehmer finden. Alle schreiben, niemand liest – was im Internet ja eklatant sichtbar ist, gleichwohl durch eine mediale Euphorie immer noch verdeckt wird.

Dennoch: Wenn über Gestaltung nachgedacht wird, ergibt sich die Herausforderung für die Leserinnen und Leser und für den Autor selbst, Kreativität – und sei es durch Umdeutung oder Umbenennung – als Kategorie, als Eigenart und als Handlungsform zu retten oder sogar mit Begeisterung neu zu füllen.

Versuchen wir es einmal mit Immanuel Kant: Immerhin stellte dieser nach dem intensiven Schreiben seiner Kritik der reinen und dann der praktischen Vernunft fest, dass da noch irgendetwas fehlte, eben die Kritik der Urteilskraft. Also formulierte er auch diese und beschrieb darin durchaus aufregend und einleuchtend all die Hintergründe und Zusammenhänge von Wahrnehmung und Erfahrung, von dem Kunstschönen und dem Naturschönen und vieles mehr, wie eben auch die Frage der Begründungen von Urteilskraft. Warum, vereinfacht zusammengefasst, gefällt dieses und jenes nicht, oder warum gefällt dieses vielen Menschen und jenes bloß einzelnen oder wenigen, und existiert irgendetwas, was eigentlich allen gefallen müsste.

Ebenso erstaunlich wie einsichtig ist, dass Immanuel Kant nach etlichen Reflexionen, Beschreibungen von Zusammenhängen und Erläuterungen fast unvermittelt darüber stolperte, dass es ihm nicht gelang, in der von ihm ersehnten Präzision genau zu erörtern oder zu verorten, wie und wo denn jene Entscheidungen, also Urteile, geschehen, die beispielsweise zu Kunstwerken oder zu veritablen Innovationen oder zu anderen genialen Lösungen führen, die die allgemeine Einbildungskraft zu übersteigen scheinen. Just an dieser Stelle zitiert er nun eigentlich ganz obskur eine neue Kategorie oder ein neues Phänomen: das Genie.

Gewiss, so richtig hilft ihm das Genie oder dessen Bezeichnung auch nicht weiter, aber zumindest zeigt er, dass sich da irgendetwas Eigenartiges zwischen Denken und Handeln bewegt, was nach Bezeichnung oder, besser noch, nach Erläuterung ruft. – Nun könnte man jene Dimension des Genies sehr vereinfacht an einem Beispiel zu beschreiben versuchen: Nehmen wir an, man steht am oberen Ende einer Treppe. Dann stellt sich offenbar im Kopf ein Bild von Treppe ein, aus der sich das Nach-unten-Führen kristallisiert. Nun besagen dieses Bild und die es prägenden Erfahrungen, dass man seine Beine mitsamt den Füßen und dem gesamten Körper in einer bestimmten Weise nach unten bewegen müsse, wobei man – das gehört zum Prinzip Treppe – von einer Regelmäßigkeit der zentralen Elemente der Treppe, nämlich der Stufen, ausgehen dürfe. Diese Regelmäßigkeit scheint für das Objektbild „Treppe" erfahrungsgemäß substanziell, und je nach eingebildet analytischer Versiertheit wird man voraussichtlich nach fünf oder sieben oder acht Stufen gar nicht mehr permanent auf diese schauen, sondern im Bewusstsein ihrer Regelmäßigkeit mit überwiegend erhobenem Blick weitergehen, vielleicht nur noch einmal gegen das vermutete Ende der Stufen einen flüchtigen Blick nach unten richten. So machen wir das sehr häufig, so bedienen Menschen ein Auto: Irgendwie weiß man, wo sich die vier oder fünf Gänge befinden, und man geht davon aus, dass sie immer gleich lokalisiert sind und funktionieren. Ähnliches geschieht mit vielen alltäglichen Dingen: der Benutzung von Messer und Gabel, dem An- und Ausschalten des gewohnten Schalters et cetera. Und das hat sein Recht, denn sonst wären wir ständig zögerlich, würden wir häufig stolpern und hätten ein noch mühseligeres Leben. – Was aber geschieht, wenn ausgerechnet zum Beispiel die viertletzte Stufe versehentlich unregelmäßig gebaut wurde, also gegen die Regeln verstößt: Diejenigen, die nur der Regel vertrauen und sich in Sicherheit wiegen, werden vielleicht schwer stürzen, auf die Schnauze fallen. Das Genie jedoch, so könnte wir konstatieren, zeichnet sich dadurch aus, dass es in demselben Moment oder Augenblick, in dem es so sicher im Wissen um die Systematik der Stufen diese ohne hinzuschauen hinuntersteigt, stets quasi vorbewusst darum zugleich weiß, dass es auch einen Fehler im System geben könnte. Und genau daraus entwickelt das Genie oder zeigt es seine unheimliche Kompetenz, Regeln und Konventionen, lineare Logik gewissermaßen spontan zu negieren, zu übersteigen und zu unterlaufen – und eben daraus etwas ganz anderes zu schaffen.

Womöglich beeindruckt ja an Kreativität, über die negativen Konnotationen der Kategorie weit hinausreichend, das gerade mit ihr zusammen Denkbare des Unvorhersehbaren und Überraschenden, die Vorstellung jenes plötzlichen Zusammenstoßes an und für sich augenscheinlich völlig divergenter Gedanken und Handlungen oder gedanklicher und praktischer Dimensionen und Perspektiven.

Negieren wir an dieser Stelle einfach und der Kürze des Textes zuliebe all die vielfältigen metaphysischen oder spirituellen Verklärungen, das „Genialische" in Allgemeinplätze wie „Eingebung", „Offenbarung", „Gesichte haben" oder dergleichen aufzulösen: Dann werden wir ebenso redlich wie vorerst noch ein wenig hilflos zugeben müssen, dass die Existenz solch wegweisender Kreativität zwar beschrieben, aber dabei kaum enträtselt werden kann.

Überraschenderweise – und dies veranschaulicht aufregend, wie neuronale Systeme quasi chaotisch sich entgegen linearer Logik verhalten – ist uns ein Mechanismus des Denkens sehr vertraut, der nur selten über seine Alltagspraxis hinaus verallgemeinert wird. Wir alle haben gelernt, dass man, wenn einem etwa ein Name nicht einfällt, an etwas anderes denken soll, damit dieser Name ins Gedächtnis zurückgeholt wird; was bekanntlich perfekt funktioniert. – Der Verständnisversuch dieses Phänomens führt zur Annahme, erst die freie Assoziation der Gedanken schaffe die Lösung dieses Problems. Erst also, wenn alle verzweifelten Versuche einer wie auch immer gearteten Rekonstruktion möglicher Gedankenwelten aufgegeben werden, auf die Spur des Namens zu kommen, stellt er sich ein. Anders formuliert: Offenbar ist der Kopf klüger, als man denkt. Oder: Regeln und vorgegebenen Systematisierungen zu folgen, führt eben nicht zu den Assoziationen, die es braucht, sogar so etwas Einfaches zustande zu bringen, wie sich an einen Namen zu erinnern.

Mithin scheint das Nicht-Intentionale (im Design existiert ja schon die Kategorie des „Non-Intentional Design", „NID") einleuchtend, diese assoziative Gedankenkraft zu beschreiben, die wir „kreativ" nennen. Sehr eigenartig (hinterrücks entspricht dies sogar jener von Immanuel Kant einst so intensiv eingeforderten Emanzipation aus der selbstverschuldeten Unmündigkeit), da das an das Selbstbewusstsein oder fast schon an das Selbstvertrauen appelliert, gewissermaßen nachdenklich auf die Konvention des Nachdenkens zumindest gelegentlich zu verzichten. Eben wegen der Kreativität.

Ganz in diesem Sinn hat vor einigen Jahren eine Deklaration des „St. Moritz Design Summit" erklärt, wesentliche Quelle für die Innovation im Design und durch Design seien Wahrnehmung, Akzeptanz und Umsetzung von Fehlern und Missverständnissen. Das verweist auf den alltäglich empirischen Umgang mit den Dingen, Zeichen und Prozessen und auf all das, was dabei geschieht und sich in dem allgemein bloß als Chaos erkannten Getümmel an Qualitäten jeweils entwickelt. – Vergleichbar wies Oswald Wiener daraufhin, dass beispielsweise im Jazz wahrscheinlich sehr viele Neuerungen dadurch entstanden, dass sich jemand verspielte und gerade damit das Publikum begeisterte – und nun vor dem komplizierten Problem stand, diesen Fehler reproduzieren zu können.

Womit sich zugleich ein weiteres Problem von Kreativität auftut: Wenn jene freie Assoziation der gedanklichen Kräfte oder des Spiels der Wahrnehmungen und Erfahrungen und Urteile sich regen möge, um Kreativität zu erzeugen, dann stellt sich die dumme Frage, wie dies jeweils reproduzierbar sei. Denn die Rede ist doch offensichtlich von kuriosen Purzelbäumen, die sich da zwischen den Gedanken und den Handlungen und zwischen Gedankenlosigkeit und Praxis bewegen, die lediglich wiederholbar wären, wenn wir sie jeweils verstehen und damit nachvollziehen könnten.

Gewiss begründet sich genau aus diesem Zusammenhang der in Kunst, Technik, Naturwissenschaft, Musik, Literatur und Design immer wieder aufzufindende Versuch, endlich der Kreativität ihre Regeln abzuluchsen, sie in systematischer Form abbilden und damit verbindlich reproduzieren zu können (wobei ohnehin eine allgemeine und durchaus verständliche Effizienz – eigentlich also Trägheit – des Gehirns eine Rolle spielt, alles möglichst schnell und systematisiert verstehen zu können, auf dass keine Unruhe oder Aufregung und somit nicht allzu viel Arbeit entstehe). Deshalb hofft der gesamte Apparat ständig darauf, alles regelmäßig zu regeln, linear abzuleiten und der Philologie anheim zu geben, jener grausamen Denkform, die nicht unversehens in der zweiten Hälfte des 19. Jahrhunderts gemeinsam mit den

Grundlagen von Rasterfahndung der Polizei (Kopf-Vermessungen, Fingerabdrücke et cetera) entstand und aufblühte. – Dieser Wiederholungszwang ist demgemäß wohl eines der größten Hindernisse im Nachdenken über und in der Realisierung von Kreativität und macht, dass Kreativität allgemein so gründlich missverstanden wird. Statt Kreativität nämlich verfällt diese Gesellschaft permanent dem Mythos der Amateure, also jener blöden Nachahmer von dem, was längst existiert.

Gleichwohl muss dieser Text abschließend zu bedenken geben, selbstverständlich das Problem der Kreativität nicht gelöst zu haben. Gewiss, wir können relativ leicht beschreiben, warum diese Kategorie gesellschaftlich so heftig ersehnt und gerade deshalb mit Missverständnissen gefüllt wird und meist bloß kompensatorisch funktioniert. Wir sind auch in der Lage zu formulieren, dass entscheidend zur Verortung von Kreativität jener Bereich zwischen Denken und Handeln und ebenso zwischen Handeln und Denken ist, es um die Frage der Transformationen und der Vermittlungen zwischen diesen beiden so substanziellen Aspekten geht – aber diesen Zwischenraum zu begreifen, das war, ist und bleibt offenkundig ein zentrales Problem der Philosophie, der Ästhetik, der Soziologie, der Psychologie und des allgemeinen Denkens. Insofern bedeutet die Reflexion über Kreativität weiterhin eine fantastische Herausforderung. – Was umso schwieriger sich gestaltet, da Voraussetzung für diese Reflexion die freie Assoziation der Kräfte ist, also das Verständnis von Kreativität gewissermaßen Meta-Kreativität erfordert.

Jeder dumme Junge kann einen Käfer zertreten. Aber alle Professoren der Welt können keinen herstellen.

Arthur Schopenhauer

Von innen nach außen

Zwar geht es dem ungarischen Psychoanalytiker Sándor Ferenczi in seinem berühmten Aufsatz „Zur Ontogenese des Geldinteresses" von 1914 eigentlich um die Erörterung der Sammel-Leidenschaften, vor allem – das Dagobert-Duck-Syndrom – um die Psychopathologie der unendlichen Anhäufung von Geld. Doch leicht lässt sich dies im Rückschluss auch auf die Frage von Gestaltung beziehen. Zugegeben, womöglich argumentiert jener Text etwas eindimensional und ohnehin (altes Problem der Psychoanalyse) allzu sehr in der Perspektive männlichen Soseins, aber das geschieht so plausibel, dass es einfach vergnüglich ist, diesem Gedankengang ein wenig zu folgen und ihn zu erweitern:

Das Problem beginnt mit der – nach dem Schrei, aber der wird später reflektiert – ersten materiellen Entäußerung des Neugeborenen, also dessen erster Produktion: Kot. Nun mag sein, dass in der allerersten Phase die Eltern oder andere Bezugspersonen jene Exkremente noch niedlich finden, gleichwohl wird selbst dann die entsprechende Windel sofort gewechselt und das Hinterteil, also der Produzent dieser Kreation, säuberlich gereinigt. Sobald möglich wird dann das kleine Kind abgerichtet, für diesen Akt einen Topf oder dergleichen zu nutzen und dort das Exkrement hinein zu drücken, woraufhin, meist vor den Augen des Kindes, ihm diese Schöpfung entrissen und in einer Toilette oder anderswo entsorgt wird. Oft sogar, eben der Zurichtung zuliebe, mit elterlichen oder anderen erwachsenen Artikulationen des Ekels und der Belehrung, genau so damit umgehen zu müssen.

Nun führt dies offenkundig und sehr einsichtig zu einem ernsthaften Konflikt: Man sieht häufig bei kleinen Kindern, wie gern sie ihre rudimentäre Kreation erst einmal bewundern und wie hoffnungsfroh sie damit spielen mögen; ihnen gefällt, was sie da geschaffen haben, sie spüren die körperliche Entäußerung als substanzielle Aktion, und sie möchten das Resultat auskosten. Man ahnt die tiefe Frustration, wenn sie genötigt werden, auf der Toilette zusehen zu müssen, wie ihre wunderbare Schöpfung per Wasserspülung in den Schlund der Tiefe hineingerissen wird und verschwindet.

Gewiss, dennoch lernen diese Kinder, was sie zu lernen haben. Aber nicht ohne Widerstand und auf Zeit. Ferenczi beschreibt im folgenden sehr anschaulich, wie diese Frustration sich in den nächsten Jahren in einem Sandkasten oder am Strand kompensiert: Sie tendieren dazu, den Sand mit Wasser oder – erneut als Entäußerung – mit Urin zu befeuchten und diesen nun nassen Sand als vorzügliches Baumaterial zu nutzen, daraus Landschaften oder Gegenstände zu gestalten. Und wiederum, kaum werden Erziehungsbeauftragte dessen gewahr, greifen sie erneut ein, verhindern den Prozess, verbieten ihn. – Nun werde, so Ferenczi, alles verschoben, denn die gestalterische Aktion wende sich dazu, das Sammeln als modifizierte Gestaltung oder als deren Ersatz in die vermeintliche Liebe der Sammelei von Steinen oder Muscheln oder anderen harten Objekten zu überführen. Dann auch von Münzen, bis es sich in der Vielfalt des Gegenständlichen verliert (Briefmarken, Schuhe und alles andere) und seinen Höhepunkt in der Anhäufung von Geld findet. Eben wie Dagobert Druck, der bekanntlich nicht bloß riesige Mengen von harten Dollars akkumuliert und sich diese ständig beglückt vor Augen führt, um sich ihrer Anwesenheit zu vergewissern, sondern sogar leidenschaftlich darin badet, gern vom Sprungbrett hinein taucht und sich reinigt.

Womit sich der erste Kreis geschlossen hätte, also jenes Verbot, mit den ersten kreativen Äußerungen zu spielen und diese zu genießen, verinnerlicht und kompensiert wurde als Reinigungs-Zwang und als innere Not, alles zu bewahren und zu sichern. – Berüchtigt sind jene Fälle, die mittelbar zurückgehen auf die Ursprünge von Verlustangst, in denen Menschen ihre Exkremente möglichst lange bei sich halten und dadurch Verstopfungen erleiden.

Übrigens schadet dieser Argumentation keineswegs, dass heutzutage nicht mehr so viele Münzen und Banknoten herumliegen, die man als Reichtum sichtbar anhäufen könnte, hingegen monetärer Wohlstand sich allein noch in Zahlen niederschlägt. Was in diesem Kontext manche als Fortschritt bezeichnen könnten, ist de facto bloß Verschleierung, übliche Auflösung in die Unanschaulichkeit, die keine Lösung des Problems formuliert; vielmehr zeigt dies bloß, dass zumindest die reichen und somit eingeweihten Menschen gelernt haben, mit der Abstraktion des Marktes umzugehen, Zahlen selber als materiell zu sehen (bei den großen Finanzkrisen wird gern davon gesprochen, wie viele Milliarden oder Billionen – von was eigentlich – „verbrannt" worden seien, und niemand staunt, dass dies keinen Rauch erzeugte). Oder sie kompensieren erneut, sich und anderen die Sicherheit ihres Besitzes vor Augen zu führen, indem sie Autos, Häuser, Möbel, Kunst oder anderes Vorzeigbares sammeln und gerne auch zeigen.

Unterstützt werden diese Thesen des Sándor Ferenczi über den Zusammenhang von Kot und Geld oder Gold durch etliche Märchen und andere Geschichten, in denen zum Beispiel ein Esel Geld scheißt – so also Kot sich in Gold wandelt. Heutzutage entspräche diesem Vorgang ganz praktisch der Antiquitäten- und Auktions-Markt; und wir dürfen auch ruhig einmal schreiben, dass der seit einigen Jahrzehnten in den entwickelten Industrie-Gesellschaften sichtbare Ausbau von Museen aller nur denkbaren Art (für Messer und Kleidung, für Autos, Schmuck und technische Geräte, ebenso für Plastiktüten oder Kunst) doch wesentlich dazu dient, Müll zum Glänzen zu bringen, also Unrat zu vergolden (übrigens auch ganz praktisch, denn an Museen wird verkauft – oder wenigstens schenkt man ihnen etwas, um selber zu glänzen und auch, um Preise zu erhöhen).

Aber dieser schier zwangsläufig unglückliche Verlauf jener in der Psychoanalyse so genannten analen Phase, eben der Begeisterung für die selbst entäußerten Exkremente, führt neben der möglichen Sammelwut vielleicht auch zu der anderen Perspektive, aus diesen substantiellen Erfahrungen heraus zwanghaft gestalten zu müssen. Dafür spricht nicht allein, dass so viele Gestalterinnen und Gestalter gern auch selbst sammeln und manche Sammlerinnen und Sammler irgendwann in ihrem Leben sich dann doch dem Hang hingeben, sich nicht bloß durch die Komposition der Sammlung auch als gestaltend zu empfinden und darzustellen, sondern selber zu basteln, zu malen und dergleichen beginnen. Viel wichtiger ist, wie sehr dieser Akt der Entäußerung als Kreativität sich bei Menschen durchsetzt und sich lediglich materiell verschiebt. – Ganz nebenbei: Der wunderbare Künstler und Poet und auch Musiker Dieter Roth hat dies immerhin explizit und manifest publiziert. Denn er produzierte Bilder aus Kot und verfasste mehrere Gedicht-Bände unter dem Titel „Scheiße" (in diversen Variationen von „gesammelte" bis „verdammte"…).

Also Gestaltung als Ersatz oder als Additiv zur Sammelei. Dafür sprechen unter anderem etwa, wie gern gerade Gestalterinnen und Gestalter davon reden, sie würden „aus dem Bauch heraus" formulieren – was doch nach der Verarbeitung im Darm nichts anderes als Exkremente produziert –, oder wie sehr in vielen Kulturen, ebenfalls in der europäischen, durch die Geschichte hindurch Variationen der Entäußerung, also der vehementen Artikulation von innen nach außen, als kreativ aufgefasst werden: So geriet Urin zur Arznei und zum belebenden Mittel (und Harry Kramer ebenso wie Andy Warhol schufen Piss Paintings), galt und gilt in manchen Kulturen das Spucken als Heilsbringer und Veredelung (übrigens schon in der Bibel, wenn Jesus Christus einem Blinden auf die Augen spuckt, auf dass dieser wieder sehen kann) –, und es ist bekannt, dass Speichel Wunden zu heilen vermag und auch manchen Malern vorzüglich zur Verbesserung von Farben und deren Haftung half. Da gibt es eine unsichtbare Wirkkraft, die in sichtbaren Medien wie Speichel, Urin oder auch Blut (dem „besonderen Gut") veranschaulicht und für die Menschen plausibel wirksam wird.

Eklatant wird das im Pathos des Samens als zentralem Medium der Gestaltung (wahrhaftig allemal in der maskulinen Perspektive), zumal dieser sogar die Reproduktion des Eigenen verheißt. Er löst ein, in der Entäußerung Wunder zu bewirken und nun endlich das legitimiert einlösen zu dürfen, was in jener frühkindlichen Zeit so streng verboten wurde: nämlich mit dem Exkrement zu gestalten und dies gelegentlich sogar als vermeintlich eigenes Abbild wiederzufinden.

Schließlich entdeckt man, wenn man den Thesen Ferenczis folgt und diese im Hinblick auf die Kreativität erweitert, dass ja selbst noch jener krankhafte Stau der Exkremente, weil man diese bewahren möchte nur für sich, die wahrhaft narzisstischen Künstlerinnen und Künstler befällt, die ihre besten Arbeiten nie ausstellen oder stattdessen vernichten oder sie dem Publikum so anbieten, dass jeglicher Kontakt mit diesen das Kunstwerk zerstört (Ad Reinhardts schwarze Bilder könnten dies gut illustrieren, auch wenn man dessen Konzept selbstverständlich zugleich auch eine politische Dimension abgewinnen kann). Jene ohnehin dumme Formulierung, Gestaltung sei Selbstverwirklichung, entlarvt in diesem Kontext ihren eigentlichen Charakter als jämmerliche Resolution.

Auf jeden Fall kann hier schon vorläufig festgestellt werden, dass Gestaltung nicht einfach aus Souveränität oder als Stärke geschieht, vielmehr aus Schwäche und aus eben dieser Schwäche schafft, sie als Stärke auszuweisen. Gerade dies aber macht, dass Gestaltung wunderbar sein kann. Zumal dann, wenn sie in ihrer inneren Hypertrophie sich artikuliert und anerkannt wird.

Etwas gemein ist dieser Gedanke selbstverständlich, weil er tendenziell jegliche menschliche Kreation als in irgendeiner Form kompensatorisch entlarvt. Eben als – allzu oft uneingestandener – Ersatz für Verdrängtes, das sich nun Bahn bricht im Artefakt. In aller Ambivalenz als Ausdruck von Leid oder auch als Ausweg der potenziellen Verarbeitung.

So lässt sich ebenfalls die überall so herzhaft geliebte akustische Artikulation in diesem Kontext fassen. Da verhält es sich doch folgendermaßen: Der erste Schrei des Neugeborenen wird offenkundig von den entsprechenden Müttern und Vätern heiß bewundert, beweist er doch die Lebendigkeit und die Ankunft im postnatalen Dasein. – Sogleich jedoch stellt sich die Kenntnis ein, dass dies nicht der letzte Schrei gewesen sein wird, und selbst Vätern und Müttern geht das Schreien bald auf die Nerven. Weshalb sie nun ständig versuchen werden, es zu unterbinden oder – sei es durch Zuwendung und Zärtlichkeit oder durch grobe Attacken – zu verhindern.

Für das Kleinstkind bedeutet dieser so extrem rasche Wandel von tiefer Zuneigung als Resultat des Schreis zu heftiger Ablehnung einen beträchtlichen Aufwand an Verständnis-Arbeit. Dabei lernt es nach der ersten Enttäuschung erstaunlich schnell, seine akustischen Äußerungen nun zu modulieren und zu variieren, möglichst weitere Frustrationen zu vermeiden und sich zugleich dennoch mitzuteilen und zumindest partiell auch nachdrücklich das zu erhalten, was es will. Die Laute werden durchaus strategisch eingesetzt schon in dieser frühen Lebenszeit. Bis der Mensch später sich dann selber irgendwann musikalisch dünkt oder als solches gar anerkannt wird. – Umso nachdrücklicher verknüpft sich dies sogar mit der ersten Argumentation, da neuere Forschungen im Bereich körperlicher Befindlichkeit von Lust und Unlust davon sprechen, zumindest gelegentlich seien die quasi automatischen Geräusche, die im Verdauungstrakt des menschlichen Körpers entstehen, als Wohlbefinden zu interpretieren. Und alle akustische Gestaltung spielt mit diesen Verbindungen. Ebenfalls hier wird also etwas von innen nach außen transportiert, nämlich sublimiert.

Gewiss kann man diesen Gedanken-Zusammenhang auch übertreiben, aber es liegt doch nahe, selbst noch die zunehmend geforderte und erwünschte Gestaltung von Gerüchen in diesen Kontext zu stellen und vor allem die merkwürdig verbreitete Begeisterung für die Handarbeit im Rahmen von Gestaltung, was doch lediglich darauf beruhen kann, dass hier nahezu verzweifelt versucht wird, die einstige haptische Nähe, das Gefühl des körperlichen Bezugs, über Umwege wiederzufinden. Gestaltung schafft diese Einbildung offensichtlich.

Würfel-Würfe

1.

Seit einiger Zeit geistert ein Zauberwort durch die deutschsprachigen Designdiskurse, das in die englische Sprache (wie so manche deutsche Wörter) nicht übersetzbar ist, es sei denn als „Design": Es ist das Wort „Entwurf". – Wobei bei der Nennung dieses Wortes bedacht werden muss, dass es auch in der Architektur und sogar in anderen Metiers eine bedeutende Rolle spielt.

Besonders aber offenbart es dem Design wunderbare Perspektiven. Denn ein Wurf beschreibt Offenheit, da, selbst wenn man eine Richtung anpeilt, das Geworfene Flugkurven bildet, also nicht geradlinig seinen Weg findet. Man wirft ins Ungewisse, ins Offene. So impliziert der Entwurf mehrere Möglichkeiten, verlangt er kein klares Ziel, akzeptiert hingegen unbeabsichtigte Empfängerinnen und Empfänger.

Verstehen wir den Entwurf insofern schon als eine Kategorie, so scheint sogar Utopisches auf: Der Wurf richtet sich in die Ferne – und da dies nicht nur räumlicher Dimension gilt, sucht er ebenfalls zeitliche Antizipation. Entwerfen öffnet dem Design Freiräume, verleiht ihm Kraft, Flugbahnen und die Wahrnehmung des Geworfenen zu verändern. Außerdem: Wer etwas Geworfenes findet, der darf damit einfach offen umgehen, ist im Gebrauch des Entwurfs grundsätzlich frei – und es steht den Finderinnen und Findern anheim, wie eine dem Entwurf beigefügte Erläuterung zu akzeptieren und anzuwenden sei.

Zugegeben, hier wird nicht einfach geworfen, vielmehr entworfen. Das Präfix „ent" birgt in sich, zwar recht ungenau oder nur vage formuliert, eine gewisse Planbarkeit oder (wahrscheinlich besser ausgedrückt) ein Moment des zusätzlich Getätigten, das Arbeit und damit auch Konzept meint. So wie „sich entfernen" oder „einen Fleck entfernen" oder „sich entschließen", „entgleisen" und andere Verbindungen mehr allemal eine Aktion beschreiben, sogar eine intensive Aktion, und eben nicht einen Zustand. Genauso formuliert der Entwurf, dass hier gearbeitet wird. Was übrigens ja auch beinhaltet, dass dem Entwerfen das Verwerfen beiseite steht; mithin wird ins Freie geworfen auf der Grundlage sehr überlegter und kompetenter Wurftechnik. Nicht der Entwurf selber beheimatet Zufall und das Offene, sondern lediglich, aber immerhin, der Zeitraum danach, eben nach der Ablösung vom Entwerfenden.

Für das Design wäre diese Kategorie so wertvoll, weil sie beides berücksichtigt: die konzeptionelle und damit letztlich auch professionelle Kompetenz einerseits und die Möglichkeit des offenen Umgangs mit der Vergegenständlichung des Entwurfs und vor allem auch die Betonung dessen verändernder Kraft. Design würde dadurch zur Aufgabe konzeptioneller Antizipation und erhielte auf diesem Weg beträchtliches schöpferisches Gewicht, ohne dabei als lediglich ausführendes Organ irgendwelcher wirtschaftlicher oder institutioneller Interessen dazustehen und demgemäß bloß akzidentiell zu gelten. Fraglich allerdings ist, ob nicht auch diese Vermutung, also die Betonung des Entwurfs, die Widersprüche verdeckt, in denen Design sich unausweichlich bewegt.

Denn Design wird immer zerrieben zwischen den Intentionen der jeweiligen Auftraggeber, den gesellschaftlichen Bedingungen und Anforderungen, ökonomischen Zusammenhängen, den Eigeninteressen und Vorstellungen der Entwerferinnen und Entwerfer und anderen Konflikten. Darin muss es sich behaupten, Selbstbewusstsein und Verantwortung entwickeln und womöglich gerade im Ausagieren der Widersprüchlichkeit die besondere Qualität des eigenen Handelns hervorbringen. Die Kategorie des Entwurfs kann dabei helfen, löst aber noch nicht alle Probleme und streut manchmal sogar Sand in die Augen.

2.

Immerhin bietet jene Kategorie des Entwurfs unvergleichlich mehr Reflexion als die sonst üblichen Begründungen für das, was angeblich im Prozess der Gestaltung geschieht. Während das frühe Kapitel „Design als offenes System" die (durchaus problematischen) Motivationen der gestaltenden Subjekte fokussierte, werden hier nun die Phänomene analysiert, wie sie sich aus der Perspektive des Entwurfs, also des Objektprozesses, darstellen.

Gerade im deutschsprachigen Design und auch dort eher implizit scheinen sich nämlich etliche Designer als wesentliche Teilhaber einer Phänomenologie des Geistes zu empfinden, irgendwie als Medien innerhalb dieses Prozesses und somit als Teil des weltbewegenden Geschehens und als hintergründiger Motor. Als wehe jener Geist durch sie hindurch oder als hätte der Philosoph Hegel mit seinem Satz von der „List der Vernunft" das Design gemeint. – Für das Design bietet dieser Bezugsrahmen idealistischer Philosophie die Chance, unbedingt an der Gestaltung von Zukunft mitzuarbeiten, dabei jedoch nicht wirklich verantwortlich zu sein für das, was geschieht, da alles doch im Kontext eines quasi automatischen oder zumindest unausweichlichen Prozesses passiert. Man sei bloß gewichtiges Medium.

Sicherlich impliziert dieser so direkt nie artikulierte, gleichwohl in vielen Kommentaren und vor allem Selbstdarstellungen von Designern vorgetragene Verweis auf die Phänomenologie des Geistes auch ganz traditionell gottähnliche Züge; auf jeden Fall braucht es ein aktives, also eben doch göttliches Apriori, das alles leitet und bewegt. Was bezweifeln werden darf.

3.

Meist vermischt sich diese Haltung mit der Hypostasierung einiger Gedanken, die sich aus allgemeiner und eherner Gesetzmäßigkeit ergeben sollen. Was jeweils wie strenge Gläubigkeit anmutet.

Eines dieser Gesetze sei die Funktion. Wobei zugleich die Einschränkung geliefert wird, es ginge um einfach praktische Funktion. Man drückt auf einen Knopf, und es funktioniert, man nimmt etwas in die Hand, man betrachtet etwas, man legt den Hebel um, oder man setzt sich drauf: und es funktioniert, man kann trinken, man versteht oder kann wenigstens lesen, der Motor läuft, man sitzt. Als sei alles in der Sache selber vorgegeben und nur in dieser einen Weise ergiebig. Und die Form, also die Gestaltung, habe dieser Funktion zu folgen.

Als sei die Funktion ein Mythos, ein Transzendentes, etwas stets Vorgelagertes, das immer schon anwesend sei und im Design lediglich umgesetzt oder realisiert werden müßte. Womit das Design wiederum nur zum Erfüllungsgehilfen eines ganz anderen, gewissermaßen eines Jenseitigen wäre.

Nun wurde inzwischen allerdings die Vorstellung von Funktion beträchtlich geöffnet; denn wenn diese Auffassung überhaupt aufrechterhalten werden kann, müssen zumindest die psychischen oder emotionalen Aspekte als äußerst bedeutsam anerkannt werden. Objekte – auch Texte – können attrahieren, begeistern, anregen und aufregen, sie können überzeugen und den Menschen Selbstgewißheit oder Stolz vermitteln; und Gegenstände ebenso wie Typografie oder – dies gehört ebenso zum Design – Dienstleistungen, Events, Licht, Akustik und vieles andere können ganz funktional genutzt werden, Eindruck bei anderen zu erzeugen, für sich selbst, für ein

Unternehmen oder politische Instanzen zu werben, sich in bestimmter Weise darzustellen.

Solchermaßen erweitert gerät die Funktion allerdings zur Strategie, fällt sie aus dem gesetzmäßigen Kontext heraus und wird sie zu einem einfachen Mittel, je nachdem eine formale Lösung zu legitimieren. Damit ist sie nicht unbedeutend, hat aber jegliche Unschuld verloren.

Für Typografie, das Layout von Magazinen, Büchern und anderen visuellen und digitalen Medien und – semiotisch argumentierend – sogar für die Gestaltung der Objekte galt lange die Lesbarkeit beziehungsweise, erweitert, die Verstehbarkeit als Bedingung für die Gestaltung. Wobei (wie schon an anderer Stelle in diesem Buch ausgeführt) so eine sehr eindimensionale Idee von Lesen und Verstehen vorherrscht, eine autoritäre Vorstellung gar, denn solch eine Regel behauptet Lesen und Verstehen als lediglich passiven Vorgang – man habe gehörig zu lauschen und zu folgen, keineswegs jedoch dies aktiv und produktiv zu tun. Lesen und Verstehen sind aber im Gegenteil produktive Prozesse, erst in der aktiven Aneignung von Texten und Bildern und Zeichen entfaltet sich deren gesamter Bedeutungskontext für die und in den Menschen.

Insofern ist durchaus verständlich, dass erst in Literatur und Kunst und später auch im Design vermeintliche Gesetzmäßigkeiten der Gestaltung von Texten und Bildern infrage gestellt, zerstört, neu konturiert und so in einer Form geschaffen wurden, die Wahrnehmung zur Aktion provoziert. Das reicht in der Literatur von Mallarmé und später Dada bis zu den vielen Texten visueller Poesie und inzwischen sogar bis zu explizit gestalteten Texten in Magazinen oder auf Plakaten, die man erst einmal entschlüsseln muss, die also sich erst allmählich und mit Arbeitsaufwand und dann vielleicht auch ganz anders verstehen lassen; und die Malerei wurde von jenen Künstlern essenziell aufgebrochen, die das Ende der Gläubigkeit an die Zentralperspektive verkündeten: Paul Cézanne, Pablo Picasso, Kasimir Malewitsch und etliche in ihrer Nachfolge. Heute kann eigentlich niemand mehr ernst nehmen, was schlicht plausibel daherkommt. – Das gilt partiell sogar für die Werbung, in der zumindest teilweise Rätselhaftes gerade deshalb auftaucht, um die Aufmerksamkeit zu verstärken, also auf die Partizipation der Wahrnehmenden setzt.

Noch eine weitere Versuchung erwischte das Design auf dem Weg, sich selber gesetzmäßig zu begründen: die Ergonomie. Verstanden wurde sie als

Teil oder sogar als Erweiterung der Funktion. Dabei sollte alles den menschlichen körperlichen Ansprüchen entsprechen, sich ihnen anpassen und es komfortabel machen. Komfortabel ist hier in dem Sinne zu verstehen, Dinge, Zeichen, Dienstleistungen et cetera so anzubieten und zu gestalten, dass sie unproblematisch – und damit ohne Problem-Bewusstsein – zu nutzen wären, man sich einfach darauf einlasse.

Die Erbarmungslosigkeit dieser Kategorie wird erst deutlich, wenn wir daran erinnern, woher dieses Konzept eigentlich kommt. Denn am Beginn von Ergonomie, Ende des 19. Jahrhunderts, entwickelte der Amerikaner Frederick Winslow Taylor das „Scientific Management", nach ihm auch – kritisch – „Taylorismus" genannt. Es ging darum, ein System der größeren Effizienz von Arbeitsteilung durch genaue Prozesssteuerung von Arbeitsabläufen zu generieren: Nach genauen Analysen jeweiliger Zumutbarkeit von Arbeitsaufwand und nach entsprechender Zurichtung der Maschinen und der jeweiligen menschlichen Arbeitsschritte wurde berechnet, wie viel und wie schnell die Subjekte arbeiten konnten – besser: mussten. Was bekanntlich immer wieder neu bestimmt wurde, um die Effizienz, den Output und so die Ausbeutung von Arbeitskraft zu forcieren. Demgemäß wurden die Arbeitsvorgänge eben ergonomisch gestaltet, so dass die jeweilig vergrößerte oder schnellere Arbeitsleistung den Arbeitenden selbst möglichst nicht auffiel. – Ähnlich konzipierte übrigens seit 1920 der russische Dichter (!), Gewerkschaftsaktivist, Arbeits-Wissenschaftler und begeisterter Anhänger – und in der Sowjetunion Pionier – des Taylor'schen Scientific Management, Alexei Gastew, das „Zentralinstitut für Arbeit" (CIT). Dort wurden repetitive Arbeitsprozesse analysiert und damit die Rationalisierung der Arbeit vorangetrieben. Zynisch genug, sprach Gastew – ganz Künstler halt – von seinem „Gesamtkunstwerk".

Es ist zu befürchten, dass sich, wahrscheinlich meist sogar unwissend, erstaunlich viele im Design hinterrücks auf diese Rationalisierungsmeister oder zumindest -Prozesse bezogen, wenn sie die Ergonomie bejubelten, um die effizientesten Formulierungen für die Gestaltung von Arbeitsprozessen und Arbeitsgeräten zu finden.

Le Corbusier und etliche andere Architekten nahmen dies auf und formulierten daraus Standards für räumliche Anordnungen. Seinen üblen Höhepunkt fanden diese Rationalisierungen dann in der berüchtigten „Bauentwurfslehre" (1936) eines Ernst Neufert, Bauhaus-Absolvent und in leitender Position im Architekturbüro des Bauhaus-Gründers Walter Gropius tätig gewesen, der später von den Nationalsozialisten außerordentlich geschätzt und gefördert wurde: 1943 wurde er „Reichsbeauftragter für Baunormung" und 1944 Mitarbeiter Speers im „Arbeitsstab für den Wiederaufbau bombenzerstörter Städte". Seiner Karriere tat dies auch nach der Niederlage des Nationalsozialismus überhaupt keinen Abbruch: Gleich 1945 (!) wurde er Professor für Baukunst an der Technischen Hochschule Darmstadt. Ein weiteres Skandalon – und deshalb ist es so berechtigt, ihn hier so ausführlich zu beschreiben – ist es, dass nicht nur bis heute seine berüchtigte (in Bildern und Texten nur leicht geglättete) Architektur-Lehre publiziert wird, sondern „der Neufert" selbstverständliche Basispflichtlektüre für alle Architekturstudierenden ist. Bei ihm geht es um Ergonomie im geradezu manischen Detail: Alle nur möglichen Gegenstände und deren menschliche Handhabung wurden obsessiv vermessen, genaue Anweisungen zur Nutzung von Räumen und Dingen angegeben.

Designer suchten ebenfalls nach solchen Standardisierungen, die sie dann als jeweiligen Komfort auszugeben trachteten. Dabei ging es jedoch in der Ergonomie zwangsläufig immer nur darum, Standards, also durchschnittliche Maße und durchschnittliches Verhalten zu formen. Ergonomie bedeutet – kurz gefasst – nichts anderes als die Anpassung der Menschen an gesellschaftlich konstruierte Standards; zusätzlich mit der Bedingung, dass die Subjekte diese ergonomischen Mittelmaße als ihre eigenen, als ihre Form von Bequemlichkeit anerkennen sollen.

4.

Verlassen wir nun diese Versuche, das Design hinterrücks auf einer Gesetzmäßigkeit zu basieren, so bietet sich auf der Suche nach den Gründen für die jeweilige Gestaltung an, in die praktische Dimension der Profession Design einzusteigen. Wobei allerdings sogleich eingewandt werden muss, dass die Profession Design nicht eindeutig gefasst werden kann, denn mittlerweile, durch eine allgemeine gesellschaftliche Durchsetzung von Design, ist die Vielfalt dessen, was Designerinnen und Designer in ihren Berufen tun, schier unermesslich: Selbst im Versuch einer kategorialen Zusammenfassung solcher Möglichkeiten ergeben sich noch Hunderte von Varianten – und nicht alle davon haben mit traditionellen Designvorstellungen zu tun. Der Versuch lohnt trotzdem, zumal sich viele im Design auf so etwas wie eine Logik des Gestaltungsprozesses zu beziehen versuchen, um daraus jene Grundlagen der Formgebung abzuleiten. Was zwangsläufig lediglich idealtypisch formuliert werden kann.

Basis jedes neuen Entwurfs ist die Vorstellung, dass – aus welchen Gründen auch immer – unbedingt etwas Neues gestaltet werden muss. Sei es aus dem Design selber heraus, oder weil ein Unternehmen oder eine Institution etwas Neues produzieren und auf den Markt werfen will. Erkannt wird also entweder ein Mangel, der nach verbesserter Qualität ruft, oder die Chance, etwas bisher (angeblich) noch nicht Dagewesenes erfolgreich vermarkten zu können. Beides setzt eigentlich ein mehr oder minder intensives Maß an Forschung voraus, den Mangel zu erkennen und so genau zu bestimmen, ob der Gegenentwurf sich daraus anfänglich konturieren kann, oder die Situation am Markt zu verstehen, um eben die Marktlücke und damit potenziellen Erfolg zu verstehen.

Im besten Fall also steht am Anfang der Versuch, gesellschaftliche und jeweils aktuell marktwirtschaftliche Bedingungen zu begreifen und dadurch zumindest ein Konzept für die Gestaltung zu entwickeln. – Leider wird solche Forschung jedoch in vielen Unternehmen und auch in Designbüros selber noch immer ziemlich unverständig und allzu oft bloß als nachträgliche Legitimation betrieben (typisch dafür sind quantitative Marktforschung und ähnlich abstrakte Erhebungen bei den Unternehmen und etwas amateurhafter im Design).

Zweifellos konturiert solch ein Beginn recht intensiv die Gestaltung, werden hierbei doch die Umrisse des Gegenstands, der Serie, der Kommunikation oder der Ereignisse ebenso festgelegt wie die zukünftige Existenz der Sache selber. Das bedeutet jedoch zugleich, dass die Form der Herangehensweise, also der Forschung oder jedes anderen Wegs der Planung, wesentliche Einflüsse auf die Gestaltung nimmt, das Design demnach nicht unabhängig von der Methode seiner Entwicklung gedacht werden kann. Unabdingbar wäre deshalb ein Bewusstsein, wären Reflexion und Kritik schon dieser Methoden, um die Entwicklung des jeweiligen Designs zu begreifen.

Sodann folgen üblicherweise erste Visualisierungen: Manche produzieren Skizzen und später präzisere Zeichnungen, andere bauen gleich Modelle, heutzutage nutzen die meisten für beide Wege digitale Möglichkeiten. Was erneut bedingt, dass die Grammatik oder Systematik der gewählten Form den Aufbau der Gestaltung zutiefst beeindruckt. Die genaue Formgebung kann nicht unabhängig davon gedacht werden, welche Medien und Mittel in der Entwicklung genutzt werden.

Das gilt genauso für die Frage des Auftraggebers. Wenn dies, wie üblich, ein Unternehmen oder eine Institution ist, dann werden automatisch und völlig berechtigt aus Sicht des Unternehmens dessen Bedingungen und

Möglichkeiten die Formgebung beträchtlich fixieren. Unter anderem kommen da zusammen: das Selbstbild des Auftraggebers, dessen sonstige öffentliche Präsenz, der geplante Einsatz von Kapital, die jeweiligen Produktions-Möglichkeiten, also die vorhandenen technischen Kapazitäten und Konditionen von Arbeit, Arbeitsmitteln und Materialien, die geplante Platzierung des neuen Produkts am Markt, Export-Orientierung und viele andere Faktoren. Sie bilden insgesamt und mit sehr vielen Variablen die dritte Kondition, unter der die Gestaltung stattfindet: über allem das Dach wirtschaftlicher, gesellschaftlicher, kultureller, technischer und auch ökologischer Bedingungen, dann die jeweiligen Methoden von Begründungen neuer Entwicklungen und somit Gestaltung, damit vermittelt und auch untereinander vermittelt die Frage nach den Entwurfs-Medien und deren je eigener Systematik und parallel die vielfältigen Konditionen und Anforderungen der Auftraggeber. Was übrigens für alle Formen von Design so reflektiert werden muss.

Der nächste Schritt betrifft die Auswahl der zu nutzenden Materialien. Was einerseits erneut beträchtliche Forschung bedeutet, denn ständig kommen neue Materialien und Material-Verbindungen auf den Markt, deren Nutzbarkeit für entsprechende Entwürfe sehr genau geprüft werden muss, andererseits hat dies sehr viel mit der Machbarkeit innerhalb der Bedingungen des jeweiligen Auftraggebers und auch mit finanziellen Strukturen zu tun (Material kostet Geld, spart dies jedoch gelegentlich auch); erweitert wird dieser Vorgang um die Analyse der für die Produktion aufzuwendenden Energie, und es braucht mittlerweile zum relativen Schutz der Umwelt ebenfalls Untersuchungen über die Entsorgung, über das, was am Ende des Produkts mit diesem geschehen kann (das birgt erneut sehr viele Varianten, von Umnutzung zu Reparatur-Möglichkeit bis zur Entsorgung als Müll). Unterstellen wir getrost, dass solche Untersuchungen derzeit selbstverständlich sind, so bewegen wir uns damit erneut in einem äußerst komplexen System von Bedingtheiten für das Design, das stets bedacht werden muss, wenn die Formgebung erörtert wird.

Ein weiterer Schritt betrifft die jeweilige Produktion selber. Zugegeben, inzwischen hat sich dieser Prozess zugunsten des Design gewandelt; zwar wird häufig weiterhin (dies gilt für nahezu alle Bereiche von Design) noch ein Prototyp gebaut, um an diesem alle nur denkbaren Handlungsweisen und Lesarten möglichst genau überprüfen zu können, und werden außerdem genauere technische Zeichnungen vorgelegt. Dennoch kann heutzutage kaum noch geschehen, was einst durchaus normal war. Viele Designerinnen und Designer staunten nämlich angesichts des gefertigten Produkts, wie ihre Entwürfe realisiert wurden, da in dem Zeit(Raum) zwischen technischer Zeichnung bis zum Prototyp einerseits und der tatsächlichen Fertigung andererseits sich sehr vieles verändern konnte, worauf das Design keinen Einfluss mehr zu nehmen, dies vielmehr bestenfalls vorauszusehen vermochte. Mittlerweile – das betrifft die Gestaltung visuellen Materials ebenso wie die von Gegenständen – gehen die Daten direkt von den Rechnern der Formgebung in die Produktion, also an die Maschinen. Das vermindert Produktionsfehler, belastet jedoch das Design mit mehr Verantwortung: man kann sich nicht mehr herausreden, man hätte es ja anders gemeint.

Ist etwas fertig, so bedeutet das noch lange nicht, dass es realisiert ist. Denn nun wird das Produkt vermarktet und beworben, was vielfältig wiederum die Intentionen und auch die Formen von Design verändern kann, denn plötzlich schaffen Marketing und Werbung und fast schon am Ende der Umsetzung die Situation der Präsentation ein völlig neues Bild von dem, was da zuvor gestaltet wurde. Und schließlich, am Ende der Kette, kommt der Gebrauch, also das, was Menschen mit den Texten, Zeichen und Objekten wirklich anfangen, wie sie sie nutzen, und wie sie damit umgehen.

Schwierig mithin, diese professionelle Praxis von Design als eine lineare Logik anzunehmen, woraus sich die Prinzipien von Gestaltung erläutern ließen. Betrachtet man diesen ganzen Prozess, so führt er doch ständig in die Irre oder in unendliche Verzweigungen, ist er geprägt von diversen Systemen oder systematischen und somit in sich jeweils stimmigen Vorgängen, die das Design in jedem Moment heftig bewegen und verändern. So bringt auch diese Erörterung keinerlei klare eindeutige Grundlagen, den Prozess von Design zu fassen und zu erläutern.

5.

Ein weiterer Versuch: Im Grunde genommen ist jedes neue Design in gewisser Weise immer Re-Design. Zumindest ist bei solcher Argumentation einleuchtend, dass jede so genannte Innovation stets auf der Basis möglicher gesellschaftlich-historischer Erfahrungen des Ensembles von Gestaltung geschieht. Neue Formgebung ist also allemal präformiert durch das, was historisch schon gestaltet worden ist.

Ganz falsch kann diese Argumentation nicht sein, entstehen doch alle Gedanken und Vorstellungen ständig in der Konfrontation mit dem schon Geschehenen und Gegebenen – entweder in Adaption oder im Widerspruch dazu und manchmal, vielleicht sogar am häufigsten, aus Versehen.

Die zeitliche Struktur von Design verläuft nämlich sehr ähnlich der von Geschichte insgesamt: Beschreibbar als ein verzwickter Prozess von Kontinuität und Kontingenz (wobei Letzteres innerhalb von Design gern mit dem Stichwort „Innovation" bezeichnet wird).

Anschaulicher mag folgende Formulierung sein: Der Prozess von Design ist unendlich, entwickelt sich jeweils im Verhältnis zu dem, was schon ist; doch dieser unendliche Prozess läuft nicht einfach linear ab, er ist vielmehr durch ebenso unendlich viele Brüche gekennzeichnet. Aufbrüche, Einbrüche, Gelungenes und Gescheitertes …

Was übrigens auch bedeutet, dass nichts gesichert ist, nichts eingeheimst werden kann (weshalb auch die derzeitig so häufige Rede vom Wissen und dessen Management völlig obsolet ist und rein ideologisch hantiert). Alles ist offen, vieles ist möglich, und Design erscheint uns als eine eigenartige Verschränkung von Pragmatismus und Utopie. – Eben dies macht Design als Handlungs- und als Denkform so wichtig, unabdingbar und wegweisend.

Ganz praktisch sieht man im Design (wie auch in der Architektur) sehr oft diese Bezüge zu historischen Artikulationen desselben Metiers: der Jugendstil nahm Momente asiatischer Künste auf, im Konstruktivismus finden sich Elemente des Jugendstils und eine Auseinandersetzung damit, im „Bauhaus" entstanden Mischformen aus allen nur denkbaren Einflüssen – Klassizismus, Expressionismus, asiatische Formen, Jugendstil, Konstruktivismus …; und auch heute tauchen immer wieder Aufnahmen vergangener Zeit auf, verweist etwa „Dekonstruktivismus" sehr intensiv auf den Konstruktivismus der 1920er Jahre, vieles derzeit im Grafikdesign erinnert an die Gestaltung von Dada oder an Aktionen der Décollagistes der frühen 1960er Jahre oder an Fluxus. Dies ließe sich in hoher Komplexität noch weiter untereinander verknüpfen und mit weiteren Beispielen füllen. Und manchmal entpuppt sich sogar bei ersichtlich äußerst radikalen Formationen, wenn man dazu die erläuternden Texte der Designerinnen und Designer (oder in der Kunst der Künstlerinnen und Künstler) liest, dass das Selbstverständnis in solcher Radikalität sich selber aus Traditionen begründet.

Nun soll mit dieser Erörterung die grandiose Qualität neuer Formen, Aktions- und Gebrauchsweisen keineswegs gemindert werden, im Gegenteil: Unter dem permanenten Eindruck und der fortwährenden Erfahrung der Existenz von (zumindest mehr oder minder durchdachten und überzeugenden) Zeichen, Produkten und anderen Designs ist umso bewundernswerter, auf diese nicht bloß befangen und untertänig zu reagieren, sondern sie weiterzuentwickeln und zu variieren. So verständlich deshalb einerseits die Angst mancher Designtätiger auch sein mag, aus Versehen etwas schon Vorhandenes lediglich nachzuahmen und sie sich deshalb lieber nicht in Geschichte und Gegenwart von Gestaltung umzuschauen, so wenig hilft solche Ignoranz, denn weder kann man der Wahrnehmung von Geschichte und Gegenwart völlig entweichen, noch ist vergnüglich, wenn der eigene Entwurf aussieht wie ein halbes Plagiat. Insofern sind die Kenntnis und das Verständnis der Geschichte von Gestaltung und explizit von Design unausweichlich für diejenigen, die neu gestalten wollen. Gerade die Selbstreflexion der eigenen Tätigkeit und der eigenen Ideen und Konzepte im Rahmen von Geschichte hilft, wirklich Neues zu formulieren und das jeweils Neue darin zu entdecken und propagieren zu können.

Zwei weitere Aspekte sind in diesem Kontext noch bedenkenswert: Zum einen die Feststellung, dass Design sich weniger revolutionär als vielmehr evolutionär entwickelt. Dafür spricht einiges: Viele Unternehmen zum Beispiel tendieren dazu, im Rahmen ihrer Produkt-Entwicklungen Kontinuität anzubieten, da dies sowohl nach innen ins Management und in den Vertrieb hinein als auch im Rahmen der Produktions-Bedingungen, gegenüber dem Handel und, so wird vermutet, auch im Hinblick auf die Gewohnheiten der Gebraucherinnen und Gebraucher plausibler und akzeptabler erscheint; gewiss stimmt das in Bezug auf Management, Produktion und Handel; Letzterer ist wahrscheinlich das konservativste Glied in dieser Prozesskette, etwas unklar hingegen ist, ob das auch für diejenigen gilt, die das kaufen (sollen) – immerhin versuchen viele Unternehmen das Design geradezu dafür zu nutzen, vermeintliche Neuigkeiten auf den Markt zu werfen. Was gelegentlich eine Eigendynamik entfaltet (womöglich sogar durch die Designerin oder den Designer intendiert, was man fast schon als eine der merkwürdig subversiven Komponenten von Design bezeichnen könnte), dann doch überraschende Formen von Erscheinung und Gebrauch in die Welt zu setzen.

Es bleibt aber auf jeden Fall weiterhin eine wichtige Diskussion, die substanziell evolutionäre Dimension von Design zu überprüfen. Ein wichtiges Argument dafür wäre auch der Beginn des professionellen Design mit Raymond Loewy in den 1930er Jahren, der weitgehend und dabei sehr nachhaltig seine gestalterische Tätigkeit als jeweilige Verbesserung von Produkten und Zeichen verstand; er bot immer Re-Designs und setzte äußerst professionell dieses Bild von Gestaltung als die neue Dimension und Qualität von Design durch.

Aus anderer Perspektive könnte gegen die ansonsten so selbstgefällige Diskussion in den westlichen Industrie-Ländern gegenüber zum Beispiel asiatischen Produktfälschungen eingewandt werden, dass alle, die gestalten, doch stets auch kopieren: nämlich das, was in der Geschichte irgendwann schon geschehen, erfolgreich und somit unser Erfahrungsschatz ist. Denn Gegenwart ist in dem Moment, wo sie gelebt wird, bereits Geschichte, und Zukunft entzieht sich unserem Potenzial von Erfahrung. Mithin bauen wir ständig auf dem auf, was schon gestaltet wurde. – Fälschung ist nur falsch, wenn sie sich nicht als solche verdeutlicht.

Dieser evolutionäre Charakter von Design könnte also wirklich einige Begründungen für den Entwurf und für die Bewertung von Design anbieten.

6.

Kommen wir also zum letzten Versuch, Gründe für die jeweilige Gestaltung zu finden.

Nun könnte man es sich leicht machen und einfach auf „Intuition" verweisen. Zwar gibt es darüber etliche Texte, gleichwohl wird nun versucht, etwas spezifischer auf Intuition im Kontext Design einzugehen. Sicher ist, dass der Glaube an ein Prinzip, welches traditionell im Design erhofft worden ist, gewiss nicht weiterhilft, lineare Logik, aus einem Prinzip heraus alles klar ableiten zu können, bloße Illusion ist. So simpel funktionieren weder Verstehen und Erfahren noch Gestalten und Entwerfen. Denn all diese Prozesse verlaufen oder bilden sich vornehmlich in assoziativen Strukturen. Da vermischen sich die Wahrnehmungen, Empfindungen und Absichten mit Wünschen, Ängsten, zusätzlichen Eindrücken, Erinnerungen und anderem mehr. Das wirkt chaotisch – und entspricht damit genau dem, was täglich geschieht. Selbst Wahrnehmung findet niemals eindimensional statt: Man sieht nicht nur Bilder in einer Ausstellung, sondern riecht, schmeckt, hört und fühlt in demselben Augenblick alles, was drum herum geschieht, und man sieht neben den Bildern auch noch die anderen Menschen, die Wände, das Licht und dessen Quellen, man ist beeindruckt durch die jeweilige Raum-Struktur und zugleich von allen möglichen Gedanken nebst Erinnerungen, die durch den Kopf sausen. Dasselbe Bild, denselben Raum, dasselbe Zeichen oder Auto oder Möbelstück nimmt man je nach eigenem Zustand und nach Umfeld unterschiedlich wahr.

Außerdem, das wurde in einem der voranstehenden Kapitel ausführlicher erläutert, bedingen die jeweiligen systemischen Kontexte gedanklicher Konstruktionen, in denen diese sich entfalten, alle Einfälle: etwa im Rahmen der sprachlichen Grammatik und des Wortschatzes, die wie sperriges Material die Wege vorschreiben, in denen sich die Gedanken tummeln; und diese diversen systemischen Kontexte verknüpfen sich wiederum untereinander, so dass kaum möglich ist, ihnen genau auf die Spur zu kommen.

Solche vielfältigen Assoziationen bewirken auch, dass sich oft vermeintliche Fehlleistungen einstellen, also Gedanken oder Bilder im Kopf entstehen und sich nach außen artikulieren, die einer Vorstellung von Denken in linearen oder sogenannt rationalen Abläufen völlig widersprechen. Sigmund Freud hat unter anderem in seinen Büchern zum „Witz und seiner Beziehung zum Unbewussten" und zur „Psychopathologie des Alltagslebens" sehr eindrücklich über diese Zusammenhänge geschrieben und erläutert, wie analytisch interessant gerade solche Fehlleistungen sind. Was man im erweiterten Sinn auf die Entwicklung von Gestaltungs-Konzepten beziehen muss, da diese doch ein Konglomerat bilden von Intentionen, auf Forschungen und entsprechenden Analysen beruhenden Planungen, und diesem chaotischen Gemisch von Unterbewusstem und Wahrgenommenem. Daraus entstehen die Fehlleistungen, jene wunderbaren Möglichkeiten, neue Formen hervorzubringen. Allerdings darf nicht gleich jeder Fehler schon als Qualität im Konzept anerkannt werden, sondern die Fehlleistungen müssen sowohl aufmerksam wahrgenommen als auch reflektiert bewertet werden: zum Beispiel nach dem Maß sinnvoller Neuigkeit, kluger Überraschung, gesellschaftlicher Relevanz oder auch raffinierter Subversion. Zwangsläufig ergibt sich dies in einem großen Maß von Unbestimmtheit, ist eben nicht auf tradierte Ideen von Rationalität reduzierbar, braucht vielmehr das Selbstbewusstsein, mit Unschärfe und nicht eindeutigen Pfaden phantasievoll umzugehen.

Philologie, jene Vorliebe zu linearer Logik, die stets meint, sich in einem unweigerlichen Verlauf von einem Anfang zu einem Ende zu bewegen, muss überwunden werden.

Entscheiden wir uns nun für jene Gedankenwelt unscharfer und nur begrenzt planbarer Konzepte, dann tritt ein weiteres denkwürdiges Phänomen auf den Plan. Die Offenheit der Formulierung der Konzepte nämlich impliziert, dass alle nur möglichen Ansätze für die Entwicklung des Konzepts und somit für den Entwurf gewählt werden können. Häufig sogar entstehen Ideen und dann auch Konzepte für theoretische Reflexion wie für naturwissenschaftliche Experimente und für Gestaltung dann, wenn man spielerisch oder eben experimentell sehr unterschiedliche und oft dem eigentlichen Plan nicht adäquate oder gar widersprechende Ausgangspunkte für die Arbeit aussucht. Mathematische Formeln als Anregung oder Würfeln oder alle erdenklichen Methoden helfen meist viel mehr, wichtige und neue Vorstellungen hervorzubringen. Denn diese verleiten nicht dazu, mittelbar doch wieder auf lineare Modelle zurückzugreifen und damit lediglich schon immer Vorhandenes zu perpetuieren – und so zu scheitern. In Gestaltungsprozessen erweist sich immer wieder die Qualität eines unvermuteten, überraschenden und nicht vordergründig plausiblen Zugangs, ein Projekt anzugehen.

Die Schwierigkeit besteht einfach darin, Planung und Entwurf nachdenklich durchzuführen und dabei fortwährend Zufälle und äußere Einflüsse zuzulassen und, wenn augenscheinlich hilfreich, anzunehmen. Entwurf und damit die Entwicklung von Design insgesamt braucht solche merkwürdig dekonzentrierte Konzentration, aufmerksame Unaufmerksamkeit wie unaufmerksame Aufmerksamkeit. Dann können tatsächlich Entwürfe entstehen, die der Kategorie der Intuition entsprechen und relevante gesellschaftliche, umweltorientierte, kulturelle, technische und wirtschaftliche Gestaltung ermöglichen.

Ich entwerfe immer und ausschließlich, um gewissen Gedanken Ausdruck zu geben, die mich verfolgen.

Ettore Sottsass

Wider die Banalität der Tiefe
– Plädoyer für die Qualität der Oberfläche –

"Was ist dahinter?", fragte der Studienrat angesichts
eines monochrom blauen Bildes von Yves Klein.

Der Museumswärter antwortete: "Die Wand."

1.

Tatsächlich kommt bei Museumspublikum schlecht an, wenn man beispielsweise bei einer Führung durch die Ausstellungen lediglich über die Größe der ausgestellten Bilder oder allein über deren Rahmen redet. So etwas empört und erscheint völlig unseriös oder gar lächerlich, da es doch angesichts von Kunst um vermeintlich Tiefsinniges und Hintergründiges geht.

Denn allgemein gefragt ist allemal, was der Philosoph Ernst Bloch einst als "Banalität durch Tiefe" beschrieb: eben jener Wahn oder jene schier verzweifelte Suche, überall – oder wenigstens an bestimmten Orten wie in Museen – Jenseitiges, Aura oder Authentizität zu finden.

Der italienische Komponist Ferruccio Busoni formulierte solche Sucht schon vor Anfang des 20. Jahrhunderts wunderbar polemisch: "Die Tiefe wird zur Breite, und man trachtet, sie durch Schwere zu erreichen."

2.

Sinnvoll könnte der Versuch sein, dieses sehr verbreitete Verhalten im Kontext von Geschichte und Gegenwart zu verstehen.

So fällt zum Beispiel auf, dass Immanuel Kant in seiner "Kritik der Urteilskraft" zwar auch ausdrücklich formuliert, der unmittelbare sinnliche Eindruck, also die sinnliche Wahrnehmung, reiche zur Beurteilung eines Phänomens nicht aus; vielmehr bedürfe es der Verarbeitung im und durch das Subjekt, um als Erfahrung aufgehoben zu werden. Was durchaus und zumal in seiner Kritik am blassen angelsächsischen Empirismus eines Anthony Ashleigh Cooper (Third Earl of Shaftesbury) einleuchtet und erst

Zuneigung, Freude, Beeindruckung oder auch Abneigung und Desinteresse erläutert; denn – und dies kennen wir sogar aus dem alltäglichen Leben – es braucht meist eine gewisse Zeit und einige Reflexion, um zu verstehen, warum einem etwas gefällt oder missfällt oder einen keineswegs berührt.

In der „Kritik der Urteilskraft" verortet Immanuel Kant dieses Problem der Erfahrung von Objekten (inklusive jener der Natur – er selber schreibt etwa über den Sonnenuntergang) nicht als Problem des Objekts, sondern als das des Subjekts. Was übrigens im Rahmen seines Denkens völlig plausibel ist, da er zwar dem Objekt ein An-Sich zumutete, also etwas Unansehnliches, den Subjekten aber nicht die Kompetenz zusprach, es je erkennen zu können.

Im Verlauf der Geschichte der Ästhetik verschob sich dies nun allmählich vom Problem des Subjekts in das des Objekts und geriet zunehmend zum Geheimnisvollen: da müsste doch irgendetwas jenseits der Oberflächen existieren und auffindbar sein.

3.

Beflügelt wurde dies durch die Industrielle Revolution und die vehemente, alles umgreifende Durchsetzung des Marktes.

Nicht unversehens artikulierte die Romantik, davon beeindruckt, in Schrift, Theorie und Bild eine radikale Kritik am vermeintlich blanken Rationalismus der Aufklärung ebenso wie an der Ende des 18. und Anfang des 19. Jahrhunderts durch die Existenz von Maschinen mitsamt Eisenbahnen geprägten gesellschaftlichen Realität. Denn plötzlich krachten und stampften Maschinen, lärmten Fahrzeuge durch die Landschaft, wurden Produkte massenhaft auf den Markt geworfen. Mithin gerieten die Objekte in eigenständige Bewegung, schienen unabhängig von den Subjekten durch die Welt zu geistern; als hätten sie ein eigenes Leben. – So werden insbesondere in der späten Romantik die Geschichten von Zwergen (als säßen diese in den Maschinen, bedienten sie und würfen die Produkte raus) verständlich und von jenen Dingen, die sich nachts ohne Einfluss der Menschen miteinander tummelten, schwatzten und dabei etlichen Unsinn anstellten.

Womit die Oberfläche oder der oberflächliche Eindruck als äußerst verräterisch erschien und konsequent durch Geschichten darüber gestärkt werden musste, was unterhalb der Oberfläche alles so getrieben würde.

4.

Der partiell durchaus spätromantische Philosoph und Wirtschaftswissenschaftler Karl Marx erkannte diese Metaphysik und bemühte sich überzeugend, sie aus einer noch anderen Perspektive, gleichwohl mit der Industrialisierung verbunden, sich und anderen Menschen zu erklären. Er machte das Phänomen an dem konstitutiven Element des Marktes fest, nämlich an der Ware. Denn im entwickelten Markt würden nicht mehr Gebrauchswerte gehandelt, sondern allein noch Tauschwerte (um das, was im Tausch nützlich ist: den Preis, das Ansehen, den Profit und den Wohlstand insgesamt zu erhöhen). Dies jedoch mache, dass die Dinge abstrakt würden und quasi ein Eigenleben entwickelten. Er beschrieb, dass die Menschen glaubten, die Dinge selber (bei ihm sind es die Tische) tanzten, und dabei vergäßen, dass sie es selber waren, die die Dinge bewegten. Nur sei dieser Irrglaube innerhalb einer marktorientierten Gesellschaft unausweichlich. Denn der Markt mache die Dinge zum Fetisch, der heimlich unheimlich und tiefsinnig das menschliche Leben durchwirke und organisiere. Weshalb zugleich die Wahrhaftigkeit der Oberfläche und deren analytische Qualität, gesellschaftliche und kulturelle Prozesse zu begreifen, zugunsten metaphysischer Erklärungen negiert würden.

Sigmund Freud – selber durchaus Empiriker – versuchte, die Probleme als die der Subjekte zu begreifen, und nahm deshalb das Vordergründige als Material für die Psychoanalyse ernst. Er bestätigte auf seine Weise den vielfältigen Fetischismus, der das gesellschaftliche Leben prägt und genau solche Fragen in die Welt und in die einzelnen Köpfe setzt, die von wahrhaftigem Verständnis ablenken und die Köpfe in Verwirrung bringen. Fetische, Totems und Tabus sublimieren (oder kompensieren) die Wirklichkeiten.

5.

Allerdings tauchte beizeiten noch eine weitere erstaunliche Einsicht auf, als nämlich Mitte des 19. Jahrhunderts der Naturwissenschaftler Helmholtz erstmals bewies, dass physikalische Beweise keineswegs einer sinnlichen Anschauung bedürften und dennoch die damit verbundenen Erkenntnisse richtig seien – und er wies auch nach, dass das menschliche Auge gar nicht in der Lage sei, zum Beispiel rechte Winkel und Parallelen zu sehen. Wenn wir diese dennoch zu sehen glauben (was mit Oberfläche zu tun hat, eben mit sinnlicher Präsenz), stellt sich hier doch die Frage, warum wir denn glauben oder glauben möchten, diese zu sehen. – Offenbar hat das mit durchaus nachvollziehbaren neurophysiologischen Abläufen zu tun und damit, dass neuronale Prozesse sehr assoziativ und, vielleicht auch strategisch, etwas träge verlaufen. Augenscheinlich nämlich wollen Menschen (zumindest westlicher Kulturen) stets alles einordnen können, und imaginieren sich deshalb nicht allzu Unterschiedliches als Ähnliches und Ähnliches als Gleiches. Als hätten sie (oder das neuronale System) Angst vor Panik, die sich einstellen könnte, wenn nicht alles sofort einzuordnen wäre. Unbekanntes und Desorientierung erzeugen Angst, man sucht stattdessen geübte Harmonie und Ausgleich.

Im Zusammenhang mit dem Thema Oberfläche ist das immerhin etwas irritierend, da es ja ein Argument oder sogar ein Bündel von Argumenten liefern könnte, der Oberfläche auf keinen Fall zu trauen. Jedoch hilft der Rekurs auf Kant, Marx und Freud, da auch diese Erkenntnis eben nicht den Objekten Geheimnisvolles und Mystisches unterstellt, vielmehr das Problem erneut am Erkenntnisvermögen der Subjekte befestigt. Jetzt allerdings nicht mehr lediglich als Aufforderung an einen „Ausgang des Menschen aus seiner selbstverschuldeten Unmündigkeit", sondern es wird nun bei Marx, Freud und in anderer Weise bei Charles Darwin als gesellschaftliches und auch biologisches Phänomen analysiert – was jeweils durchaus Möglichkeiten impliziert, die Abhängigkeit zu verstehen und in komplexer Aktion zu überwinden –, womit die Relevanz der Oberfläche noch einmal behauptet worden wäre.

6.

Bekanntlich produzierte die Industrialisierung mitsamt den durch sie massiv entwickelten Marktstrukturen noch etwas: nämlich die Bürger als eigene, sich abgrenzende und selbstgewisse Schicht (oder Klasse, wenn man will).

Sich selber eine entsprechende Form und Darstellung zu geben, schaffte das Bürgertum durch die Verfügung über die Produktionsmittel, die Kontrolle der Märkte, durch Wohlstand und dessen Demonstration, durch politische Machtmittel – aber merkwürdigerweise ebenso expressiv durch Kultur oder das, was man so Bildung nennt. Bildung nämlich geriet nun zum Privileg eben dieser Bürger (und später auch Bürgerinnen – eine Kategorie, die übrigens selten vorkommt). Zweifellos durchdringt dieses Vorrecht noch heutzutage die gesellschaftliche Realität, was kürzlich etliche Studien über das Verhältnis von Herkunft und Ausbildung beziehungsweise Hochschulstudium – insbesondere gilt das für Deutschland – erneut belegt haben.

Konstitutiv für diese Bildung jedoch ist, nicht oberflächlich aufzutreten, sondern Tiefe ergründen zu wollen und zu müssen. Oberfläche, so scheint es, könnten ja alle wahrnehmen (dazu bräuchte es womöglich gar keine Ausbildung), aber die Tiefe zu erkennen: Das braucht Zeit, Archive und Bibliotheken, Sammlungen und Studien – und das ist teuer.

Parallel und adäquat dazu entwickelten sich vor allem in der zweiten Hälfte des 19. Jahrhunderts die Universitäten, getragen von Philologen mit deren Liebe zur Ableitungslogik – an der nämlich nur die partizipieren können, die diese nachvollziehen und um deren Standards, Normen und jeweilige Voraussetzungen wissen.

Wodurch Wissen zum zentralen Fokus von Bildung geriet und der Slogan „Wissen ist Macht" (vorausschauend 1598 von Francis Bacon geschrieben: „Knowledge is power") von der europäischen Arbeiterbewegung aufgegriffen wurde. Dabei herrschten (und herrschen noch) die Wissenschaftler darüber zu entscheiden, was relevantes Wissen und was unwichtig sei: Ein essenzieller Teil von Philologie als Wissenschaft (ohnehin doch bloß – wie bei "landscape" – die ständige Aktion der Zurichtung von Wissen) ist ja nur die je historisch und interessengeleitete Bestimmung dessen, was wichtig und was unwichtig, was Höhen und was Täler seien. Denn die Wissenschaftler bestimmen (gelegentlich durchaus opportunistisch), wo der Tiefsinn sich zu artikulieren und anzubinden habe. Die evidente Ignoranz unseres Kulturkreises gegenüber der Oberfläche stellt sich in diesem Blickwinkel ganz banal als Strategie der Abgrenzung und zur Sicherung der Hegemonie dar.

7.

Etwas anekdotisch, gleichwohl ziemlich gut den Zusammenhang erläuternd: Anlässlich der Ausstellung des italienischen Futuristen Umberto Boccioni 1983 im Sprengel Museum Hannover organisierte eine italienische Lateinlehrerin über die Gewerkschaft für italienischen Arbeiterinnen und Arbeiter sowie deren Familien eine gesonderte Führung durch die Ausstellung. Völlig überzeugend war, wie diese etwa 60 Menschen ebenso direkte wie präzise Fragen stellten: Nämlich warum dieses blau und jenes grün sei, warum es dort einen Kreis und hier ein Rechteck gäbe, was denn jene Kurve oder dieser Strich solle und so weiter. Höchst kluge Fragen, die der Lehrerin alle Möglichkeiten eröffneten, verständig in die Interpretation der Bilder einzusteigen. Denn diese Menschen schauten hin, nahmen die Oberfläche als Qualität ernst und waren bereit, wirklich zu lernen.

Dies war besonders bemerkenswert im Kontrast zu dem üblichen bildungsbürgerlichen Publikum, das stets eher nach dem „Dahinter", dem „Gemeinten" zu fragen beliebt. Die Bildungsbürger tendieren dazu, nicht mehr hinzuschauen, haben offenkundig geradezu Angst vor einem unbefangenen Blick und dem, was man sehen könnte – und sehen aus diesem Grunde eigentlich gar nichts.

8.

Die allgemeine Erklärung solchen Verhaltens wurde bereits zuvor angedeutet. Allerdings sollen noch einige generelle Erläuterungen versucht werden:

In einer Gesellschaft, die nur noch bloßen Gesten und repräsentativen Marken huldigt, ist offenkundig parallel dazu und kompensatorisch die Tendenz verstärkt worden, scheinbar Hintergründiges, Mystifizierbares, „Vermeintliches" zu wähnen und auch zu ersehen. Je oberflächlicher die Realität zu sein scheint oder je blasser sie wird, desto mehr wird davon geträumt, „dahinter" möge doch noch irgendetwas anderes, Wichtigeres, „Authentischeres" sein. Je mehr in dieser Event-Gesellschaft Ereignisse zu bloßen „Eräugnissen" verkommen, desto intensiver wird geglaubt (und eben nicht protestiert), es existiere ein Getrenntes, Anderes, das die Menschen leite.

Je mehr also Oberfläche lediglich konsumiert und deshalb nicht wahrgenommen wird, desto mehr wird mystifiziert und jenseits der Oberfläche jene bildungsbürgerliche und idyllisch-romantische Tiefe gesucht – um dann auch wieder nur konsumiert zu werden.

Irgendwie paradox: Oberfläche wird genau deshalb nicht mehr wahrgenommen, weil sie ständig konsumiert wird – und stattdessen und gewissermaßen in tiefster Verdrängung dieses Prozesses verfällt man der Mystifikation banaler und nur im Anschein tiefsinniger Geschichten wie „Harry Potter" und entsprechenden Computer-Spielen, Religiosität und anderen wahnhaften Gebilden.

Erfahrungen und Erkenntnisse über die Gesellschaft und über das jeweils eigene Leben werden dadurch verstellt, durch Pseudo-Komplexität vereinfacht und auf irgendwelche beliebigen und letztlich immer gleichen Trivialmythen reduziert.

9.

Bezüglich Architektur und Design ist dies besonders heikel, da diese beiden, die sui generis und angesichts all der neuen Materialien so viel mit der Qualität von Oberfläche zu tun haben, angesichts allgemeiner Verachtung der Oberfläche dazu tendieren, sich zu ideologisieren und eine imaginäre Tiefe anzubieten. Wie tröstlich und aufmunternd sind demgegenüber Arbeiten zum Beispiel von Ettore Sottsass, Alessandro Mendini, Marco Piva, Konstantin Grcic und manchen anderen oder – ganz anders – die schwedische Designerinnengruppe „Front", die allesamt, wenn auch sehr unterschiedlich, mit der Lebendigkeit der Subjekte umgehen und die Objekte oberflächlich erfahrbar gestaltet haben.

So wird es Zeit, eine neue intensive Reflexion der Oberfläche anzustreben und ein neues Verständnis und Engagement für ihre Gestaltung zu entwickeln und zu erläutern.

10.

Bezieht man alle diese Überlegungen exklusiv auf Design, so wird kenntlich, dass das Publikum hier eher als zum Beispiel in der bildenden Kunst durchaus Oberfläche erwartet oder sogar einfordert, während Designerinnen und Designer sich dagegen gerne bildungsbürgerlich von Oberflächlichkeit distanzieren.

Bleiben wir erst einmal bei dem zuerst genannten Phänomen, so ist das relativ leicht erklärbar: Das Design offeriert dem Publikum, von diesem erhofft, das, was es sich angesichts bildender Kunst versagt, eigentlich aber schätzt: nämlich oberflächlich zu sein. Wenn öffentlich von Design geredet wird, dann vorzugsweise über Farbe, „Verrücktes & Schräges", über Mode (auch darüber bloß eindimensional) und andere vordergründige Attraktionen. So kommt es zu all jenen ebenso absurden wie tautologischen Konnotationen wie „Design-Hotel", „Designer-Möbel" oder gar „Fingernagel-Design" und „Hair-Design". Als ob nicht an und für sich alles gestaltet ist, gerät das Design zum Attribut designaffiner Communities, wird es zum bunten Hund. Damit entlastet sich das Publikum von der Anstrengung des banalen Tiefsinns, den es vermeintlich gegenüber Kunst aufzubringen hat (worunter es wohl zugleich leidet, sich dem jedoch verpflichtet fühlt) und verschafft sich ein Ventil, etwas simpel attraktiv, angenehm oder gemütlich zu finden und finden zu dürfen, was es Design nennt – und oft auch als solches zwar einkauft, dann gegebenenfalls jedoch kunstähnlich in den eigenen vier Wänden oder auf Monitoren ausstellt. Manche Designerinnen und Designer erfüllen solche Sehnsüchte durchaus erfolgreich, und dafür hat sich sogar mittlerweile auf Kunstmessen und in Zeitschriften ein eigener Terminus, „Autoren-Design", durchgesetzt und produziert entsprechende Preise und Umsätze.

Das andere Phänomen – dass also Designerinnen und Designer dazu tendieren, jegliche Oberflächlichkeit ihrer Arbeit von sich zu weisen – passt dazu und stellt zugleich das Verhältnis innerhalb der bildenden Kunst auf den Kopf: Während dort nämlich das Publikum angestrengt jene Tiefe zu finden trachtet, haben zumindest avancierte Künstlerinnen und Künstler stets die Qualität von Oberfläche als wesentliche Formulierung, Ermöglichung, Ermittlung und Vermittlung von so genannten Inhalten verstanden – dies gilt für die Entwicklung der Zentralperspektive in der Renaissance genauso wie für alle Formen des Impressionismus, Konstruktivismus, für Pop Art, Op Art, ebenso für Gerhard Richter und andere.

Gewiss ist diese Gegensätzlichkeit abstrus, doch nicht minder paradox verhält es sich im Design, wenn dort das Publikum nun, gewissermaßen erlöst, Oberflächlichkeit einfordert und womöglich sich genau deshalb (und aus einem Missverständnis gegenüber der bildenden Kunst heraus) als besonders tiefsinnig herauszustellen sucht. Designerinnen und Designer (vielleicht insbesondere im deutschsprachigen Raum) reden deshalb selten über die Qualität von Oberfläche und über sich als auch Oberflächen-Produzenten, vielmehr agieren sie mit pseudo-theoretischen Allgemeinplätzen, also mit Phrasen. Deshalb unter anderem waren sie so erfreut über die große Ausstellung in den 1980er Jahren im österreichischen Linz mit dem Titel „Design ist unsichtbar". Diesen kurzen Satz formulierte damals Lucius Burckhardt, und er hatte in gewisser Weise damit etwas Wichtiges erkannt, was wiederum zum Paradoxon von Design gehört, letztlich aber sogar nur Immanuel Kant in seiner Forderung an die Künste folgte, sie seien lediglich dann wirksam und überzeugend, wenn man die in ihnen steckende Arbeit nicht sähe (was ziemlich puritanisch argumentiert, Arbeit müsse zwar aufgebracht, solle jedoch nicht deutlich sein). Paradox wirkt dies im Design aufgrund einer Komplikation, die auch alle Texte des vorliegenden Buches betrifft: Denn mit „Design" beschreiben wir sowohl die Aktion der Gestaltung als auch deren Ergebnisse (was nebenbei ebenso für das Wort „Gestaltung" gilt). Wenn deshalb über die Tätigkeit des Designs gesprochen wird, so könnte man Immanuel Kant und vielen anderen folgen und diese öffentliche Deklaration der Tätigkeit und damit auch die Namen der Designerinnen und Designer beiseite lassen, die unabdingbar sinnliche Präsenz alles Gestalteten allerdings nicht ignorieren. Selbst noch die öfter im Design gehörten Forderungen, Design solle Volumen und auch Artikulationen von Gegenständen gelegentlich „weg-gestalten", eben unsichtbar machen, um nur wesentliche oder notwendige Aspekte, Verbindungen, Handhabungen und Prozesse kenntlich zu machen, kommen am Ende nicht umhin, sinnliche Wahrnehmung anzubieten. Und das stellt den Bezug zur Qualität von Oberfläche denn doch wieder her, um Objekte überhaupt sehen oder spüren oder hören und damit umgehen zu können. Problematisch nämlich ist in diesem Zusammenhang nicht die sinnliche Evidenz des Gestalteten (die kann man gar nicht ignorieren) – problematisch ist vielmehr, diese gedankenlos als sinnliche Gewissheit zu akzeptieren und ihr einfach so zu folgen.

Das gilt umso drastischer dann, wenn Design beauftragt ist, etwas unsichtbar zu gestalten – Camouflage. Was nicht allein gelegentlich in der Mode und oft in der Formgebung von Uniformen vorkommt, sondern auch in der Gestaltung von Dienstleistung, da diese am besten wirkt, wenn sie nicht oder lediglich subtil bemerkt wird. Militärisch erscheint Unsichtbarkeit als Tarnkappen-Design: Man denke nur an den „Stealth"-Bomber, der von einem amerikanischen Design-Büro im Auftrag der amerikanischen Armee so gestaltet werden musste, dass er für gegnerisches Radar kaum zu erfassen ist; oder jene Drohnen genannten unbemannten, über Computerprogramme gesteuerten Luftfahrzeuge (UAVs), die vom Militär derzeit überall als verdeckte Waffen eingesetzt werden; schließlich fällt unter Camouflage-Design alles, was – beispielsweise bei mobilen Telefonen, Computern, großen Maschinen – intentional verheimlicht oder unterschlägt, dass etwas nicht wie „natürlich", wie „von selbst" funktioniert, sondern als Gestaltetes zu handhaben ist. In letzterem Zusammenhang geht es darum, den Benutzerinnen und Benutzern den Eindruck zu vermitteln, sie seien selber die Aktiven, oder aber Prozesse des Gebrauchs zu automatisieren (deutlich etwa bei Autos, wenn bestimmte Vorgänge wie von selbst zu funktionieren scheinen und dafür andere expressiv zum Glänzen gebracht werden).

Im übrigen bliebe im Kontext der Überlegungen zur Oberfläche noch anzumerken, dass – und sei es aus rein narzisstischen oder ökonomischen Gründen – hinterrücks im Design die Oberfläche und damit die sinnliche Wahrnehmung immer bedacht und ausgearbeitet wurde. Selbstverständlich, nur oft nicht explizit benannt, spielen sinnliche Anreize eine große Rolle in jedem Design: sowohl als visuelle, akustische, haptische oder auch olfaktorische Orientierung, als auch im Rahmen von Attraktion, genau dieses Objekt, diese Verpackung, diese Dienstleistung, dieses mediale oder digitale Angebot zu kaufen und zu nutzen. Ein eklatantes Beispiel wurde lange Zeit in der entsprechenden Literatur unterschlagen oder nicht beachtet: Die ersten Stahlrohrmöbel, die im Kontext des „Bauhaus" entworfen wurden, boten ihre Stahlkonstruktionen noch unverchromt an – bis man entdeckte, dass verchromter Stahl viel attraktiver ist, da er auffällt, glänzt und den Menschen sogar die Chance einräumt, sich darin zu spiegeln und eine narzisstische Beziehung aufnehmen zu können. Ähnliches gilt später für Autolacke und manch andere Produkte.

Auch diese Frage gehört zur Diskussion von Oberfläche: Warum eigentlich tauchen – anders bekanntlich als in der bildenden Kunst – bei Serienprodukten hierzulande kaum jemals die Namen ihrer Designer und Designerinnen auf? Solch ein Umgang mit Design trifft allerdings nur auf bestimmte Länder zu – insbesondere auf Deutschland, Österreich und die Schweiz, aber manchmal auch auf England, die USA, auch auf China –, die offenkundig eine gewisse Scheu vor der Präsenz der Kommunikation von Design pflegen, und in denen die im Design Tätigen dieser Scheu (verzagt oder ideologisch) folgen; während in anderen Ländern traditionell selbstverständlich und stolz in jeder Werbung und Publikation auf die Namen der Designerinnen und Designer verwiesen wird (vor allem in Italien, aber auch in Frankreich zum Beispiel). Dies wiederum impliziert unterschiedliche Strategien von Unternehmen, die bis heute nicht begriffen haben oder nicht begreifen wollen, dass jede Form der Gestaltung sich dann am besten kommuniziert, wenn Namen, als potenzielle Stars oder zumindest als Naming von Marken, genannt werden.

Mithin: Wenn Oberfläche nicht diskutiert wird, verfällt man ideologischen Reduktionen und verzichtet darauf, Artefakte und die Wahrnehmungen derer auch nur annähernd zu verstehen.

Es gibt nichts Phantastischeres als die Wirklichkeit.

André Masson

Parterre

Harte Lebenswelten

Wohnen ist Wonne

Allzu oft leider wird vergessen, dass Wohnen nicht nur vom Wort „Wonne" abstammt, sondern auch eine Aktivität beschreibt.

Man wohnt, man richtet sich ein: Das heißt, man schafft sich seinen Lebensraum. Da man aber sinnvollerweise nicht alles selber bauen wird, stellt man sich aus dem, was vom Design geboten wird, seine wohnliche Eigenart zusammen. Was übrigens, sofern man sich zuvor über die Angebote kundig gemacht hat, sehr „kreativ" sein könnte. Denn gerade im Wohnbereich kann man sich selber seine Welt zusammenstellen und durchaus unterschiedliche Formen und Entwürfe mischen. Das braucht lediglich Information und Selbstbewusstsein.

Elemente des Wohlgefühls

Einst war die Küche ein sehr unterhaltsamer Raum für die ganze Familie, dann geriet sie (in den zwanziger Jahren des vorigen Jahrhunderts und erneut in dessen sechziger Jahren) zu einem schier industrialisierten Bereich purer Effizienz und kurzer Wege.

Das hat sich seit den achtziger Jahren erneut geändert: Zuerst schoben sich viele Elemente der professionellen Restaurant-Küchen in die Wohnungen hinein (komfortable Herde, große Kühlschränke und dergleichen), und dies wertete das private Kochen auf und verwandelte die Küchen in neue Lebensräume, die Familie und auch Gäste zu empfangen. Die Küche wurde zum Ort des Wohlgefühls und der Gemeinsamkeit.

Vergleichbar erging es dem Badezimmer: Aus dem kleinen Raum bloßer Hygiene wurde ein Ort der Entspannung oder der – wie heute gern formuliert – „Wellness".

Das Bad geriet zu dem Raum des Bei-sich-Seins, der körperlichen und psychischen Erfrischung. Und Design bietet alle Formen gestalteten Genusses an: neue (Regenwald-)Duschen, Whirlpools, große Badewannen, viele Ablageflächen, Pflanzen, atmosphärisch beruhigendes Licht und vieles mehr.

Bäder und Küchen haben merkwürdigerweise ein gemeinsames Problem, das für Design und für die Verkaufsstrategien der Unternehmen sehr kompliziert zu lösen war: Beide nämlich wurden seit spätestens den 1960er Jahren fest eingebaut. Die Wannen und die Duschen verschmolzen mit den Kacheln, und die Einbauküchen wurden Standard. – Solch feste Struktur jedoch geriet zum andauernden Monument und verhinderte jede flexible Form, denn das Bad und die gesamte Küche auch nur annähernd neu zu gestalten, wurde schlicht zu teuer.

Deshalb zielt der heutige Trend mitsamt neuen Anschluss-Varianten für Elektrizität und Wasser wieder auf Ensembles von Einzelgegenständen: freistehende Wanne, offene Dusche oder variable Herdplatten, individuell andockbare Schränke und so weiter. Das schafft, wie man sieht, offene Angebote für die Menschen, sich einzurichten.

Es werde Licht

Ständig und selbst noch bei Nacht umgibt uns Licht. Es erheitert und reizt, stört und belästigt, es führt und leitet unsere Wege, es leuchtet und beleuchtet, auf Straßen und zu Hause.

Nun ist selbstverständlich alles künstliche Licht gestaltetes Licht: Es ist heller oder dunkler, grell oder mild, es kann verfolgen und aufklären, und es schafft die unterschiedlichsten Stimmungen.

Im Licht des Scheinwerfers findet anderes statt als beim Licht einer Kerze. Licht formt Atmosphäre, denn es ist überaus sinnlich. Wir nehmen es mit den Augen und dem ganzen Körper wahr, reagieren ständig auf dessen Helligkeit und Wärme. – Noch dazu: Licht beleuchtet immer auch sich selbst, bildet den Punkt, Kreis oder auch die Skulptur unserer Aufmerksamkeit.

Designerinnen und Designer wissen das und haben schon seit Jahrhunderten neue Lichtquellen und -objekte gestaltet: Mal mehr im Blick auf das, was beleuchtet wird, und mal mehr in der Perspektive des leuchtenden Objekts. Mittlerweile gehen sie sogar noch weiter, da sie (was Bühnen-Beleuchter schon lange nutzten) begriffen haben, wie sehr Licht eigentlich künstliche Lebenswelten gestaltet: Mit Licht kann eine Blümchentapete oder eine rein grüne, rote et cetera Wand genauso gestaltet werden wie Idylle oder Arbeitsstimmung – Licht-Design ermöglicht all dies leichthin.

Licht also offenbart ein nahezu unendliches Gestaltungs-Potenzial, und fast alle Designerinnen und Designer haben dafür schon Modelle angeboten. Denn der Umgang mit Licht ist wichtig und ermöglicht, da virtuell, zahllose und jeweils neue Gestaltungen.

Büro, Büro

Historisch hat es – je nach gesellschaftlicher Entwicklung – schon viele Konzepte zur Büro-Gestaltung gegeben. Das reicht von jenem Inder, der auf der Straße sitzt und ein Schild „Manager" vor sich auf ein winziges, schäbiges Tischchen stellt, über jene Formen von Büro, die wir vor allem aus älteren Hollywood-Filmen kennen: Endlose Tisch- und Stuhlreihen mit eifrig tippenden Damen (der „Sekretär" war derzeit schon zum Möbel geworden und durch die weibliche Sekretärin ersetzt) und Büroverwaltern. Dann kamen Klein-Büros und danach Großraum-Büros – und diese lassen sich wiederum in diverse Unter-Typen kategorisieren: das Einzel-, Mehrpersonen-, Kombi-, Großraum-, Satelliten-Büro. Seit einiger Zeit wird angesichts digitaler Arbeitswelten viel vom flexiblen oder non-territorialen Büro gesprochen: Das Büro schrumpft auf kleine und bewegliche Einheiten auf Rädern etwa, die immer dorthin mitgenommen werden, wo man gerade arbeiten will oder soll. Und zukünftig, so zumindest schwärmen überenthusiastische digital Natives des Designs und der Technik, schrumpft das ubiquitäre Büro auf die Größe eines Smartphones.

Fraglos, das Thema ist kompliziert. Denn Arbeit, zumal die im Büro, wird derzeit wieder und wieder neu beschrieben und findet demgemäß eine enorme Vielfalt in der Gestaltung der Arbeitsräume und -gegenstände. Zumal ja auch noch all die Fragen „flacher Hierarchien" oder individualisierter Arbeitsplatzgestaltung eine gewichtige Rolle spielen.

Diese Vielfalt erstreckt sich ja nicht nur auf die Einrichtung, vielmehr konturiert diese die Art der gesamten Büroarbeit erheblich. Wer im Büro arbeitet, weiß, wie sehr Tische etwa Kommunikation befördern oder behindern, wie viele Entscheidungen womöglich durch wackelnde Stühle nicht zustande kamen und wie viel Wut oder Spielfreude manche Utensilien in den Menschen erzeugen können.

Man muss schon genau hinschauen.

Das Aussehen des Unsichtbaren

Einst gab es eine offensichtliche Logik vieler Gestaltungsprozesse, eben anschauliche Gründe dafür, wie etwas aussehen könnte oder sogar müsste.

Für eine Schreibmaschine zum Beispiel gab es nur einen begrenzten Gestaltungsspielraum, da vor allem die Typen und Typenhebel, also umfangreiches Material untergebracht und die ziemlich großen menschlichen Hände bedacht werden mussten. Damit lag das Volumen und lagen Funktionsabläufe fest. Ebenso beim Telefon oder beim Röhren-Radio und dergleichen. Denn deren viele und vor allem große Innereien galt es, präzise zu ordnen und sinnvoll zu verpacken. – Heute aber sind all die Funktionselemente winzige Chips und könnte man etwa ein Telefon so groß wie einen Daumennagel bauen – wenn da nicht immer noch unsere ziemlich großen Hände und unser ziemlich schlecht ausgebildetes Sehvermögen solch eine Gestaltung verhinderten.

Für das Design hat sich durch die Elektronik und Digitalisierung dementsprechend die Welt völlig verändert: Das Telefon wird nun nach den Prinzipien menschlicher Erkennbarkeit und Handhabbarkeit (und nicht mehr nach denen der Maschine) gestaltet – und Design muss selber die an sich nicht mehr notwendigen Volumen entwerfen und damit Bedeutungen und auch neue Funktionen entwickeln.

Das macht zudem, dass alles möglich scheint: Jede beliebige Form, jeglicher Unsinn und alle nur denkbaren Funktionen. Nur müssen all diese Möglichkeiten gestaltet werden, zumal den Elektronikern zwar unzählige Ideen einfallen, was technisch machbar wäre – nur fehlt ihnen dazu häufig ein vernünftiger oder wenigstens plausibler Inhalt. Da tritt dann wieder Design auf den Plan, Inhalte ebenso wie Handgriffe zu gestalten oder eine sinnvolle Anordnung von Knöpfen, lesbare Monitore, passende Gehäuse und verständliche Gebrauchsanweisungen und Manuals.

Vielleicht lohnt ja, sich zu erinnern, dass „Information" allemal meint, etwas oder jemanden in Form zu bringen.

spielend gestalten

Ob Bergsteiger ahnen, wie sehr ihnen Design hilft, den Gipfel zu erklimmen, oder Radfahrer, dass sie auf Design-Konzepten dahinsausen, und sogar der offizielle Fußball gestaltet ist?

Gerade in so populären Bereichen wie Sport, Hobby und anderen Freizeitbeschäftigungen arbeiten sehr viele Designer und entwickeln gemeinsam mit Ingenieuren für Unternehmen neue Spiele und Sportarten nebst all den Wegen, diese umzusetzen. Das reicht vom Gartengerät bis zum Spielzeug, von der Bohrmaschine bis zum permanent neuen Skateboard und von Wasserfahrzeugen bis zu Online Spielen.

Dabei ist neben der Gestaltung eines attraktiven oder auch bloß adäquaten Aussehens dieser Dinge und der Erhöhung des Spiel- und Freizeitwertes insbesondere eine große Herausforderung an das Design, Sicherheit zu garantieren und zu verdeutlichen.

Wie in allen anderen Designbereichen setzt dies nicht allein mannigfache und präzise Studien zu Materialien, Funktionen und Produzierbarkeit einerseits und zu all den wirtschaftlichen Fragen zum Markt und zu Kosten andererseits voraus: Vielmehr müssen auch viele Funktionstests durchgeführt werden, vor allem zur Sicherheit, zur Belastbarkeit und zum schnellen Verständnis aller Funktionen im Fall von Gefahr. Präzision der Gestaltung ist eben unverzichtbar.

Übrigens auch, nur ganz anders, bei Spielen: Denn wer möchte schon inmitten eines Spiels feststellen, dass es nicht funktioniert.

Auftritt und Haltung als Form

Eigentlich sind wir alle auch Schauspieler und statten uns ständig für unsere Auftritte aus.

Gewiss, wer schlecht sieht, braucht eine Brille. Aber wir wählen aus, entscheiden, welche schmückt oder dem von uns gewählten Typ entspricht; passend zur Uhr, zur Akten- oder Handtasche und zu all dem anderen Drumherum. Accessoires sind es, mit denen wir spielen und die uns schmücken, sie verleihen uns Haltung und geben uns Selbstsicherheit bei allen Auftritten. Sie sind die Versatzstücke unseres Selbstbildes und dessen, wie wir auftreten mögen. – Was allerdings, man weiß es aus Erfahrung, gelegentlich der Beratung bedarf oder wenigstens des Überblicks, was es alles gibt.

Da womöglich gerade in diesem Bereich Trends und Moden die Dinge und auch die Geschmäcker prägen, ist es umso wichtiger zu verstehen, was da eigentlich geschieht. Hier nämlich spielen Brands eine beträchtliche Rolle, um sich im allgemeinen Getümmel zu orientieren, denn Marken verheißen Qualität und Auffälligkeit.

Dabei geht es bei genauerem Hinsehen selbst bei diesem großen Angebot gar nicht bloß um Geschmack (über den man laut Immanuel Kant ja nicht streiten kann, weil er privat sei): Noch in diesem Produktsegment erkennt man bei guter Gestaltung neue oder erweiterte Funktionen und Handhabungen. Dies zumindest manchmal zu beachten, mag die Wahl vereinfachen und das eigene Leben beflügeln.

Gestaltete Umwelten

Ampeln und Schilder aller Art leiten den Verkehr, Lampen beleuchten die Straßen, Wegmarkierungen weisen Richtungen, und Parkbänke laden zur Ruhe ein.

All das sind Resultate sehr genauer und komplexer Gestaltungsprozesse. Was leicht kenntlich wird, wenn man sich etwa die Geschichte der Straßenbeleuchtung vom Gaslicht bis zu den heutigen High Tech-Anlagen anschaut. Oder kulturelle Differenzen: Bekannt ist ja das einst so völlig andere Ampelmännchen in der ehemaligen DDR, und in Taiwan laufen die grünen Männchen desto schneller auf der Ampel herum, je weniger Zeit den Fußgängern zum Überqueren noch bleibt.

Es ist wichtig, sich immer wieder zu vergewissern, dass der gesamte öffentliche Raum gestaltet ist – jeder Abfalleimer ebenso wie Bushaltestellen, Straßenbahnen und Straßenschilder. Denn das Wissen um die Gestaltung fördert auch die Einsicht in die Gestaltungsmöglichkeiten und -verbesserungen.

Mehr noch: Gerade im Public Design kann man die Gestaltungskompetenz von Städten und Kommunen gut beurteilen. Wie sichtbar und lesbar sind Straßenschilder, wie deutlich ausgewiesen Fahrradwege oder Parkhäuser und deren Belegung, wie sehr prägen Straßenbahnen und Autobusse (man denke an London) das Stadtbild und dessen Atmosphäre.

Design konturiert den Stadtraum, schafft Orientierung und Durchblick, aber es ist ebenso verantwortlich für das Image einer Stadt oder Region.

Immerhin: Design ist stets auch öffentlich.

Serie und Qualität

Design ist eigentlich stets auf Serienproduktion angelegt – und das unterscheidet es unter anderem von Kunst und Kunsthandwerk. Somit hat Design auch entstehungsgeschichtlich allemal mit Industrie zu tun, eben mit möglichst vielfältiger Serienproduktion.

Aber Design hat sich von Anbeginn auch insofern stets mit Industrie verbündet, als es die Produktionsmittel (Stichwort Investitionsgüter) und deren Organisation gestaltet. Jedes Fließband, jeder Kran, Roboter und alle anderen kleinen und großen Werkzeuge werden von Design geformt und organisiert.

Dabei geht es zwar auch um die jeweilige äußere Form, die stets ja nicht nur Hilfe, vielmehr auch Bedeutung darstellt: Dynamik, Zweck und Kompetenz etwa. Viel wichtiger jedoch sind beispielsweise – und da nicht nur im Bürokontext – die Gestaltung der Handhabungen, der einzelnen Knöpfe und deren Anordnungen und dergleichen. So nämlich werden alle Arbeitsplätze präzise gestaltet, müssen auch Sicherheit, Wartung und Effizienz bedacht sein.

Schon bei der kleinsten Maschine lernt man schnell, wie wichtig es ist zu wissen, welchem Zweck sie dient und wie sie zu nutzen ist. Das Was muss aber anschaulich sein, und das Wie ist von vornherein, nämlich von Design, geordnet, eben gestaltet. Umso wichtiger ist das bei komplexen Maschinen und Anlagen, deren Handhabung sofort klar durchschaubar sein muss. Noch die Anwendung oder die Logistik ist Aufgabe von Gestaltung. Hier nämlich erweist sich Design endgültig als höchst produktive und aufregende Organisations-Kompetenz.

Jedes Ding ist ein erstarrter Einzelfall seiner Möglichkeiten.

Robert Musil

Stadteinwärts
– Anmerkungen zur Verortung –

1. Urban Design

Schräg von oben betrachtet sieht man von Städten bloß diverse Gebäude, dazwischen Alleen oder Schnellstraßen und einige andere Wege, gelegentlich noch einen Fluss und die zerfaserten Umrisse des Städtischen. Man sieht eben das, was vom Blick aus der Höhe, etwa aus einem Flugzeug oder einst vom Hügel herab, sichtbar wird und sich als Stadt darstellt. Dabei tendiert dieser Blickwinkel zu der Einbildung, alles – als habe man mit Spielzeug zu tun – sei verfügbar, leicht veränderbar, man müsse nur zugreifen und ein bisschen herumschieben.

Ist man dann in der zuvor schräg von oben beobachteten Stadt, sieht man etwas völlig anderes: zumindest in belebten Stadtteilen (meist im Zentrum und nicht in den reichen Vororten) Fahrzeuge jeglicher Art, Form, Beweglichkeit und Farbe, Menschen in unterschiedlichen Kleidungen, Größen und Gesten, Haustüren und Fenster, Mauerwerk und dessen Verkleidungen, asphaltierte und gepflasterte Fußwege und Straßen, Trampelpfade, Schaufenster und Plakatwände, jede Menge Verkehrsschilder und Wegweiser, Beschriftungen der Wände, Straßenlaternen, Bäume, Büsche und Unkraut, Hunde, Insekten, Ratten, Denkmäler und nahezu unendlich viel mehr. Was zuvor aus der Höhe als Ganzes einheitlich und als bloßer Raum erschien, entpuppt sich nun in der Nähe als kleinteilig, unfassbar in der Vielfalt, unübersehbar und geprägt durch Bewegung, also durch Zeit oder zeitlichen Verlauf im Raum. Was von oben fast unbeweglich oder sehr langsam erschien, erweist sich nun als geschwind. Was in der Höhe ziemlich geschlossen wirkte, zerfällt in der empirischen Wahrnehmung. Ja, geht man in den Straßen herum, schaut man selten in die Höhe, könnte oft nach solchen Streifzügen nicht einmal beschreiben, wie die Häuser in den oberen Stockwerken oder wie die Dächer aussehen, denn wir erfahren nun alles auf Augenhöhe. (Hier macht das Wort „Augenhöhe" wirklich einmal buchstäblich Sinn, und eben nicht dort, wo in devoter Attitüde so mancher Designer behauptet, Gestaltung müsse erst einmal versuchen, „auf Augenhöhe" mit anderen „Wissenschaften" zu kommen!) – Eine übrigens sehr eindrückliche und in der Präsenz fast unauffällige Aktion des Architektur-Büros Lepel & Lepel aus dem Jahr 2000 findet sich in Köln immer noch, wenn auch leicht verblasst, auf manchen Gehwegen: die schlichte Aufforderung „Blick heben" – und tatsächlich verleitet dies dazu, endlich einmal nach oben zu sehen und dabei vieles zu entdecken, was zuvor immer unbekannt, da übersehen geblieben war.

Nun könnte man diesen Blick von oben herab als den der Architektur beschreiben und jenen auf die kleinteiligen und dabei so lebendigen Dimensionen in der Stadt als den von Design. Und genauso handeln beide grundsätzlich im Rahmen ihrer Gestaltungskonzepte.

Denn Architektur sucht generalstabsmäßig die urbane Planung zu entwerfen, also die großen Flächen und Agglomerationen. So war das zu Beginn von Städteplanung und im Aufbau von Städten im Barock, so geschah es durch Georges-Eugène Haussmann beim kompletten Umbau von Paris in der zweiten Hälfte des 19. Jahrhunderts, durch den alle verwinkelten Gassen und engen Straßen zugunsten von Militär-Aufmärschen, polizeilichem Durchblick und neuen Verkaufs-Arealen beseitigt und durch Boulevards ersetzt wurden, aber auch das ehemals eine Zentrum weitsichtig durch nun mehrere Zentren abgelöst wurde. Ähnlich gaben sich urbane Entwürfe von Le Corbusier und im Bauhaus oder Oscar Niemeyers neue Hauptstadt Brasilia: eben stets ignorant gegenüber der realen urbanen Vielfalt, der Beweglichkeit und Flexibilität – und gegenüber den Menschen. Selbst noch dann, wenn Architektur Gebäude entwirft, stellt sich diese Haltung erneut ein und entsteht oft der Eindruck, als habe sich in den Wohnmaschinen, Hochhaus-Ensembles und Shopping Malls die Stadtplanung lediglich vom Horizontalen ins Vertikale verschoben. – Das alles wirkt autoritär und korrespondiert planerischen Vorstellungen autoritärer Regime, denn es schreibt vor, wie man zu leben und sich zu bewegen habe; andererseits birgt diese Vorgehensweise eine Vorstellung von urbaner Größe und Verflechtung, ihr mangelt es jedoch fundamental an der Wahrnehmung urbaner Komplexität und Diversität.

Diese überlässt man dann dem Design – oder beauftragt es gewissermaßen, alles, was fehlt und missachtet wurde, auszugleichen und zu reparieren. Demgemäß handelt Design: Es gestaltet Wegweiser und Straßenschilder, beleuchtet die Städte, schafft die Verkehrsmittel, Ruhezonen und Grünanlagen, formuliert Bodenbeläge ebenso wie die Kleidung, mit denen die Menschen sich in den Städten zeigen. Dazu gehören weiter Kinderspielplätze, Verkehrsleitsysteme, aber auch Klingelschilder an den Eingängen, Schaufenster-Dekorationen, Haltestellen und Parkbänke. Insofern nämlich ist Design dem Lebendigen in den Städten viel stärker verbunden als die Architektur, gestaltet es empirische Erfahrungsmöglichkeiten von Urbanität und liefert es überhaupt die Bedingungen, sich dort aufzuhalten und zu bewegen.

Offenkundig ist dies – oder erscheint es zumindest – humaner als jene generalstabsmäßigen Master-Pläne urbaner Architektur, und tatsächlich würden jene ohne das Design nicht ansatzweise funktionieren; andererseits bildet sich hier erneut ein Problem von Design ab, sich selber als kleinteilig zu verstehen, also gar nicht zu begreifen, wie wichtig die Einzelnen und das Einzelne sind, sich zu einem mannigfaltig Ganzen zu fügen. Was nicht zuletzt auch deshalb so relevant ist, weil empirisch nachgewiesen werden kann, wie wenig solche Generalpläne taugen oder zumindest wie viele Jahrzehnte meist vergehen (das gilt sogar für China), bis diese sich in ohnehin meist veränderter Form auch nur halbwegs realisieren. Denn Städte entwickeln sich immer durch das, was in ihnen geschieht – und das verändert eben auch permanent ihre Rahmenbedingungen, also die Städteplanung.

2. Public Design

Betrachten wir nun diese empirische Realität der Städte und darin die Beteiligung von Design, so schiebt sich ein mittlerweile ziemlich bekanntes Phänomen in den Vordergrund. Denn die tradierte Idee einer Trennung zwischen privat und öffentlich ist durcheinander geraten. Entstand etwa in den siebziger Jahren des vergangenen Jahrhunderts angesichts eines zunehmenden Fernsehkonsums die Kritik, Öffentlichkeit würde sich via öffentlicher Medien allzu sehr in das Private einmischen und dies allmählich zu determinieren suchen, so wird heute kenntlich, dass zusehends jene Kategorien von privat und öffentlich kaum noch taugen, die Vorgänge in Städten zu verstehen. Sowohl penetrieren allgemeine ebenso wie eindeutig interessengeleitete Medien und Instrumente jeglichen häuslichen Bereich, der einst als privat bezeichnet wurde, als auch mischen sich ständig irgendwelche öffentlichen oder sich, obwohl privat gesteuert, als solche ausgebende Instanzen in an und für sich private Kommunikationswege ein und erreichen bekanntlich, dass jegliche Privatsphäre nicht mehr heimlich, sondern allgemein zugänglich geworden ist.

Auf der anderen Seite dieses Phänomens verdeutlicht sich eine umfassende Privatisierung des öffentlichen Raums. Auf den Straßen und Plätzen sind die Menschen umgeben von Werbung (in manchen Stadtvierteln, zum Beispiel von Tokio, auch akustisch), von mit Reklame bemalten Straßenbahnen, Markenzeichen aller Art (jedes Auto ist ein Werbeträger für die entsprechende Marke, und die Menschen scheinen derweil sich selber gerne als Verkünder modischer Marken wohlzufühlen), von Fußballstadien und entsprechenden Mannschaften mit den Namen von Unternehmen, von Events, deren Sponsorenlisten oft länger sind als die Inhalte selber. Aber mehr noch: Auf den Bürgersteigen breiten sich Kneipen, Restaurants und Klamottenläden aus und verstellen mit ihrem Tischen, Bedienungssystemen oder Kleiderständern die einstmals öffentlichen Wege, und auf attraktiven Plätzen kann man fast nur noch dann sitzen, wenn man dafür bezahlt, weil die Restauration „Verzehrzwang" durchsetzen darf. Ein öffentlicher Raum ist das beileibe nicht mehr. –

Erstaunlicherweise haben viele Menschen in den Städten diese Vorgänge offenbar längst internalisiert und beteiligen sich selber zum Beispiel im Gebrauch ihrer Mobiltelefone an solcher Privatisierung des Öffentlichen; denn sie sprechen so laut in diese hinein, als ob sie entweder wähnten, sie müssten den Menschen am anderen Ende der Kommunikation rufen, oder als ob sie wirklich allen anderen mitteilen wollten, was sie vermeintlich lediglich der einen Person durch das Telefon mitteilen. Die öffentlichen Räume geraten zu Bühnen, private Befindlichkeiten, Wünsche und Selbstbilder nach außen zu tragen, performativ zu veröffentlichen; oder aber, sich dieser Öffentlichkeit gar nicht mehr bewusst zu sein. – Inzwischen haben sich zusätzlich durch die Existenz von Facebook und anderen sogenannt sozialen Netzwerken weitere Tätigkeitsfelder für diese Verknüpfung und Verwischung des Privaten mit dem Öffentlichen etabliert.

Design ist an allen diesen Prozessen selbstverständlich zutiefst beteiligt, denn es stellt die Mittel, Formen und Vorstellungsmöglichkeiten zur Verfügung, um so überhaupt agieren und sich so einrichten zu können. Es reagiert prompt auf diese Vorgänge und bietet den Unternehmen und Institutionen sofort Formate an, diese Privatisierung des Öffentlichen und Veröffentlichung des Privaten profitabel zu nutzen. Gelegentlich hat man gar den Eindruck, gerade diese Prozesse hätten Anteil an dem großen Erfolg von Design in den letzten Jahrzehnten. – Doch könnte man ebenso berechtigt schreiben, Design sei deshalb heutzutage präsenter als noch vor etwa zwei Jahrzehnten, weil die Menschen aufgrund dieser gesellschaftlichen Veränderung vermehrt begriffen haben, wie sehr alles um sie herum gestaltet ist und sie zu bewegen und zu leiten trachtet. Wie immer läuft das widersprüchlich ab, erheben sich dort Betrug und Brutalität und beflügeln sich hier neue Einsichten und Möglichkeiten.

Touch Point
– wo man sich trifft –

Wie zumindest implizit mehrfach schon geschrieben: Design gestaltet mehr oder minder drastisch die Beziehungen zwischen den Menschen, zwischen Menschen und Gegenständen und zwischen den Gegenständen selber.

Man nennt das üblicherweise Interface-Design oder Interaction-Design, wobei diese Benennung noch nicht viel besagt.

1.

Vielleicht hilft ein ganz einfaches Beispiel besser, verknüpft mit einer Frage, die kaum lösbar ist: Wenn man Tee aus einer Tasse trinkt, ergeben sich für das Ergreifen der Tasse grundsätzlich und genau so auch vorhanden zwei Möglichkeiten. Es gibt einen Henkel, den man meist mit Daumen und Zeigefinger oder zusätzlich noch mit dem Mittelfinger anfasst, um die Tasse dann zum Mund zu führen; oder man umgreift die Tasse auf beiden Seiten mit allen Fingern, um ohne Gebrauch des Henkels aus ihr zu trinken. – Nun führt diese Differenz zu einer merkwürdig unterschiedlichen Erfahrung, wenn der Tee noch sehr heiß ist: Ergreift man nämlich die Tasse direkt mit den Fingern, so spürt man die Hitze sofort an den Extremitäten; fasst man jedoch den Henkel, dann verbrennt man sich stattdessen unausweichlich die sehr sensible Zunge, was äußerst schmerzhaft sein kann. Eigenartig an diesem Vorgang ist, dass die Menschen in den meisten Ländern, in China ebenso wie in Europa oder auf dem amerikanischen Kontinent, glauben, der Henkel sei ein zivilisatorischer Vorteil und die japanische und noch in wenigen anderen Ländern übliche Version des unmittelbaren Zugangs zur Tasse sei altmodisch oder rustikal. Eindeutig sinnvoller ist doch offenkundig die japanische Fassung, und es fragt sich, warum etwa hierzulande der doch ohnehin kompliziert anzubringende und leicht zerbrechliche Henkel erfunden und angebracht wurde. Womöglich hat hier eine modische Erscheinung der Beziehungsaufnahme zum Gegenstand sich gegen das eigentlich Praktische durchgesetzt: Man sieht regelrecht, wie höfischer Habitus den Ringfinger und den Kleinen noch dazu abspreizt, um geziert auszusehen – und sich dabei die Zunge verbrennt.

Schon ist man mittendrin in der praktischen Beziehungs-Aufnahme der Menschen zu den Objekten, basierend auf den gestalteten Angeboten der Gegenstände. Denn der menschliche Zugriff ist vorab stets formuliert. Mit dem Lenkrad bestimmter und je nach Marke unterschiedlicher Form wird das Auto gesteuert, mit dem Bremspedal und anders geformter Handbremse verlangsamt oder blockiert man es. Knöpfe und Schalter lenken Maschinen, Hebel ermöglichen Aktionen, Haken, Ösen oder Reißverschlüsse verbinden Textilien, Tasten ermöglichen das mechanische und digitale Schreiben, die Maus steuert Aktivitäten auf dem Monitor und die digitalen Abläufe. Noch jedes Glas offeriert einen unterschiedlichen Angriff auf die es ergreifenden Finger und auf die zum Trinken an die Kuppa gepresste Unterlippe. Alle Türgriffe eröffnen neue Perspektiven, Geländer sichern den Händen den Weg, Stufen erobern die Füße und leiten diese, Schalter setzen etwas in Bewegung oder schaffen Licht.

Dabei übrigens ist auch in diesen Anleitungen menschlicher Handlungen historisch keine einfach lineare Verbesserung ersichtlich. Zum Beispiel ist die Entwicklung der Lichtschalter in Deutschland völlig unverständlich. Denn schon sehr früh wurden Kippschalter entworfen und genutzt, das Licht an- und auszuschalten; dann aber wurden in Deutschland plötzlich jene lauten und umständlichen (weil nicht mehr mit dem Ellenbogen oder Handrücken bedienbaren) Drehschalter entworfen und ausschließlich benutzt, bis erst wieder ungefähr in den siebziger Jahren des vergangenen Jahrhunderts sich auch in Deutschland zuerst die Kipp- und dann die bis heute üblichen Wippschalter sich durchsetzten.

In dieser Beziehungs-Aufnahme der Menschen zu den Gegenständen spielen bis heute handfeste Aktionen offenkundig eine bedeutende Rolle. Wir fassen alles an. Jedoch stets entsprechend der Vorgabe der Entwürfe jener Handhabungen. Und auch dort, wo wir treten (Fahrrad, Fußböden, Fußmatten und vieles mehr) oder mit anderen Körperteilen etwas in Gang setzen, tun wir das immer in vorgegebener Regel. Wir „bedienen" die Gegenstände – weshalb es ja auch „Bedienungsanleitung" heißt.

Selbstverständlich hat sich das entwickelt, und bekanntlich tummelt sich derzeit die Begeisterung vor allem in der Behandlung digitaler Medien im Tatschen. Alle suchen in mobilen Telefonen und auf Bildschirmen danach, diese als Touch Screens vorzufinden. Das ist gegenwärtig das Verkaufsargument schlechthin, und dieses Patschen und Tatschen wird als neueste Wegführung für die Beziehung zwischen Subjekt und Objekt dargestellt.

Was an und für sich regelrecht komisch ist: Schaut man nämlich zu, wie heutzutage geradezu leidenschaftlich Finger auf Monitoren und Displays herumwischen und diese fröhlich streicheln oder drücken, so stellen sich doch bei solchem Anblick eigentlich zwei bekannte Bilder ein: entweder das von Erotik, die sich von der Beziehung Mensch zu Mensch quasi frustriert oder seltsam enthusiastisch auf die von Mensch zu Maschine übertragen hat und so eine wunderlich erotische Intensität aufbaut – wahrscheinlich in der Hoffnung, die Maschinen reagierten zumindest gelegentlich leidenschaftlich auf solch zärtliche Berührung; oder das andere Bild, das nicht minder verblüffend ist, da doch Patschen und Tatschen symptomatisch für Babys und Kleinkinder ist, die mit Begeisterung nicht nur nuckeln und saugen, sondern ebenso gern auf alles Mögliche dreinhauen und dann jubeln, wenn sich dadurch sogar etwas verändert. Das schafft Lust und entspricht gewissermaßen infantiler Erotik.

Umso bedenkenswerter ist, dass dies, ohne von denen, die es tun, wahrgenommen oder gar verstanden zu sein, so heftig um sich gegriffen und alle quasi spontan erfreut und ergriffen hat. So etwas breitet sich infantil in allen Lebenslagen und in jedem Alter prächtig aus und wird zum Symptom von Gestaltung gesellschaftlicher Handlungen unterhalb jeglicher Reflexion und Urteilskraft.

Interessant in diesem Kontext ist auch, dass inzwischen längst andere Möglichkeiten der menschlichen Aktion gegenüber und angesichts von Objekten existieren. Ganz harmlos und gelegentlich dennoch mit Körperverletzungen versehen etwa im Umgang mit Türen, die sich nunmehr von selbst öffnen, wenn sie Menschen oder andere Wesen erkennen, und sich dementsprechend auch wieder schließen. Was sich bei öffentlichen Gebäuden vielfach durchgesetzt hat, gleichwohl immer noch nicht problemlos funktioniert: Gelegentlich öffnen sich solche Türen gerne selbst dann, wenn niemand hindurchgehen will, und andere öffnen sich zu langsam, so dass man – in der eigentlichen Erwartung, die Objekte mögen auf die Menschen reagieren – sich den Kopf oder andere Teile des Körpers daran stößt und sich verletzt.

Kenntlich wird hierbei, dass die Menschen eben doch noch – siehe Haptik – eine unmittelbare, nämlich handgreifliche Beziehung zu den Gegenständen suchen, also eine direkte Auseinandersetzung wünschen, und sie demgemäß immer noch Probleme im Umgang mit der mittelbaren oder entfernten, nicht fassbaren Aktion haben, da diese häufig erschreckt.

Noch zumindest verhindern offensichtlich diese Verunsicherungen eine deutlichere Wahrnehmung jener bezüglichen Form, mit den Dingen sehr distanziert durch stimmliche Attribute umzugehen. Deutlich wird das insbesondere im Bezug zur längst möglichen sprachlichen Koordination der Geräte. Diese sprachlichen Formen sind eigentlich mittlerweile – und sicherlich nicht zuletzt aufgrund verbesserter polizeilicher oder auch krimineller Mithör-Anlagen – so professionell gestaltet, dass die Hände wirklich kaum noch gebraucht würden. Texte kann man diktieren, inzwischen mit etwa 98 Prozent Korrektheit in der Wiedergabe; Türen, auch die von Autos, könnte man durch Zuruf öffnen und schließen, Fahrzeuge wären insgesamt stimmlich bewegbar, Maschinen in dieser Form kontrollierbar und Manches mehr. All diese Möglichkeiten haben sich bisher wenig oder gar nicht durchgesetzt, obwohl doch einerseits zumal die verbale oder auch nur akustische Kommunikation alltäglich vollkommen üblich ist oder andererseits man doch annehmen könnte, dass jene Menschen, die derzeit so gerne anfassen, etwas erwachsener ebenso gerne Befehle schreien mögen. Noch aber befinden wir uns offenkundig im infantilen Zeitalter der Formulierung dieser Befindlichkeiten.

Hier, wie in so vielen Fällen, bedingen sich somit das Design der Beziehungen der Menschen zu den Objekten und die jeweils gesellschaftlich basierten psychischen Interessen der Menschen und verstärkt die Gestaltung diese. Mithin ist Design nicht frei in der Formulierung von Sachverhalten und Beziehungen, sondern richtet sich durchaus danach, was der Markt global anstrebt und umgesetzt haben will; da sich der Markt wiederum als Ort kollektiver Wunscherfüllung ausgibt und darstellt und ganz praktisch das Design beauftragt, erscheint dieses als Erfüllungsgehilfe solch vermeintlicher Wünsche. – Die Frage ist nur, ob die Menschen im Akt des Kaufs wirklich über ihre Wünsche Bescheid wissen. Zumal sie darin doch immer auf das angewiesen sind, was käuflich erwerbbar ist. Nur wird ihnen genau das ständig als Resultat ihrer Wünsche so lange vorgeführt, bis sie glauben, dass sie es haben wollen. Das funktioniert allerdings nur dann, wenn der Markt und somit ebenso das Design gesellschaftlich präformierte Wunschvorstellungen aufnehmen und dann so verstärken, dass die Menschen sich zumindest für bestimmte Zeiträume darin wiederzufinden scheinen.

Eigentlich unwahrscheinlich, wenn Menschen unterschiedlichster Kulturen und sozialer Konstellationen alle das Gleiche wünschen; das jedoch wird vom Markt mit massiver Design-Hilfe egalisiert. Der Markt mitsamt Design gleicht aus und standardisiert. Er definiert und etabliert zwangsläufig Durchschnitte und vermittelt diese den Menschen als jeweilige individuelle Neigung. Allerdings allemal im Rahmen gesamtgesellschaftlicher Bedingungen, die dann wiederum per Design ausformuliert und gestützt werden. – Angesichts gesellschaftlicher Zustände, in denen Unsicherheiten, Versagungs-Ängste, zerbrechliche Beziehungen der Menschen untereinander und zunehmende Furcht vor der Zukunft infantile Regression quasi verständlicherweise evozieren, verwundert dann nicht, dass Design den Menschen derzeit frühkindliche Handlungsweisen erfolgreich anbietet. Gegenwärtig eben begreifbare Haptik, der am frühesten ausgebildete Sinn des Embryos und Säuglings.

2.

So sehr gegenwärtig das Anfassen oder zumindest Berühren als neue Qualität gefeiert wird (der „Begriff" wird dabei merkwürdig in dessen ursprünglicher Bedeutung rekonstruiert und damit paradox), so sehr sollte dies nicht verwischen, dass Design immer noch auch die anderen besinnlichen Beziehungen konturiert.

Folgen wir der zeitlichen Reihenfolge in der Entwicklung der menschlichen Sinne, so bildet sich an zweiter Stelle der Sehsinn aus. Sehen geschieht uns, zumindest mit offenen Augen, fortwährend (hinterrücks allerdings hören wir und sehen gar nichts). Lange war dies wesentlicher Gegenstand von Design und vernachlässigte man die Gestaltung anderer sinnlicher Wahrnehmungen. So ist das, was Menschen üblicherweise als schön empfinden, vor allem auf dem Sehsinn begründet: Weitgehend stürzte sich genau darauf ja die bildende Kunst und gewann so ihr Ansehen – Design artikuliert sich auch in dieser Hinsicht komplexer, formuliert inzwischen ebenfalls alle anderen sinnlichen Wahrnehmungen und, siehe Camouflage, kann sogar unsichtbar machen. – Jedoch könnte man derzeit die Einsicht gewinnen, dass inzwischen die Menschen die Artikulation von Visualisierungen als so selbstverständlich und deshalb unaufregend empfinden, dass sie nach anderen Sensationen suchen, etwa nach dem haptischen Ereignis.

Das Hören wird vom Design selbstverständlich ebenfalls genutzt und gestaltet. Akustik- und Sound-Design setzen ausführliche Untersuchungen darüber voraus, was von einer möglichst großen Anzahl der Menschen als wohltönend und harmonisch oder produkt-adäquat wahrgenommen wird

(Staubsauger, Haartrockner, U-Bahn-Stationen und so vieles mehr werden entsprechend akustisch gestaltet). Noch umfassender geht es darum, ganze Marken oder Markt-Segmente akustisch einheitlich auszurichten, da diese von den Menschen häufig vorbewusst oder automatisch gehört und aufgenommen werden. Zudem geht es in der Gestaltung von Tönen um das Design der Wahrnehmung von Gefahren (Sirenen, warnende Töne an Maschinen, die künstliche Lautstärke von ansonsten sehr leisen Elektro-Fahrzeugen etwa); andererseits werden angeblich angenehme akustische Zustände gestaltet: bei Radios oder Lautsprechern jeglicher Art, in Restaurants und Bars, in Konzerthallen und anderen Räumen, in Flugzeugen und Eisenbahnen …); und schließlich erfüllt Design auch die wichtige Funktion der Lärmdämmung (etwa von elektrischen Haushaltsgeräten, Baumaschinen, Verkehrslärm).

Der Geschmackssinn, diese Qualität der Degustation, geriet merkwürdigerweise zu einer allgemeinen Kategorie der Urteilskraft (schon bei Immanuel Kant), obwohl die Urteilskraft im alltäglichen Leben – zumal in Anbetracht all der artifiziellen Produkte der Süßwaren-Industrie, von McDonald's oder anderer seltsamer Getränke und Speisen – kaum eine Rolle spielt; oder nur in höfischen Gesellschaften und neuerdings in einem Boom der Gastronomie und des Kochens. Immerhin hat jener Boom dafür gesorgt, dass mittlerweile – siehe den experimentellen Küchenmeister Ferran Adrià, der vor einigen Jahren (verständlich und darüber begeistert) mit einem Design-Preis gewürdigt wurde – zunehmend begriffen wird, wie viel das kompetente Kochen mit Design zu tun hat: Mehrere Materialien werden präzise miteinander verknüpft und durch die Anwendung von Energie in einen anderen Zustand transformiert. Das ist Design. Und beschreibt die Gestaltung der Beziehung von Subjekten zu den Objekten als aktive und zugleich jederzeit formulierte Beziehung der Menschen zu den Dingen.

Bliebe bei den fünf Sinnen noch das Riechen. Gestaltet sind zweifellos ebenfalls olfaktorische Genüsse: von Parfums bis zu räumlichen Wohlgerüchen oder, wenn man so will, auch den riechbaren Emanationen von Hygiene. Wobei auf der anderen Seite der Wohlgerüche nicht unterschätzt werden sollte, dass Geruch ebenfalls als Warnung formuliert wird, nämlich bei bestimmten Chemikalien, bei – verdorbenen oder giftigen – Lebensmitteln und anderen Artikeln. – Auch diese angenehmen und unangenehmen Gerüche werden kaum als ausdrücklich gestaltet verstanden; und wenn sie überhaupt auffallen, dann eher in Form privater Äußerungen von attraktiv (wichtig vor allem bei der Beziehung der Menschen untereinander) oder abstoßend.

Allerdings kann die Bedeutung der Gestaltung für alle fünf Sinne nicht darüber hinweg täuschen, dass derzeit an erster Stelle die Imagination des Tatschens (Touch) rangiert – wobei man einräumen muss, dass in der englischen Sprache vergleichbar zu der in der deutschen Sprache existierenden Phrase „Rührung" oder „gerührt sein" (seltsam: als sei man Teig) immer schon etwas wirkte, das Unmittelbarkeit emphatisch feierte oder euphorisch zur potenziellen Katastrophe trieb.

3.

Wurde bisher lediglich über die Beziehung der Menschen zu den Dingen oder, besser formuliert, über die Beziehung der Objekte zu den Subjekten spekuliert, so ist festzustellen, dass vieles von dem, was erläutert wurde, ebenso für die gestaltete Beziehung der Menschen untereinander und zueinander gilt. Denn auch diese Beziehungen basieren selbst noch in ihren verbalisierten Kontexten (die für Beziehungen der Subjekte untereinander gewiss nicht unbedeutend sind) weitgehend auf vorformulierten Aggregat-Zuständen, die von Design artikuliert und partiell sogar kontrolliert sind. Man kann relativ einfach das, was oben geschrieben wurde, analytisch auf diese Beziehungs-Geflechte übertragen.

So fällt eine zusehende Tendenz (womöglich, wie so oft, von westeuropäischer Kultur ausgehend) zum Sich-Anfassen auf: Umarmungen, virtuelle oder reale Küsse auf Wangen zu drücken, Hände zu schütteln oder auch an bekleideten Körperteilen herum zu greifen, als ob die Qualität oder Besonderheit des Stoffes überprüft würde.

Der Satz „You never get a second chance to make a first impression" (so rau er ist, er birgt tatsächlich Realität), gilt heute nicht mehr, wie einst impliziert, einfach den anschaulichen Insignien (Kleidung, Frisur, Haltung und insgesamt Aussehen), sondern mittlerweile vielfältig verstärkt der (durch Design formulierten) Gesamtgestaltung und damit der Präsenz aller sinnlich wahrnehmbaren Äußerungen: Stimme (akustisches Design), der angenehme oder unangenehme Geruch (olfaktorische Gestaltung), quasi selbstverständlich auch noch das Aussehen (Kleidung, Haltung), womöglich zumindest das Wissen (und sei es aufgesetzt oder fiktiv) um degustatorische Qualität – und nun auch noch darum, wie man sich anfühlt (sich wohlfühlen meinte doch schon immer relativ viel), und wie man sich anfassen lässt.

Nun geht es immer auch um die Inhalte dessen, was und wie man denkt und dies artikuliert. Doch das braucht Zeit und äußert sich erst im zeitlichen Verlauf einer Beziehung. Zuerst gibt es unausweichlich das andere, eben die sinnliche und darin durchaus komplexe Vielfalt. Weshalb auch in der Beziehung der Menschen untereinander das Design eine bedeutsame Rolle spielt – ob wir das schätzen oder nicht.

Und schließlich existiert noch die Relation von Maschinen zu Maschinen. Gewiss arbeiten daran sowohl Ingenieure als auch Designer und andere Wissenschaftlerinnen und Wissenschaftler sehr intensiv, denn die Vernetzung der maschinellen Wesen untereinander gilt heutzutage als wesentliches Moment einer Qualifizierung des Erfolgs menschlichen Lebens.

Das aber war eine Gestaltungs-Aufgabe schon seit Beginn der Industrialisierung, also der Intensität maschineller Arbeit und gesellschaftlicher Verkehrsformen. Nicht unversehens geriet diese Frage in den Fokus romantischer Literatur, da doch die Romantik die erste literarische und intellektuelle Phase war, mit solchen neuen Maschinen und deren Verbindungen konfrontiert zu sein. Zugleich geschah dieser Prozess so ersichtlich geheimnisvoll (mitsamt den neuen Strukturen des Marktes und dessen eigenwilliger Abstraktion und Wunderlichkeiten), dass eben jene romantische Literatur – siehe insbesondere E.T.A. Hoffmann – sich die Verbindungen der Maschinen untereinander letztlich nur als mystisch (und überwiegend mit tragischem Ausgang) vorstellen konnte. Irgendwie schienen die Maschinen miteinander heimlich zu kommunizieren – und die Menschen aus dieser Kommunikation auszugrenzen. Immer wieder taucht in der Literatur und in der bildenden Kunst genau dieser Mythos auf: Was tun die Dinge miteinander, wenn die Menschen, zum Beispiel nachts, sie nicht kontrollieren. Und noch heute wähnen wir manchmal, wenn wir tätig sind, dass mit den heutzutage so entwickelten computergesteuerten Objekten irgendetwas hinter den menschlichen Rücken passiert. Verbünden die sich heimlich, verschwistern oder verbrüdern sie sich und hecken dabei Sachen und Prozesse aus, von denen wir nichts wissen?

Zunehmend setzen die Menschen sogar auf diese internen Beziehungs-Prozesse, etwa im Cloud-Computing, das aktuell so propagiert wird.

Tatsächlich entsteht in der Vernetzung der digitalen Medien untereinander etwas – aber dies geschah in einem gewissen Maß schon immer bei Maschinen –, das die Menschen nicht mehr wirklich begreifen können, entwickelt sich doch ein kaum noch kontrollierbares Netzwerk, also Beziehungsgeflecht, zwischen den Gegenständen. Das ist zwar grundsätzlich – von Menschen – gestaltet, es zeigt sich dabei jedoch auch, wie Initiativen der Gestaltung sich gelegentlich verselbstständigen und eine eigene Wirklichkeit schaffen, die nicht einmal mehr von denen verstanden wird, die sie einst in Gang gesetzt haben.

Man könnte als Fazit dieser Überlegungen, also als das, was dringend zu tun wäre, nun formulieren, dass Design, das so intensiv beteiligt ist an der Gestaltung all dieser Beziehungen, oft etwas anstößt, ohne die Konsequenzen solcher Anstöße noch zu übersehen. Womit sich die Frage stellt, ob sich Design nicht solcher Prozesse bewusster sein müsste, oder ob man sich damit abfinden muss, da doch so vieles, was gesellschaftlich irgendwann begonnen wird (ein plausibler Vergleich dazu sind mathematische, chemische, biologische und physische Initiationen, die denen, die das taten, meist aus dem Ruder liefen – wie etwa die Entwicklung der Atombombe), seine eigenen Wege entwickelt und kaum noch beherrscht werden kann. Gleichwohl, die Verantwortung obliegt dem Design und all denen, die mit ihm umgehen müssen.

Ich schildere nicht das Sein: Ich schildere das Unterwegs-Sein.

Michel de Montaigne

Mediale Unmittelbarkeit
– Artefakte und deren Ansehen –

Die folgenden Ausführungen mögen gegebenenfalls einigen Menschen anstößig, ungerecht und allzu rüde erscheinen – zumal jenen, die das beflissen als unmittelbar, sauber und pur einzuheimsen suchen.

Dennoch führt nahezu kein Weg um die nachfolgenden Gedanken herum, demonstrieren sie doch wundersam exemplarisch die gestaltete Erfahrungswelt und eine denkbare Verständigung darüber. Immerhin nämlich erläutern sich an der Gestaltung eines sehr alltäglichen Gegenstands binnen kurzer Zeit die meisten der historischen, theoretischen wie ideologischen, sinnstiftenden wie geschäftstüchtigen, handfesten und medialen Aspekte und Perspektiven von Design.

Mithin geht es hier um die Gestaltung von Kondomen, also jenen Gegenständen, die schon wörtlich Exemplarizität ebenso wie umfassende Gestaltung evozieren, vor allem aber in ihrer marktfähigen und sozialen Reaktivierung seit dem Beginn der 1980er Jahre eine verkürzte Rekapitulation der Designgeschichte insgesamt darstellen. Denn erst aus bekannten Gründen geriet zu jener Zeit die Sexualität durcheinander und wurden Kondome öffentlich wichtig und gesellschaftsfähig. Erinnern wir kurz daran, dass mit der Einführung der „Anti-Baby-Pille" in den sechziger Jahren in großen Teilen der hiesigen Bevölkerung (ertragen von den Frauen, denen die Pille gewissermaßen gesellschaftlich verordnet wurde) Sexualität bis hin zum Orgasmus sowohl auf technische Verhütungsmittel als auch auf Mathematik oder dramatische Unterbrechungen verzichten konnte. Was sich zuvor bloß in Homosexualität und autoerotischen Vollzügen tummelte, war damals ebenso im heterosexuellen Verkehr praktizierbar: eine unmittelbar körperliche Begegnung und Erregung, getragen von ungestörter Mechanik körperlicher Elemente.

Ignorieren wir an dieser Stelle all die damit verknüpften (oder sich darin artikulierenden) Debatten über eine Befreiung der Sexualität oder andererseits über zusätzliche Stress-Faktoren im Umgang mit derselben, so sind doch im Hinblick auf Design zwei Überlegungen konstatierbar: Der kondomproduzierenden Industrie ging es zu jener Zeit miserabel, und die Gesellschaft erfreute sich einer quasi beispielhaften Unmittelbarkeit, die ohnehin als Hoffnung in den sechziger und siebziger Jahren alle Bereiche des Lebens durchwehte.

Diese wurde jäh unterbrochen durch die als sehr plötzlich und schockierend wahrgenommene neue Einsicht in Existenz und Ausbreitung des HIV-Virus. Aus war es mit der Unmittelbarkeit, und nach kurzen, grundsätzlich allgemeinen Verzichts-Erwägungen besann man sich auf jene inzwischen fast schon vergessenen Kondome (was nun übrigens auch die Homosexualität betraf).

Soweit das historische Vorspiel. Mit der Wiederentdeckung des Instruments begann zweifellos ebenfalls eine schnelle Rekonstruktion und danach Ausarbeitung des Gestaltungsprozesses der Kondome, dessen Verlauf in den folgenden Sätzen als eben beispielhaft für die mediale Entwicklung und Perspektive von Design beschrieben wird:

Auf den ersten Blick scheint in dem hier vorliegenden Fall der eigentliche Gestaltungsbedarf (abgesehen von den Kondome herstellenden Werkzeugen, ihrer Vernetzung, der damit verbundenen Logistik und etwa der Verpackung dieser Dinge und dergleichen) verhältnismäßig gering; im Grunde wäre doch bloß eine mimetische, also die Natur nachbildende, Ausformung gefragt gewesen. Zusätzlich hätte man sich lediglich um eine Abrutsch-Sicherung sorgen müssen.

Mit Letzterer jedoch deutet sich schon an, dass auch dieser Gegenstand den gestaltenden Anstrengungen nicht entrinnen konnte, vielmehr sogleich zum kräftigen Betätigungsfeld funktionsorientierter Designerinnen und Designern und Ergonomen geriet. Tatsächlich erscheint das Kondom an und für sich für die Ergonomen ein schier unendlicher Fundus, die an diesem Objekt An- und Abzieh-Techniken, Dehnungsfaktoren, Verschluss-Sicherheit versus Durchblutungsströme, differente Maße und Anwendungsbereiche oder andere Fragen des Komforts zu analysieren und in Standardisierungen umzusetzen vermochten. Was, übrigens, sich zu jener Zeit aufgrund der (ja allemal berechtigten) öffentlichen Debatten und Kampagnen sogar einer zuvor kaum zu erahnenden sozialen Aufmerksamkeit und Legitimationsfähigkeit erfreuen durfte.

Sodann, von solcher Akzeptanz getragen, machte man sich an die Ausformung der Funktionen. Das „Reservoir" wurde gestaltet und ebenso wurden Verschluss und Sitz verifiziert und qualifiziert. Nebenbei entwickelten sich zudem neue Herausforderungen an das Verpackungs-Design, das einerseits schnell zu öffnende, andererseits nun auch öffentlich attraktive Hüllen zu entwerfen hatte; einige wagten sich gar so weit hervor, die Verpackung als

Schmuck mit Aufforderungs- und sowieso mit Kommunikationscharakter zu entwerfen. Dies wiederum forderte das Grafik-Design in vielfältiger Weise heraus, da nicht bloß der inzwischen so öffentliche Auftritt der Kondome zur Formulierung aufklärender und aufregender Slogans und Bilder, Logos und Werbe-Kampagnen herausforderte, sondern auch dazu einlud, den Kondomen insgesamt eine neue „product identity" anzudichten (was nicht in die deutsche Sprache übersetzbar ist, weil „identity" eben nicht „Identität" meint).

Doch auch um den Gegenstand herum konnten zusätzlich nützliche Accessoires und mussten neue oder wenigstens leichter zugängliche Distributionswege gestaltet werden, etwa attraktive und funktionierende Automaten, Displays und andere Aggregate.

Weiterhin im Sinn, dass ja ebenfalls die Herstellungsmaschinen, die Logistik von Material-Anlieferung, interner Bearbeitung und Produkt-Auslieferung sowie der mannigfaltige Umraum (Arbeitsformen, Firmenwagen et cetera) der Gestaltung bedurften, entspricht der bis hierhin beschriebene Vorgang weitgehend den traditionellen Anforderungen an das Design und dessen Gegenständlichkeit, so wie es sich spätestens seit den zwanziger Jahren des vergangenen Jahrhunderts in den Industrieländern entwickelte. Zudem verband sich bis zu diesem Arbeits- und Zeitpunkt alles mit klaren Gestaltungsvorgaben, die im wesentlichen besagten, dass es um sichere und komfortable Verhütung, preiswerte Produktion und attraktive Distribution ging.

Der Prozess jedoch eskalierte; denn nach einer ersten Befriedigung menschlicher, hygienischer und ökonomischer Bedürfnisse mussten nun die Ökologen auf der Bühne erscheinen – und zwar mit guten Argumenten, da solch neuerdings massenhafter Kondom-Gebrauch Energie- und Material-Probleme sowohl bei der Herstellung als auch bei der Entsorgung hervorruft (Entsorgung der Verpackung wie der Sache selbst). Weil ein Recycling von Kondomen aus gesundheitlichen und stilistischen Gründen nicht ganz einfach ist, standen in diesem Zusammenhang insbesondere die Reduktion von Verpackung und die Entwicklung neuer, sich nach Gebrauch womöglich selbst zersetzender und ohnehin unaufwendig produzierbarer Materialien auf der Tagesordnung erweiterter Gestaltung. Wobei sich Design im vorliegenden Fall auf dieses Teilgebiet ökologischer Verbesserungen beschränken musste, denn die Transformation des Gegenstands in Dienstleistung kam vorderhand ebenso wenig in Frage wie etwa Kondom-Sharing oder Kondom-Leasing.

Design leistete, in Kooperation mit der Chemie, kompetente Dienste. Hat man aber einmal vernünftigerweise mit Gestaltung begonnen und diese ebenso vernünftig komplex erweitert, so steigen auch von außen her und im Design selber die Ansprüche. Alsbald nämlich wurde jenseits eines einfach kalkulierbaren Vernünftigen eine ganz andere Erwartung an das Design von Kondomen herangetragen: Es sollten schöne und mit Zusatznutzen ausgestattete Gegenstände gestaltet werden. Die Kondome wurden bunt, und einige begannen sogar zu duften, auch nach unterschiedlichen Stoffen zu schmecken, und manche Kondome leuchteten jetzt inmitten des üblichen Dunkels ihrer Betätigungsfelder in präpotentem Glanz, auf dass die Ziele nicht verfehlt, Erektionen kenntlich, Effekte nachdrücklich und die Gewissheit der Anwesenheit des mit dem Kondom verbundenen Körperteils überzeugend vorgetragen wurde. – Wer erinnert sich nicht gern an jenen Blake Edwards-Film „Skin Deep", in dessen dunkler Schlafzimmer-Szene plötzlich und zur Überraschung des von John Ritter (mit blau-leuchtendem Kondom) gespielten Liebhabers ein weiteres rot-leuchtendes energetisches Kondom durch den Raum stolziert.

Zu jener Zeit, als Kondome sich von der Not zur Mode mauserten, wurden übrigens mehrfach Kondome zu dem vom „Rat für Formgebung" und der Frankfurter Messe organisierten Design-Preis „design plus" eingereicht, jedoch in Verkennung der Tatsachen von der Jury offenkundig schamhaft oder schamlos nie prämiert. Dabei weist doch diese Nutzung des Kondoms als Modeartikel auf ein Phänomen hin, das wir bisher noch gar nicht ausdrücklich bedachten: Analog allgemeiner (und hier bloß verkürzt rekapitulierter) Designgeschichte schwindet in Gestaltung und Gebrauch nunmehr der Gegenstand, der einst als solcher zu formen war, unter dem Deckmantel zeitweiliger Dekoration zugunsten der Dekoration an sich. Wie bei einem Auto, bei dem man als selbstverständlich voraussetzt, dass es fährt, und demgemäß nach anderen Features (schnell, imponierend, bequem, beeindruckend et cetera) Ausschau hält, gerät auch die eigentliche Funktion des Kondoms (nachdem so viele daran feilten) zur Selbstverständlichkeit und damit zur Nebensache. Das Mittel wird eben noch einmal vermittelt und ist damit jeweils dem einfach Instrumentellen einer schier unendlichen Medialität preisgegeben. Denn an dieser Stelle (wie im Übergang von Schreibmaschine zum Computer) ersetzt sich die mechanische Logik der Funktion durch die assoziative offener Beziehungsgeflechte, also der Promiskuität.

Wechseln wir den Blickwinkel, so wird dies viel plausibler und drastischer: Galt in vergangener Zeit der noch erheischten Unmittelbarkeit im Kontext der Kondome „gefühlsecht" als Verkaufsschlager, so wurde dies in neuerer Zeit durch gesonderte Oberflächengestaltung ersetzt. Differente

Rauheitsgrade innen und außen, Rillen und Wellen jeglicher Art boten und bieten nun extraordinäre Erregungs- und Erlebniswelten an, die im tradiert unvermittelten Koitus vielleicht erwünscht, jedoch nicht erreicht wurden (sagt man zumindest im werblichen Ton).

Das aber ist ziemlich aufregend, da es doch bedeutet, dass das einstige Mittel, gesundheitliche Schäden und unbeabsichtigte Befruchtung zu vereiteln, sich im Fortschritt zur erogenen Wunderwelt entpuppte und wahrhaftiges Vergnügen im Mittel selber statt in der Unmittelbarkeit verheißt. So entlarvt sich das Medium als das wahrlich Begeisterte, das ins Zentrum der Aktion gerät und den zweiten Körper nunmehr bloß noch als Mittel zur Erschaffung des Eigentlichen benötigt.

Die Designerinnen und Designer von Kondomen (und anderer Gegenstände) könnten sich somit der Einbildung hingeben, sie würden Gefühle oder zumindest Prozesse gestalten – was so unrichtig ja nicht ist. Allerdings fragt sich dann, wenn das Mittel sensitiver gestaltet ist, als es Unmittelbarkeit je sein könnte, wie lange noch oder warum der Träger eines Kondoms einen zweiten Körper benötigt. Offenkundig nämlich (und dies ist gewiss auf andere Gegenstände und Prozesse übertragbar) verschaffen im Normalfall autoerotische Handlungen bloß partielle Befriedigung, da man – womöglich gerade aus narzisstischen Erwägungen – den handelnden Einfluss von außen und damit das nicht gänzlich Kontrollierte vorzieht. Noch die medialen Vorgänge brauchen Gestaltung, und diese verknüpft sich allemal ebenfalls im vermitteltsten Anschein mit einem Rest von Körperlichkeit, der der Nutzerin oder dem Nutzer verdeutlicht, dass – zumindest in unseren Tagen – die Reflexionen der Virtualität ständig auf das Körperliche rückverweisen und die Diskussionen über Virtualität gegenwärtig mehr zur aktuellen Erfahrungswelt als zur Virtualität selbst äußern.

Mittlerweile jedoch schreitet die Gestaltung ständig voran und schafft vermehrt fiktive Räume. Kondome sind da nur ein eklatantes Beispiel. So berichtete Cora Molloy von der Frankfurter Gruppe „Huren wehren sich gemeinsam" im Rahmen des von Uta Brandes komponierten Tastkongresses der Bonner Bundeskunsthalle über die Erotik des Tastens (Oktober 1995) von den zu jener Zeit beliebtesten erotischen Vergnügungen, die Männer in ihrem Berufsstand suchten – und erschütterte damit alle mitdiskutierenden Virtualitäts- und Sexualitäts-Expertinnen und -Experten. Denn sie reklamierte, wahrscheinlich zu Recht, dass die Prostituierten mit allen Folgen für das normale Leben die Avantgarde der Sexual-Praktiken darstellten, und benannte den damaligen Hit solchen Treibens: Die Männer hatten es offenbar am liebsten, komplett in einen Gummi- oder Latexsack gesteckt zu werden (dabei tauchen sie ja selber in das Medium Kondom ein und verquicken nun ihren Penis mit der gesamt-männlichen Präsenz); der Gummisack wird zugebunden, und an ausgesuchten Stellen werden unterschiedlich eindringliche Vibratoren angebracht, was scheinbar heftigste Erschütterungen und Äußerungen auslöst.

Zweifellos kann man hier von Interface-Design sprechen, eben von der Gestaltung der Schnittstellen zwischen Mensch und Objekt. Und dies wiederum würde ja nur verdeutlichen, dass Gestaltung an jedem Fortschritt partizipiert oder ihn weiterhin entwickelt und zugleich diesen Fortschritt ekstatisch erträglich oder gar erregend macht.

Denn diese von Cora Molloy beschriebene Rückkehr in die pränatale Befindlichkeit ähnelt in ihrer Artikulation und Besessenheit doch sehr den offenkundig allemal ozeanischen Gefühlen von Medien-Betreibern und -Rezipienten, die sich im digitalen Medium pudelwohl wie im Gummisack fühlen und deren Sprache ohnehin nautisch fixiert ist („log in", „surfen" et cetera), die sich in „Informations-Ozeanen" suhlen und im Rausch elektromagnetischer Wellen verzückt Erregung und Entspannung genießen.

Zu verhüten ist da offenkundig gar nichts mehr, denn der Körper selber wird zum Medium gemodelt, zum puren Informations-Rezipienten, dessen Sinne in warmer Soße zerfließen.

Mag nun manchen dieser Text eine etwas abrupte Wendung genommen haben, so sei darauf verwiesen, dass wir in der Beschreibung lediglich den gegenwärtigen Stand der Diskussion um Design erreicht haben, da auf diesem Weg die Transformation von Produkt in Dienstleistung und Medien nachzuvollziehen gelang, mithin Prozesse zu gestalten sind.

Dies aber bedingt übrigens auch, dass nunmehr das Design als Dienstleistung beginnt, ernsthaft über sich selbst nachzudenken, denn es ist gewissermaßen bei sich selbst angekommen und muss sich jetzt in die Hand nehmen, um sich endlich zu gestalten. Dasselbe gilt für Medien-Design. Allerdings ist dies selbstverständlich damit verbunden, dass Gestaltung schier uferlos geworden ist und dringend um seiner selbst und um der Gesellschaft willen das Verhältnis von Empirie und Gestaltung völlig neu analysieren und diskutieren muss. Voraussetzung dafür jedoch ist, dass auch im Design der Selbstbetrug, die Beschwichtigung und die Produktion von Ideologemen aufhören sollten. Was auch eine Frage des guten Geschmacks wäre.

Die Bezüge zu Medien- wie auch zu Interface- (oder Interaction-) Design sind offensichtlich. Aber noch etwas lässt sich an diesem Beispiel darstellen. Denn merkwürdig ist ein eigenartiger Gestaltungsprozess: Lesen produzierte doch immer schon Bilder im Kopf. Dennoch entwickelte sich das Theater weiter, den Menschen Bilder und Vorgänge in sinnlicher Gewissheit anzubieten (bekanntlich war auch Goethe vom Puppenspiel attrahiert und baute den „Faust" partiell darauf auf). Dann kam die Fotografie, Erinnerungsbilder festzuhalten – obwohl die Bilder doch ohnehin in der Erinnerung existieren. Diese Bilder wurden, eben als Pendant zum wirklichen Leben, mit dem Film in Bewegung gebracht – dabei sind die Bewegungen bekannt. Der Stummfilm, der als artifiziell noch kenntlich war, wandelte sich in den Tonfilm, sodann kam die Farbe hinzu, und heute soll alles noch wirklicher sein und werden 3D-Filme gestaltet – und nebenbei sucht man gar, alle weiteren sinnlichen Gewissheiten zu formulieren (Riechen, Tasten und womöglich Geschmack).

Irgendwie hat sich die Kunst dagegen zur Wehr gesetzt und ist sie mit Konstruktivismus, Dada, Surrealismus und all den Folgen zeitweilig ausgebrochen aus diesem Prozess, das Künstliche immer noch realistischer als Wiedergabe zu realisieren. Das Design jedoch hat – im Medien-, Interface- und Game-Design – sich diesem Prozess angeschlossen und angebiedert, artifizielle Welten wie die wirklichen darzustellen. Dabei sind oft die selbstgebildeten Bilder attraktiver als die, die dann als real(istisch) angeboten werden. Wer will schon die Gesichter zu den Stimmen sehen, die so wundervoll tönen – oder: schläft man nicht beim Fernsehen deshalb so schnell ein, weil die Einbildungskraft nicht mehr gefordert ist. Waren nicht die Heldinnen und Helden in Geschichten so viel schöner (oder gegebenenfalls künstlicher) als die im Kino?

Doch empirisch, in diesem Fall als Markterfolg, ist klar: Von illustrierten Kinderbüchern bis zu Computerspielen und allem anderen setzten sich die Abbilder (oder Abziehbilder) durch und betätigt sich Design dabei als ausdrückliche Hilfe, solche Bilder vorzustellen. – Was ähnlich für Produkte gilt, die – von Autos bis zu Küchengeräten – immer mehr zu Abbildern menschlichen Aussehens und menschlicher Aktionsformen werden. Was mittlerweile (siehe „documenta 13") sogar wieder einmal für die Kunst der Fall ist.

Meine einzige Chance, jemand zu sein, ist doch, jemand anderes zu sein.

Marilyn Monroe

Modus Mode
– Die Inkarnation von Design –

Design, zumal das deutschsprachige, distanziert sich traditionell von Mode (ebenso wie von Automobil- und Medien-Design), denn das wird simpel als „Styling" abgelehnt.

„Styling" meint dabei, dort lägen purer Formalismus beziehungsweise Dekoration vor, die sich allein am Markt und am jeweiligen Zeitgeschmack orientierten.

Wie sehr dies allein von Unverständnis und schmählicher Arroganz zeugt, soll dieses Kapitel verorten, in dem Mode und deren Gestaltung exemplarisch für Design erörtert werden.

1. allgemein

Mode kann sein: grotesk, absurd, kleidsam, provokativ, sinnlich, merkwürdig oder auch mal bieder. Eher ein Tollhaus zweifellos, und eben deshalb ganz normal.

Nun ist aber über Mode deshalb einigermaßen schwierig zu schreiben, weil sie stets so geschwind und gegenwärtig ist. Jenes „Dunkel des gelebten Augenblicks" (Ernst Bloch) nämlich wird stets versuchshalber von Mode gefüllt, in der Absicht, darin Licht und Wahrnehmung zu entfachen. Dabei müssen wir am Ende allemal erkennen, dass wir erst im Nachhinein (etwas, das Mode-Designerinnen und -Designer gar nicht mögen) beurteilen können, was denn da geschah und gesehen wurde. Dennoch: Immerhin ist Mode so flink im steten Wandel des Neuen, dass andere Gestaltungsformen – obwohl oder weil sie so oft gegen Mode als zu modisch opponieren – sich gerade dort einige Konturen ihrer Ideen holen, Mode als Trendsetter insgeheim mögen.

Nun kann man bezweifeln, ob heute wirklich noch Trends existieren, aber davon später mehr. Spannender wäre ja zu untersuchen, wo denn die, die als avancierte und zum Teil sehr junge Stars Mode machen, aufmerksam hinschauen, um ihre Vorlagen und Muster zu finden – gewiss, sie wandern weltweit in den Mode(hoch)schulen und womöglich noch mehr einfach so auf den Straßen dieser Welt herum, um nach neuen Gestalten Ausschau zu halten.

In Gesprächen mit Mode-Machern und -Macherinnen beeindruckt oft, wie empirisch (also auf Tatsachen und Erfahrungen basierend) sie vorgehen, mit welch offenen und wachen Augen sie durch die Welt laufen (oder „Scouts" laufen lassen). Anders nämlich als etliche Vorurteile mutmaßen, werden gerade bei der Gestaltung von Mode (und verblüffenderweise häufig – leider – anders als im Industrie- oder Kommunikations-Design) ganz sensibel je aktuelle gesellschaftliche Bewegungen und Ausdrucksformen, neueste Produktionstechniken und Materialien bis zu interaktiven Strukturen erforscht, begriffen und adaptiert. Dies gilt für Issey Miyake ebenso wie für Comme des Garçons, Bless oder Karl Lagerfeld und die meisten all der anderen (wenn auch auf verschiedenen und für unterschiedliche Niveaus). – Höchst gegenwärtig, medienbewusst und radikal sozial, intelligent und ansehnlich.

Dazu gehören auch neue Studien zu Materialien oder Entwürfe für die Kleidung von digitalen Characters, oder wie man etwa über Internet kollektiv Mode entwerfen kann, welche Metaphern oder Symbole transformierbar sind, wie Mode Geselligkeit fördern kann, welche Zeichen Menschen durch Mode setzen und vieles mehr. Es versteht sich, dass die alltägliche, aufgeschlossene Bewusstheit gegenüber sozialer Realität und globaler Kulturprozesse einsichtig nachvollziehbare Gründe hat: Das Tempo, mindestens alle sechs Monate eine neue Kollektion zu entwerfen und sich dabei noch für sich selbst, den Mitbewerbern und dem Markt gegenüber als eigensinnig, wegweisend und originell zu erweisen, erfordert permanent, Generierungs-Maschinen, Ideen-Geber, Vorbild-Welten neu herbeizuzaubern oder diese in Alltagsprozessen (noch so kleiner, aber provokativer Gruppierungen) zu entdecken, aufzuspüren und sie zu vermitteln. Da genügt eben nicht das eine System, das alles hervorbringen soll an Konzeption, vielmehr braucht es viele und vor allem dynamische Wege. Deshalb bietet sich an, diesseits rigider Normalität soziale Prozesse klug zu beobachten und zu interpretieren. Das nämlich macht Mode – und macht sie so radikal sozial (was nichts mit hohen Preisen zu tun hat: Schnäppchen sind kein Ausweis für Sozialität).

2. jugendlich

Fraglos zeigen die jungen Mode-Designerinnen und -Designer noch größere Nähe zu dem, was modisch so geschieht – wenn sie über genügend Selbstbewusstsein, somit sensible und offene Aufmerksamkeit und auch Neugier gegenüber ihrer Umwelt verfügen. Denn sie können Strategien entwickeln, sich durchaus parasitär (aber jede Gestaltung und vieles andere ist ja irgendwie klug parasitär) und dabei dennoch kritisch in die Gegenwart zu wagen, aus ihr je neue Ideen für Entwürfe zu entnehmen – und sie sind näher dran an jenen jungen Menschen, die (zumal in einer alternden Gesellschaft) recht hektisch ihren eigenen Identitäten zuliebe stilbildend wirken.

Das mag die in Mode nicht professionellen Jungen zwar nerven, da doch alle versuchen, unbedingt eigen zu sein und imaginäre Authentizität zu bilden – und dabei stets verzweifeln werden, da alle wirkliche und intelligente Novitäten von den Mode-Profis (Späher laufen überall herum) sofort aufgenommen, interpretiert, womöglich qualifiziert und in Mode umgesetzt werden (Punks konnten davon traurige Lieder singen, ebenso Hip Hopper, aber auch viele der anderen). Jede Ausstellung, alle Kommunikation und viele Perspektiven (seien es die des Designs, der Kunst und Musik, aber auch der Naturwissenschaften) stehen stets in dem seltsamen Konflikt zwischen Ausbeutung des alltäglichen Geschehens und neuer Motivation, Verbesserung und Verallgemeinerung. Empirie und Empathie (jene enthusiastische und profitable Wahrnehmung) verbrauchen, erhöhen (qualifizieren) und bewahren zugleich all das, worauf sie sich stützen, unweigerlich, so wie das einst der Philosoph Hegel für die dreifache Bedeutung des deutschen Worts „aufheben" präzise beschrieb.

Gewinn und Verlust, Fortschritt und Niederlage bilden immer zwei Seiten derselben Medaille, ebenso Nostalgie und Träume von der Zukunft, Melancholie und zornige Verzweiflung oder Glück, Leidenschaft und Schmerz.

Im Dialog mit Mode gilt es zu bedenken: Da wir die Mode in den entwickelten Industrie- und Dienstleistungsländern nur noch begrenzt als pure Protektion gegen Wind und Wetter, Kälte und Hitze nutzen und verstehen, soll sie ja zwei – in sich höchst komplexe – Aspekte ihrer Realisierung und des Gesprächs darüber berücksichtigen. Sie verleiht den Menschen eben jene Façon, mit der sie die inwendige Überzeugung und sogar Sicherheit erringen, sich (übrigens auch ganz praktisch) bewegen, auftreten, glänzen und ein Bild von sich geben zu können: ein Selbstbild für sich selbst, um sich wohl zu fühlen und zu wagen, in die Welt hinauszutreten – und dabei besonders oder eigen zu sein.

Mag man dies „Performance" nennen, so bezieht diese sich zuallererst auf sich selbst (was allzu oft unterschätzt wird, auch leider von denen, die sich anziehen): Hier spielt nämlich Narzissmus eine denkwürdig große Rolle.

Und dies verweist hinterrücks darauf, dass die Eigenheit sich entäußern mag. Zugleich setzt Kleidung, allemal Mode, Zeichen nicht nur nach innen, viel bewusster noch nach außen. Man kommuniziert ständig mit der Kleidung, sucht, den anderen Menschen zu erläutern, dass man ist und wie man ist und was man will. Man teilt sich und Intentionen mit, schließt sich ab (stets gestützt – so wichtig für Mode – durch Gestik, Mimik und Gebärden), sucht Anziehung (eine schöne Doppelbedeutung im Deutschen: „anziehen"), provoziert, will auffallen, eigene Besonderheit demonstrieren.

Wenn denn die äußerliche Welt eine Bühne ist – und dem kann man ohnehin nicht widersprechen –, dann produziert Kleidung die Zeichen, die je nach spezifischem Anlass und Ort von allen gesehen werden sollen. Objekte insgesamt – aber in der Mode wird das besonders deutlich – funktionieren nicht nur als Kommunikationsmittel, sondern auch als Marker von Distinktion: Ich markiere mich mit meiner Kleidung als einer bestimmten Gruppe zugehörig (oder zumindest markiere ich mich in dem Wunsch, dieser spezifischen Gruppe angehören zu wollen).

Auf diese Weise, in all diesen Vernetzungen, lebt Mode-Design, mit all dem ist es konfrontiert – und dann noch mit den üblichen kapitalen Banalitäten von Kosten, Umsatz und Gewinn, eben den riesigen Problemen, Kollektionen unter eigenem Label gestalten zu können oder wenigstens an einer berühmten Label-Kollektion zu partizipieren oder notfalls und, wenn geglückt, wegweisend mit einem kleinen eigenen Laden aufzufallen und sich allmählich zu profilieren.

Man sieht, wie auf- und anregend es ist, über Mode nachzudenken. Denn hinter all den so vordergründig schlichten Modellen und Entwürfen verbergen sich äußerst spannende und komplexe Handlungs- und Denkformen, Enthusiasmus und Krisen und ohnehin uns alle bewegende Gebilde.

3. spezifisch

Sollte nun noch nach spezifischen Aspekten deutschen oder europäischen Mode-Designs gefragt werden, so kann man eigentlich bloß Vielfalt, interkulturelle Präsenz und gespannte Hektik feststellen oder womöglich ein schier groteskes Nomadisieren zwischen biederer Bravheit und radikaleren Ausbrüchen.

Sicher, Vielfalt mag teilweise lediglich auf die Fiktion einer imaginierten Supermarktdemokratie verweisen, also sich in trivialer Allgemeinheit verlaufen; und unaufmerksame Wahrnehmung und Bearbeitung der Umwelt und der eigenen Erfahrungen verleiten gelegentlich zu blankem Opportunismus, der jede günstige Gelegenheit nutzt, sich irgendeinem Zeitgeist an den Hals zu werfen. Dazu tendiert gerade Mode in ihrer so eilfertigen Adaption des jeweils Vorstellbar-Realen. Allerdings versiegt sie dann meist ebenso schnell als bloß aufgesetzter und somit allein langweilig-flüchtiger Trend. Nur wer wirklich Perspektiven aufweist, überlebt, beeindruckt, schafft selber Trends und wird zur Marke, zum von allen ersehnten Wegweiser, so dass die unverwechselbare Qualität der immer wieder neuen Mode als Beständigkeit überlebt. – Das ist indes leichter beschrieben als getan.

Dies übrigens betrifft schon das junge Mode-Design: Der Modemarkt läuft vielschichtig, und auf der Seite der Käuferinnen und zunehmend auch Käufer sieht das womöglich folgendermaßen aus: Da gibt es jene, die aus realen (meist einkommensadäquaten) oder auch nur dummen (Geiz oder dergleichen) Gründen immer billig einzukaufen suchen und meist ohnehin nur dann kaufen, wenn sie meinen, etwas zu brauchen (im Oktober den Wintermantel und im Mai das Sommerkleid ...). Bei den Angehörigen dieser Gruppe findet im Normalfall ein erstaunlich rasanter Verschleiß statt. Denn sie kaufen nicht allein häufig mindere Stoff- und Verarbeitungsqualität; vielmehr sind gerade sie diejenigen, die sich saisonal auf den angeblich jeweils neuesten Trend stürzen, damit oft einfältig verzweifelten Vorbildern und Verlautbarungen der Journale hinterher laufen und dabei immer wieder in die Falle gehen, modisch blitzartig zu altern. Und um dies zu vermeiden, sind sie gezwungen, der nächsten – möglichst billig einkaufbaren – Mode nachzujagen. Womit sie letztlich, meist ohne dies zu begreifen, mehr Geld ausgeben als andere Gruppen.

Schön tragisch ist dieser Widerspruch – und blödsinnig auch für die, die Mode gestalten. Schafft dies doch bloß verschleißende Hektik, eine Novitätentobsucht, disqualifizierenden Schrott und Leere im Geldbeutel. Hier endet für viele die Laufbahn, bevor sie richtig begann.

Jedoch: Verdammen wir den Tag nicht vor dem Abend. Denn gerade mehrere der Jüngeren im Mode-Design auch hierzulande mühen sich, jederzeit geprägt durch eigene Erfahrungen und Wünsche im jugendlichen und studentischen Umgang mit Kleidung und somit Mode, Preiswertes und Einfaches oder leicht Veränderbares zu entwerfen, das es gestattet, über längere Zeiträume je erneut modisch oder up-to-date, zeitnah sich kleiden zu können. Da wird rezykliert („recycling") in ständiger, einfacher und eben mitgestalteter Veränderbarkeit des Getragenen oder in materialer Wiederverwendung von Stoffen. Die einen zum Beispiel versuchen (oder regen zu solcher Versuchung an), allerlei schon und manchmal bereits anderweitig Gebrauchtes neu und leicht aufbereitet oder kombiniert als modisch einzusetzen (was im Bereich von Accessoires längst gang und gäbe ist, etwa bei Taschen, Gürteln und Schmuck), und handeln damit sogar noch umweltbewusst; die anderen bieten eine verwirrende Kombinatorik an, schlagen vor, dies und das und dann noch jenes tentativ und vorübergehend zu verquicken, womit nicht allein jene überholte lineare Logik von Harmonie über Bord geworfen wird, sondern auch ganz praktisch Gebrauchsspuren nicht verhindert oder überdeckt werden (sozusagen der „Ärmelschoner" als Modeobjekt), vielmehr die Trägerinnen und Träger angeregt werden, das dementsprechend preiswertere, rationalere und sinnhaftigere Chaos auszuleben und zu erfahren und so aktiv mit sich und Kleidung umzugehen.

Hier nämlich artikuliert sich die humane basisdemokratische Eigenart, jene tragische Dichotomie von modischer Besessenheit, Schnäppchenjagd oder erzwungener Sparsamkeit einerseits und Lebensfreude andererseits dadurch aufzulösen oder gar zur lustvollen Komödie zu wandeln, dass den Menschen selbst die Verantwortung für ihr So-Sein und ihre (Ver)Fassung zurückgegeben wird und dafür die Mittel offen und offensiv bereitgestellt werden. Das macht sogar Spaß, fordert aber denen, die sich seitens der Käufer und Käuferinnen, oder denen, die das wahrnehmen, einige Kompetenz ab, selbstbewusst zu kombinieren, sich ständig eigensinnig zu verändern, althergebrachte Einseitigkeit zu überwinden und sich dem permanenten öffentlichen textilen Diskurs (denn der findet bekanntlich statt, wo auch immer wir herumlaufen und -stehen oder auch bloß in den Spiegel schauen) fröhlich auszusetzen und sich mit entspannter Aufmerksamkeit zu kleiden.

Andere gar haben (gewiss einst angeregt von „stone-washed jeans" oder von Designerinnen wie Rei Kawakubo – Comme des Garçons) sich Patina und Patina-Fähigkeiten von Kleidung (Vintage) oder das Unfertige, das Zerlöcherte, die fehlerhafte Produktion zum Modell genommen und dies propagiert als den eigentlichen Luxus, als das Eigene, Besondere und Vergängliche. Das nämlich, was industrielle Produktion in ihrer Langweiligkeit missverstandener „égalité" (ständig umformuliert als Gleichförmigkeit) eintönig als Serienprodukt anbietet und allgemein und als allgemeinen Entwicklungsprozess durchgesetzt hat, wird derweil fast ausschließlich durch Mode konterkariert, indem diese sich die Qualität systematischer Fehler in der Perfektion (oder ist es doch nur Fehlerhaftigkeit?) leistet, damit genüsslich Aufmerksamkeit und Identität vorstellt und anbietet. Durch was sonst, als durch Fehler, wird unsere geliebte und gewohnte Identität gebildet? Jede Fehlervermeidung nämlich ist obsolet, lässt uns allesamt im Unisono elendiger Abziehbilder verenden.

Der Patina übrigens sollte ebenfalls der allgemeine Schrecken des Alterns genommen werden, verweist sie doch per se auf die Möglichkeit des Veränderbaren, impliziert sie also jenes Zukünftige, auf das wir alle jenseits dieser statischen Gesellschaften hoffen.

Mithin können wir in diesem Kontext behaupten und zusammenfassen: Ein an und für sich und auch in sich dramatisch trauriges Marktsegment billiger Produkte, gestiftet entweder durch dreiste rabiate Preisjäger oder – sehr anders – durch wachsende Armut, wird im Sinn realistischer Problemfelder gerade von jungem Mode-Design klug, pragmatisch und selbstbewusst angegangen, um die Schmerzen, Idiotien und sonstigen Nachteile zu kompensieren, ihnen entgegenzuarbeiten oder sie subversiv aufzunehmen und sie in eine sinnvolle und stilvolle Zukunft geselliger Bekleidung und in die Reflexion darüber zu verwandeln.

4. detailliert

War eben noch von dem billigen Markt, der in einen preiswerten zu verwandeln wäre, die Rede, so ist nun – allemal vereinfacht – das mittlere Marktsegment an der Reihe.

Unternehmen, die sich da tummeln, mühen sich verstärkt, sich als Marken, mithin via Corporate-Design als Qualitätsmerkmal, zu etablieren.

Vereinzelt versuchen dies auch Billiganbieter, aber sie haben eben als „Branding" nichts anderes auszuweisen als eben billig, ökonomisch wie symbolisch, zu sein; und sie verhehlen kaum, wie sehr sie ihre Klientel verdummen und verachten.

Wichtig in diesem Zusammenhang sind vielmehr jene Unternehmen oder Produkte, die sich als Labels aufbauen und versprechen, trendig, modisch, qualitätsbewusst und dennoch nicht teuer oder avantgardistisch „abgehoben", sondern allgemein, mehrheitlich irgendwie qualitätsverpflichtet zu sein – die sich also als sichere Wegmarken im Dschungel der Stile und Tendenzen anbieten, um eben über die Marke Sicherheit zu garantieren.

In diesem vermeintlich mittleren Preissegment dümpelt Mode vor sich hin: an sich mittelmäßig, drastisch klein- und zeitgeistig, in fortwährender

Geste von gesichertem Trendsetting, als pure Konvention, erhaben über alle Experimente. Das ist ein merkwürdiger Tummelplatz des Gewöhnlichen, der sich von Zeit zu Zeit als quasi außergewöhnlich gerieren mag (nicht zuletzt der Attraktion der eigenen Marke und möglicherweise erhöhbarer Preise zuliebe). Hier findet wahrlich jene Allgemeinheit ihren Ort, die allen Ansprüchen von Mode zuwiderläuft, sich gleichwohl als Zeichengeber modischer Entwicklungen ausweisen möchte.

Hier aber wird Mode verkauft – jedoch so mittelmäßig, dass nicht mehr als das kleinste gemeinsame Vielfache herauskommt. Eigentlich für Mode-Designer der Horror, da Innovation als Farce angeboten wird, Mode mittelmäßig verkümmert, jeglicher Eigenheit entsagt und neue Dimensionen durch Bekleidung vermittelter Bewegungen und Kommunikationsformen praktisch ignoriert werden.

Für solche Mode-Unternehmen erwächst aus diesem seltsamen Konglomerat von Sehnsuchtsbildern die Anforderung, modisch sein zu wollen ohne Abstrich an eigener Saumseligkeit, bieder-gemütlichem Selbstgewissheits- und Beschäftigungswahn und der Not, von Zeit zu Zeit quasi Neues vorlegen zu müssen. Das Marketing hat etwas von Geisterbahn, zumal von jener, die man nicht wieder los wird. Denn man steckt in der Klemme, obwohl an sich konservativ, sich zugleich als modisch erweisen zu müssen – also Kontinuität und Kontingenz gedankenlos miteinander zu mixen.

Was nun das Mode-Design-Studium betrifft, so ist es trotz allem berechtigt, die Studierenden wegen ihrer möglichen Berufspraxis auch auf solch banale Marktsegmente vorzubereiten; denn die Wenigsten werden später im Mode-Design selbstständig – und sogar noch berühmt – sein. Voraussetzungen dafür sind unter anderem (dies gilt zwar insgesamt für das Design, aber im Mode-Design wird es eklatant): Lernen von Frustrationstoleranz (auch sonst eine notwendige Eigenschaft von Designerinnen und Designern, bei der allerdings die Grenzen je diskutiert werden sollten), die äußerst komplexe Fähigkeit subversiven Handelns (eine weitere gesellschaftliche Fähigkeit intelligent ausgebildeter Designerinnen und Designer, die Wege zu kennen, die Irrationalität von Unternehmen und insbesondere deren Marketing zu unterlaufen und so Restvernunft zu gestalten), Einsicht in die Realität von Marken (Branding als ein Studienaspekt), intensive Einsichten in die internen kommunikativen Unternehmensabläufe und jene schon zu Beginn erwähnte empirische Befähigung, dem Wahn die darin wohnenden Sehnsüchte, Träume und sonstigen Realien abzuringen.

Ohne Design nämlich – also ohne jene präzise Form von Organisation, Koordination, Entwurf, empirischer Wahrnehmung, unternehmerischem Kalkül, Wissen um Moden und um die Relevanz von Dienstleistung, von rebellischem Eigensinn – könnten diese Unternehmen gar nicht überleben.

Für das Mode-Design unmittelbar bedeutet dies denn auch, im Dienst des denkwürdigen Pragmatismus so etwas wie eine neue Norm- oder Standardmode zu entwerfen. Ohnehin wird im Designstudium der jeweiligen Generation die Suche deutlich (und das ist durchaus ambivalent, schwankt gewissermaßen zwischen Anpassung und Provokation oder auch nur persönlicher, partiell gar infantil geprägter Sehnsucht oder Angst und zugleich dem Bestreben, sich erwachsen zu behaupten) nach neuen Standards, quasi diesseits all der hektischen Experimente der sechziger und, dann noch einmal auflodernd, der achtziger Jahre des vergangenen Jahrhunderts.

Gefahndet wird – so wäre das zu veranschaulichen – verstärkt nach dem besonders lustigen witzlosen Witz, nach der Pointe, die so beeindruckt, weil sie keine ist. Comedy statt Kabarett, „Coolness" statt Engagement (wobei solche „Coolness" allemal eine gefährliche Gratwanderung ist, die zwischen Zynismus und Stammtisch, Ironie und Teilnahmslosigkeit, reflektiertem Protest und Motzigkeit, Leidenschaft oder Sehnsucht, Diskurs oder Dogmatismus pendelt).

Einige nämlich von denen, die sich im jüngeren Design aktiv bewegen, scheinen gerade in einer Reformulierung des Mittelmäßigen ihren – vielleicht radikalen – Weg zu suchen; beispielsweise im Spiel mit Statussymbolen oder gar staatlichen Metaphern, im ironischen Umgang mit sogenannter Freizeitkleidung, in der Perfektionierung käfermäßiger Rucksackcontainer et cetera. Hier könnte, sofern geglückt, „Norm(alität)", als neues Ideal entworfen, viel zur Diskussion und zur Auseinandersetzung beitragen, wenn es darum geht, Mode neu zu formulieren. Mithin bietet eben auch dieser Markt des Normierten oder scheinbar avanciert Normalen eine enorme Spielfläche für Design – entweder, um sich fatalistisch affirmativ (und je kurzfristig erfolgreich) oder klug subversiv einzuklinken im Bewusstsein der Strukturen von Markt, Kapital, unternehmerischer Realität und gesamtgesellschaftlichem Unmut und all der Versuche, das auch modisch um- und durchzusetzen.

5. offensiv

Bliebe idealtypisch ein drittes Modul, nämlich das der großen berühmten und wahrhaftig als Avantgarde angesehenen Labels.

Kein Zweifel, angesichts der realen Vielfalt ist ein Drei-Klassen-Modell (wie hier) viel zu reduziert und eindimensional. Dennoch mag es ein erster Schritt sein, zum Denken über die jeweilige Gegenwart von Mode und deren bewusster Gestaltung anzuregen.

Evaluieren wir Unternehmen wie Prada, Dior, inzwischen auch (hier erweist sich Marktwirtschaft und deren Power) Armani, Dolce & Gabbana, Calvin Klein und dergleichen als durchaus Design-Management kompatible, ansonsten langweilige, Labels von konventioneller Norm und Normalität, also allgemeiner Gemeinheit: Dann bleiben übrig so notwendige Marken wie Jason Wu, Vivienne Tam, Masatomo, Bless und andere, eher ganz junge Brands, die merkwürdigerweise gerade aufgrund ihrer so unmittelbar modischen Figurationen (und je durchaus hochpreisig) wirklich Zeichen gesetzt haben und setzen.

Im Modemarkt mögen sie womöglich lediglich weniger als fünf oder gar ein Prozent ausmachen: Für die Entwicklung der Mode aber sind sie unausweichlich die Wegweiser, die Antreiber von Perspektiven neuer Körperlichkeit, innovativer Konzepte und Materialien, bewussten Lebens mit all den heute alltäglichen Vermittlungen und ihren deutlichen Schnitten hin zu anderen Metiers des Design, diesen gerade solche Kompetenzen auszuhändigen, sie aus der Mode heraus vernünftig zu provozieren.

Das sind jene Modestudios, in denen die begründeten Träume vom Mode-Design wahr werden, die eben wirkliche Antizipationen von gesellschaftlichen Veränderungen, Sehnsüchten, Träumen und Utopien gestalten und deshalb nie Be- und Verkleidung bloß als pure Notwendigkeit oder als Normierung oder als schlicht saisonales Gewerbe von Preisgefüge verstanden: vielmehr Mode stets als „Körperlichkeit", als je aktuelle Lebensart, als alltägliches Mittel von Kommunikation und als Zeichensetzung begriffen haben.

Wenn auch, quasi zwangsläufig und tragikomisch, gilt, dass eben jene Labels des Mode-Designs, die vordergründig teurer auftreten, sich hinterrücks jedoch, weil so antizipatorisch, fast als Kapitalanlage erweisen, ohnehin in ganz anderem Sinn „modisch" waren, so dass man deren Entwürfe und Produkte meist bis zu zwanzig Jahre (von der Textilqualität her schafften die das ohnehin) tragen konnte: immer als eigensinnig und gar auffallend und ohne in trostlosem Sinn zu veralten.

Gerade für junges Mode-Design kann es zum Berufstraum (oder auch -trauma) geraten, eben diese Position zu erreichen (oder eben nicht), wirklich das zu verwirklichen, was über Mode (nur unterschätzen heute viele deren Einfluss als Wegweiser, als soziale Organisationsform, als Vermittler, als Wertschöpfer oder auch als Pfadfinder) an gesellschaftlichem Einfluss eingelöst werden könnte: an Gestaltungskraft, an Design- und Gebrauchs- (und Marken-)Forschung, an allgemeiner Reflexion gesellschaftlicher Realitäten und – durchaus auch oder gar „last but not least" – an narzisstischer, weil messianischer, politisch begründbarer, selbstreflexiver, diskursiver Befriedigung.

Denn Design insgesamt – und Mode-Design ist da ein ebenso merkwürdiger wie symptomatischer und beispielhafter Seismograf – ist eine der komplexesten und kompliziertesten Aktivitäten, die unsere Gesellschaft denken und wahrnehmen kann und muss. Gestaltet doch Design – eben mehr oder weniger klug – jeden Aspekt unseres Lebens: alle Arbeitsformen, Zeichen, Verkehrswege, Kommunikationsmittel, Kooperationen, Einsichten und Interaktionen und dergleichen mehr.

In der Mode, im Mode-Design wird all das Design denkwürdig sichtbar und verlebendigt: mit allen Beschädigungen, Träumen, Komplexen, Narzissmen, Missverständnissen, wirklichen Notwendigkeiten, gesellschaftlichen und ökonomischen Implikationen und Kompetenzen, technischen Innovationen, ökologischen Erneuerungen, privaten Provokationen, sozialen Chancen und Folgen, geschlechterspezifischen Konstruktionen und Herausforderungen, Sinnlichkeiten und Gedanken, virtuellen Artefakten und allgemeinen Kompensationen, Leid und Glück.

Das Schöne ist im schlechten Geschmack der Anderen verborgen.

Schuldt

Im Nebel der Mütterlichkeit
– Gedanken zu Material und Immaterial –

Eine relevante Diskussion in der Architektur, dem Design und den Ingenieurswissenschaften ist die über Materialien und Immaterialität.

Dabei aber gerät alles zu Material, verflüssigt sich jedes Element als veränderbar und handhabbar. Womit völlig neue Dimensionen des Bauens und Gestaltens entstehen, sich zuvor undenkbare Perspektiven eröffnen und der Mensch wieder einmal als Handelnder, gar als Beherrscher der Elemente aufscheint.

Gehen wir dem auf den Grund und denken nach, was so alles bisher passiert.

1.

Höchst aufregend im gedanklichen Umgang mit Material ist zum Beispiel, wie gläubige Buddhisten etwa in China das handhaben: Sie dematerialisieren oder immaterialisieren Objekte sehr häufig, da sie ihre Ahnen gern am alltäglichen Leben und dessen materiellen Veränderungen teilhaben lassen. So tragen sie in den buddhistischen Tempelanlagen oft große, glänzend eingewickelte Pakete zu einem großen Ofen, in dem die Pakete verbrannt werden. Womit sie im gewissermaßen naiven Wissen um jenen Energieerhaltungssatz oder gar den Ersten Hauptsatz der Thermodynamik (verkürzt: nichts geht verloren, da die Energie in einem abgeschlossenen System konstant ist) eben nicht dematerialisieren, vielmehr transmaterialisieren. Denn sie schicken („beamen") auf diesem Weg die Pakete nebst Inhalt zu den Ahnen, um sie an irdischen Materialien partizipieren zu lassen.

In diesen Paketen befinden sich übrigens Pappmodelle von Fernseh- und Video-Geräten, Mobiltelefonen, von Pässen und Visa – und an bestimmten Orten kann man überdies 1:1-Modelle von Autos (Rolls Royce, Mercedes...) per Verbrennung ins Jenseits liefern. Ohne Gebrauchsanweisungen, versteht sich, denn die Ahnen scheinen verständig genug, die modernen Produkte bedienen zu können.

Womit sich diese Vorstellungswelt durchaus von der alter Opfer-Religionen oder auch von der Transsubstanzialisationslehre der christlichen Kirchen (mitsamt deren Streit, ob das nun „der Leib Christi" sei oder bloß bedeute) substanziell unterscheidet, da jene Opfer nichts als symbolisch sind und am Ende nichts Brauch- oder Essbares übriglassen.

2.

Dem Material in westlichen Ländern auf die Spur zu kommen, muss man gründlich vorgehen.

Das brächte die Materie ins Spiel, jene Ursuppe oder wenigstens Substanz alles Daseins. Dann nämlich stellte man beispielsweise fest, dass Materie sich offenbar definiert als Masse-Energie-Äquivalenz: Energie (eines ruhenden Materieteilchens) ist gleich der Masse mal der Lichtgeschwindigkeit zum Quadrat – eben $E = mc^2$.

Was unter anderem aber auch bedeutete, Materie als Allumfassendes, als unansehnliche Wirksamkeit oder als jeglicher Handgreiflichkeit entzogen zu verstehen. Sichtbar würde, so gedacht, Materie erst im Zerfall in die Elemente – die wiederum unter sich so widersprüchlich sind, dass ihnen ein Einziges, eben Materie, als Einheit so einfach nicht unterstellt werden könnte.

Dazu passte sehr gut die wörtliche Verknüpfung der Materie durch „mater", die lateinische Mutter. So nämlich stünde Materie als das alles Leben Gebärende da – und ließe zugleich noch Platz für einen Initiator, je zu zeugen, was dann das Licht der Welt erblickte.

3.

Nun wäre all das schon deshalb erwähnenswert, weil Urgrund-Mythen als Mythologien allemal materiale Gewalten geworden sind: unsere Vorstellungswelten prägen, Sinnsuche leiten und Spekulationen ausrichten. – Zum Beispiel bei der Reflexion von Material.

Denn: Was sprachlich hier zusammenklingt, bezieht sich auch geistesgeschichtlich eng aufeinander. Ist doch Material das aus Materie Entstandene oder, anders betrachtet, das, was Materie entäußerte, also dem Anschein preisgegeben hat. In aller Vielfalt des Materiellen, das sich untereinander vermengt und sich so fern irgendeines Urgrunds weiterentwickelt und verewigt hat.

So etwa hat Johann Wolfgang von Goethe dies in seinen „Metamorphosen" besungen. – Nur fiele dabei etwas merkwürdig unter den Tisch, was uns im Verhalten zu Material hintergründig heftig bewegt (und auf das Immaterielle des Materials selber verweist): Eigenheit und damit Erfahrung könnte Material ja bloß für sich behaupten, wenn es vernünftig oder beseelt wäre. Was logischerweise eine beseelte oder vernünftige Materie voraussetzte – oder eben einen Erzeuger, jenen Initialzünder, den diverse Religionen ebenso wie beispielsweise der Philosoph Hegel jederzeit benennen zu können glaubten: als Gott oder als Vernunft und ähnliches. Wobei wir im Gebrauch des Gedankens an Material oder im Umgang mit demselben offenkundig dazu neigen, uns selbst als die ständigen Zünder zu sehen, als die, die es stets neu entfachen (und eben dadurch zu Helden geraten).

Als tätig Denkende oder denkend Tätige materialisieren wir das Material, formen, verändern und bewegen wir es zu unserem Nutz und Frommen.

4.

Anderseits: Dass es uns so geheuer nicht ist mit unserer Rolle der Beherrscher des Materials, ist ebenso vielfältig aufzuspüren.

So haben wir beispielsweise schon beizeiten den Versachlichungen von Material eigenartige Namen verliehen und nennen es „Ding" oder „Gegenstand" (übrigens ergibt sich derselbe Kontext für das englische „thing" und „object"). Dabei erweist sich das erste als an sich ziemlich aufgeladen, stammt es doch von dem „Ting" ab, also der germanischen Bezeichnung des allgemeinen Versammlungs- und Rechtplatzes – was das Ding gewissermaßen beseelt, Ort der Sammlung und des Urteilens zu sein, kraft dessen Konzentration entstünde. Wogegen der Gegenstand (ganz objektiv) verlangt, als Widerstand wahrgenommen zu werden, an dem sich in Auseinandersetzung mit ihm das Subjekt womöglich erst entfalte. Nur in der Andersartigkeit zum Material und in dessen Widersetzlichkeit (dem Gegenständlichen) fände das Subjekt per Arbeit zu sich selber als Subjekt (diese Thesen gefielen protestantischer Ethik, der Aufklärung, und kapitalorientierte Arbeitslogik schätzt sie noch heute).

Klar ist aber auch, dass solch ein Bild vom Gegenstand diesem hinterrücks eben doch einen Eigensinn zuweist, da Gegenstände sonst nicht so wichtig auftreten könnten, das Subjekt herauszufordern, gar es zu affizieren und zu begründen. Als existierte doch ein Göttliches oder anders Substanzielles (etwa Materie) noch in den Veränderungen von Material.

Hatte sich die Aufklärung bemüht, dies zu negieren, indem sie als stetes Ziel dieser Auseinandersetzungen das Subjekt als alles Durchforschendes und somit als Sieger sehen mochte (was andererseits schon Goethe im „Werther" auf die Nerven ging), so erschütterte sich die Romantik heftig an der Vorstellung eigensinniger Gegenstände. Nun gerieten die Menschen zu Zwergen, die, im Labyrinth des Bergbaus eingeschlossen, nach Auswegen suchten: Blaue Blumen verhießen Zauberkräfte, Dinge kommunizierten untereinander ohne Wissen der Menschen, und Subjekte wurden nachbildbar als mechanische Wesen. – Erinnert sei beispielsweise an Ada Lovelace, die in der ersten Hälfte des 19. Jahrhunderts in ihren ausführlichen Kommentaren zu Charles Babbage's „Analytical Engine" den ersten Algorithmus entwickelte und somit die erste Programmiererin der Welt wurde – viel später, in den 1970er Jahren, ehrte ausgerechnet das US-Verteidigungsministerium sie dadurch, die Programmiersprache „Ada" nach ihr zu benennen. Lovelace war nicht nur die „uneheliche" Tochter des großen englischen Romantikers Lord Byron, sondern auch eine enge Freundin von Mary Shelley, die den „Frankenstein" entwarf und schrieb.

Ophelia geisterte beizeiten durch die europäische Welt, und der späte Romantiker Karl Marx noch suchte, dieses Phänomen der tollen und eigenständigen Materialien oder Dinge ernstnehmend, sie als Imaginationskraft der Waren zu beschreiben, da sich im entfalteten Kapitalismus (oder Marktgeschehen) die Dinge scheinbar verselbstständigten und als eigene Werte den Menschen gegenübertraten. Als ob die Tische tanzten, oder, so heute, die Autos gegen die Wände führen und die Aktienkurse stiegen: Was ja bloß unserer Einbildungskraft geschuldet ist und diese sich dann den Aufwand je zu Herzen nehme, solche Dinge zu erwerben, und sie demgemäß beseelte. (Vgl. in anderem Kontext dazu auch Kap. „Wider die Banalität der Tiefe".)

Kein Zweifel: Zunehmend trachten wir (und sei es nur unserer jeweiligen Entschuldung zuliebe) die Gegenstände und somit Materialien zu animieren, zu verlebendigen. „Das Glas ist vom Tisch gefallen", sagen wir, als hätte es Anlauf genommen und sich hinuntergestürzt; oder „Der Kessel ist explodiert", „Das Motorrad brummt", „Der Wein ist umgekippt", „Der Schlüssel passt nicht", aber auch „Das Kleid sieht gut aus", „Die Brille steht dir" und so weiter. Als wären nicht wir die, um die es geht und die schuldig oder vergnüglich und attraktiv sind.

Wir überlassen offenkundig zusehends den Objekten als Materialausflüssen das Regime.

5.

All diesem korrespondieren zwei – vordergründig sogar widersprüchliche – Dimensionen gegenwärtiger Hoffnungen und Handlungsfelder: Die Sucht nach der Erfindung neuer Materialien und nach der Immaterialität.

Gewiss, all die seit einigen Jahren engagiert geführten Diskussionen über neue und die Entwicklungen von neuen Materialien (nun gar nicht mehr „Gegenstände" genannt, vielmehr substanzieller verortet) hat als Ursache auch die neuen technischen Möglichkeiten, sie hervorzubringen und zu produzieren. So neu aber ist das alles denn doch nicht, vielmehr (man denke einst an Stahl und Beton und später an Kunststoffe) war man beizeiten offenbar bloß weniger euphorisch, dem Material mehr zuzutrauen als sich selbst. Denn früher wurden eher die Erfinder und Gestalter neuer Materialien benannt, heute sind es die Materialien selber – die demgemäß gern als „intelligent" berühmt werden, mithin voller Eigensinn und Sonderheit wie eigene Wesensfamilien auftreten: beseelt, in sich stimmig, selber Gestaltung hervorbringend. Das Material schafft überdies seine eigene Ökonomie und bestimmt Haushaltslogik: Ökologie.

Im augenscheinlichen Widerspruch dazu tummeln sich die Vorstellungswelten des Immateriellen: Virtualitäten fliegen an uns vorbei oder reißen uns mit sich, irgendwelche Bildschirme (so gestaltet nur wegen unserer Unzulänglichkeiten) verbergen Software, die miteinander – was auch immer – „kommuniziert", und unsere Gedanken pflegen uns womöglich in den Bann zu schlagen. Sogenannte neue Materialien (in Mode, Architektur, Design ...) ordnen außerdem unsere Sinne nach neuen Systemen und Lebensformen oder konturieren all unsere Lebensläufe unmerklich.

Während nämlich unsere Sinne sich verwirren und wir ihnen nicht mehr trauen sollten, gleichwohl immer noch möchten (nie war das ja anders, anders ist bloß die neue Form oder Dimension) – während sich also Ungetüme um uns herum aufzutürmen scheinen, sind all jene Thesen und Offensichtlichkeiten von neuen Materialien und Immaterialität zutiefst ineinander verwoben. Denn irgendwie sind beide traumgespeiste menschliche Phantasien als Handlung umgesetzt, sich zu entlasten oder gar zu materialisieren. So sind dann jene neuen Materialien ebenso materiell wie die vermeintlichen Immaterialien – und am Ende allesamt bloßer Ausdruck von Bequemlichkeit menschlichen Geistes und Vorstellungsvermögens; sich selbst darum immer neu und gegebenenfalls artifiziell (als Homunculus) zu gebären, eben zu reproduzieren, und zugleich alle Schuld abzuschieben aufs Material oder gar die Materie.

6.

Ein kleiner Denkanstoß: Auch Sprache ist Material – nämlich des Sprechens und Schreibens und eventuell des Denkens.

Mithin entfalten sich Texte am Widerstand von Sprache. Sprechen aber ist allemal gesellig, eben kulturell und historisch bedingt. Weil auch Intentionen, Interessen, Emotionen und deren gedankliche Reflexion tangiert sind.

Zudem träumen, auch tagträumen, Menschen, stellen sich Bilder, Töne, Gerüche, Gefühle und Geschmäcker vor, die sich gegebenenfalls auf wache Erfahrungen – Tagesreste – beziehen, diese aber auch übersteigen und heftig transformieren. Insofern werden permanent immaterielle und neue Materialien ausgeheckt. Nur haben wir merkwürdigerweise den Hang, Geträumtes als Schein und Entdecktes als Umzusetzendes zu verstehen.

Statt den Träumen zu trauen, suchen wir sie, die so wundervolles Material von Gedankenflügen wären, simpel, eben dinglich zu materialisieren. Irgendein Sinnzwang nötigt uns, alles Gedachte oder Geträumte zu versinnlichen – obwohl oder weil wir unseren Sinnen nicht trauen.

Da sind die chinesischen Buddhisten womöglich längst weiter.

Die natürliche Tochter
– Design als Inszenierung –

Design ist theatralisch. Es stellt das Bühneninventar her und arrangiert es, Design choreografiert das Licht, bietet Wege für Auf- und Abtritte, entwirft die Kostüme, sorgt für die richtige Akustik und stellt benötigte Aufnahmegeräte und die Mittel zur Publikation zur Verfügung.

Man kann durchaus behaupten, dass, wenn über die Vorgeschichte von Design berichtet wird, neben dem Handwerk zumindest gleichwertig das Theater genannt werden sollte. Denn Theater brauchte sowohl im Auditorium als auch auf der Bühne Einrichtungen und klare Zeichensysteme etwa von Gestik und Mimik, zusätzlich jedoch bestimmte wiedererkennbare Regeln des Verhaltens und der Auftritte – so war beispielsweise im griechischen Theater allen Anwesenden sofort klar, ob ein Bote eine gute oder eine schlechte Nachricht auf die Bühne brachte, kann sie nämlich von links, dann war sie gut, von rechts hingegen negativ. So versteht das Publikum schneller, zudem nötigt der Vergleich mit dem Theater, die Komplexität von Design zu begreifen. Nicht unversehens haben beide sehr viel mit dem zu tun, was später bei Richard Wagner und über diesen hinaus als Gesamtkunstwerk gedacht und konzipiert wurde.

Aber der Reihe nach. Beginnen wir mit der Einrichtung: Auf der Bühne werden alle nur denkbaren Gegenstände aufgebaut, damit die Akteure sich darin eindrucksvoll und problemlos bewegen können und mit der Absicht, durch Auswahl und Arrangements dieser Gegenstände das Drama zu unterstützen und eine spezifische Interpretation nahezulegen. Von Akt zu Akt oder gelegentlich mittendrin werden diese Gegenstände ausgetauscht beziehungsweise neu zusammengestellt. Dabei geht es nicht allein um das, was man allgemein Möbel nennt, vielmehr werden Außenräume und somit auch Aspekte von Natur auf die Bühne gebracht, entweder aus den jeweils entsprechend natürlichen Materialien oder als Nachbildungen. – Nichts anderes geschieht doch in realen Wohnungen, denn auch hier bieten die Räume Plattformen für Dramaturgie, Aktion und Darstellung der sich dort aufhaltenden Menschen. Sie inszenieren sich selbst durch Design und liefern durch diese Arrangements für Besucherinnen und Besucher ebenso wie für sich selber Anleitungen zur Interpretation des eigenen Dramas, das man in diesem Fall jedoch Leben oder Wohnen nennt. Der Außenraum wird durch Fenster eingeblendet und Natur erscheint durch entsprechende Grünpflanzen und Schnittblumen.

Übrigens trifft dieser Vergleich von Bühne und Wohnung auf alle Zeiten des Theaters zu, für die Commedia dell'arte, für die Guckkasten-Bühne seit Lessing, für den Naturalismus, das expressionistische wie das surrealistische oder das epische Theater und alle experimentellen Formen, denn einerseits greifen alle auf bestehende Vorstellungen von Gestaltung zurück oder bilden wiederum Vorstellungen von Gestaltung, die dann den Weg in die Eigenheime finden; heutzutage gilt dies umso mehr für den Einfluss von Filmen, Soap Operas und wahrscheinlich von Fotos und anderen Bilderwelten auf Facebook & Co.

Nicht anders ergeht es den Accessoires, für die einst im Theater ein Inspizient zuständig war, der diese gemeinsam mit der Regie auswählte, präparierte und abends dann rechtzeitig an Schauspielerinnen und Schauspieler überreichte. Denn Accessoires eröffnen, schon wörtlich genommen, den Zugang zu einer Person oder Situation. Nicht anders also als im täglichen Leben, in dem man sich mit solchen Dingen ausstattet, um sich (das betrifft Schauspielerinnen und Schauspieler genauso) damit wohlzufühlen und zugleich den anderen etwas mitzuteilen. Dafür gibt es meist einfache, für alle verständliche Zeichen – bestimmte Schmuckstücke, eine Dekoration im Haar, etwas, das man überreichen kann, Geschenke und andere aufgeladene Symbole wie Schriftstücke oder Dokumente; und man braucht etwas, um damit zu spielen, sich zu beruhigen und andere zu verunsichern oder auf sich aufmerksam zu machen. Alles dies ist Theater.

Das gleiche gilt für die Kostüme: Wie eigensinnig auch immer die Schauspielerinnen und Schauspieler gemäß dem, was sie spielen und wie sie dies interpretieren sollen, eingekleidet sind, so soll sie die Kleidung wie bei allen Menschen vor unerwünschten Einblicken und äußerlichen Gefahren schützen, ihnen aber ebenso eine Selbstgewissheit verleihen, ihre Rolle spielen und sich darin bewegen zu können. Und sich nach außen, ihrer selbst gewählten Rolle entsprechend, zu vermitteln und so verständlich zu sein, wie sie verstanden werden möchten.

Angesichts solcher Vergleiche verwundert nicht, dass man berechtigt von Bühnen-Design (Stage-Design), Ausstattungs-Design und Kostüm-Design spricht und es einschlägige Studienangebote gibt. Noch wichtiger aber ist, beides, die Gestaltung im Theater und im Leben, als Zusammenhang zu verstehen und dabei die inszenatorische Qualität von Design zu begreifen – eine Qualität, der das Design nie zu entgehen vermag, und die es deshalb bewusst einsetzen muss.

Am Beginn des Übergangs vom Handwerk und Kunsthandwerk zum Design, also im Konstruktivismus, im Bauhaus und bei Dada wusste man darum noch sehr intensiv: Malewitsch entwarf Theaterkostüme, Meyerhold und Wachtangow gehörten zu den russisch-konstruktivistischen Regisseuren, Walter Gropius entwarf für den großen Regisseur und Theatermacher Erwin Piscator eine neue bewegliche Bühne, Kurt Schwitters gestaltete die „Merz-Bühne", und Raoul Hausmann konzipierte und praktizierte Bewegungs-Abläufe auf der Bühne.

Noch eklatanter wird dieser Zusammenhang von Design und Theater deutlich bei der Gestaltung von Licht. Immerhin war das Theater spätestens ab dem Moment, als es sich in den Innenraum hinein bewegte, auf einen sehr präzisen Einsatz von Licht angewiesen (zuvor eher darauf, das Tageslicht entsprechend den eigenen Bedürfnissen und Interessen einzufangen und zu leiten) – und dabei begriff man im Theater sehr schnell, wie vielfältig Licht eingesetzt werden konnte, gewünschte Atmosphären auszudrücken, auch Schatten zu produzieren und zum Beispiel Jahreszeiten oder bestimmte Orte zu simulieren. Denn alle Leute, die im Theater mit Licht umgehen, wissen seit langem, dass man damit beispielsweise auf der Bühne Tag und Nacht, düstere Spannung, Enge oder Weite, einen Sommertag, herbstliche Blätter oder aufdringliche Hektik und ebenso die Fiktion harter Wände oder schöner Ausblicke hervorrufen kann. Tatsächlich kannte theatralische Lichtgestaltung die Möglichkeiten und Auswirkungen dessen schon lange, was sich erst viel später als „Virtualität" herumsprach. Selbstverständlich haben davon dann auch Film und Fernsehen gelernt und dies in ihren Medien entsprechend umgesetzt. All diese Erscheinungsformen und atmosphärischen wie räumlichen Gestaltungen durch Licht finden sich genauso in der Ausleuchtung von nicht-theatralischen Innen- und Außenräumen, sorgen dort – in den Städten, in Museen und Ausstellungen, Hotels und Büros, in Eisenbahnzügen, Straßenbahnen und Autos oder Flugzeugen, auf Bahnhöfen und Flughäfen und selbstverständlich in Wohnungen – für Orientierung, Sicherheit und Atmosphären.

Noch einmal: Licht-Design ermöglicht völlige Veränderungen des Eindrucks von Räumen, Objekten und Details oder auch Distanzen und sogar von zeitlichen Abläufen, es bewegt und leitet uns, es deprimiert und begeistert oder neutralisiert, es schafft Attraktion und Abwehr, es vermittelt uns Wohlgefühl und, wenn das Licht fehlt, Verunsicherung; in einigen Fabrikhallen und großen Büros reicht die virtuelle Fähigkeit von Licht-Gestaltung so weit, die Zusammensetzung des Lichts analog den unterschiedlichen Tageszeiten anzupassen. – Merkwürdig in diesem Prozess ist indes, wie wenig (aber das gilt für das Theater vergleichbar) dieser Einfluss des Lichts und dessen Gestaltung auf sämtliche Lebensbeziehungen im Alltag oder in den Theater- und Kino-Zuschauerräumen wahrgenommen wird: die Menschen glauben, das, was ihnen virtuell gestaltet und ihnen dargeboten wird, sei normal oder natürlich.

Unter dem Auspizium, Design sei theatralisch, sind zwei weitere Aspekte erwähnenswert: Im Film werden nicht allein sämtliche Produkte und Accessoires gestaltet und ebenso Vorspann, Abspann, alle (virtuellen) Räume und Animationen sowie die gesamte Vermarktung; Design konstruiert auch alle Bilder und Töne, die im Ergebnis den Film vergegenständlichen und uns vor Augen und Ohren führen. Das Sound-Design bezieht sich übrigens auf noch mehr als auf atmosphärische Klänge, die Komposition des Titel-Songs und die jeweiligen Stimmungsmelodien im Hintergrund: Den Hauptdarstellerinnen und -darstellern des jeweiligen Films wird eine Art Sound-Cloud, ein Leitmotiv, gestaltet, das Bruchteile von Sekunden einsetzt, bevor der Star im Bild erscheint.

Genauso nah am Theater oder am Film bewegen sich Inhalt und Organisation öffentlicher Ereignisse, also von großen Partys, öffentlichen Feiern, von Straßenfesten, Parteitagen, Bundestags-Sitzungen, Pressekonferenzen, Demonstrationen, Flashmobs und anderen Veranstaltungen. Betreut werden solche Ereignisse inzwischen überwiegend von Agenturen für Event-Design, welches jegliche Aspekte theatralischer Verabredungen umfasst, jedoch in noch weit größerem Umfang. Mit neuesten Techniken wird ausgeleuchtet und werden Ton-Strukturen eingesetzt, müssen Auftritte mitsamt den Wegen dorthin und auf der Bühne gestaltet werden, ebenso wie die Abläufe der einzelnen Ereignisse, die entsprechenden Kostüme, Accessoires und die zeitlichen Strukturen. Solch ein Ereignis setzt sich aus unzähligen Elementen zusammen, die dann – wie im Theater – nicht als Einzelheiten auffallen, sondern als Ganzes wahrgenommen und beurteilt werden. – Gewissermaßen herrscht jene Vorstellung, Design habe (wie in protestantisch geprägten

Theorien die Arbeit) unsichtbar zu bleiben, damit das Vergnügen derer, die sich daran begeistern wollen, nicht durch die Einsicht getrübt werde, dass das alles bloß gestaltet ist.

Wobei auch dies mitten hinein führt in die Diskussion im Theater, ob es bloße Illusion oder demonstrative und nachvollziehbare Auseinandersetzung anbieten solle, ob es als Ergebnis eines Ensembles oder des einzelnen Regisseurs auftrete und ob sich die Gestaltung über alle historischen Implikationen hinweg durchsetze oder vielmehr die Entstehungs- oder Wirkungsgeschichte mitzugestalten habe. Ausstellungs-Design steht vor ähnlichen Entscheidungen, denn Ausstellungen jeglicher Art offenbaren immer auch theatralische Dimensionen, ergeben weder eine zwangsläufige Logik der Darstellung, noch geschieht die Gestaltung von Ausstellungen eindimensional (auch wenn die Komplexität von den Besucherinnen und Besuchern selten wahrgenommen wird), da doch das Ausgestellte niemals an sich evident wird, sondern immer im Rahmen von Ausleuchtung, vorgegebenen Räumen, der jeweiligen Nachbarschaft anderer Ausstellungs-Objekte, der darin sich bewegenden und schwatzenden Menschen oder sogar durch den Geruch, der durch die Räume zieht.

Ein Nachsatz: Selbstverständlich rettet die Nähe zum Theater das Design ebenso wenig wie das Theater selbst vor brutalem Missbrauch. Man erinnere sich zum Beispiel an die theatralischen Aufmärsche und Parteitage im italienischen Faschismus und im deutschen Nationalsozialismus, wo mit theatralischen Mitteln sehr erfolgreich verblendete Begeisterung in breiten Schichten der Bevölkerung geschaffen wurde. In gleicher Weise wurden Licht-Gestaltungen der so genannten „Licht-Dome" und selbst noch einige kriegerische Vorgänge wie Bombardierungen von den jeweiligen Akteuren als grandioses Theater empfunden. Noch schlimmer: Solche Beeindruckungen blieben nicht auf das faschistische und das NS-System beschränkt, sondern betrafen auch die Alliierten im Zweiten oder die amerikanischen Piloten im Vietnam-Krieg und zuvor schon die Piloten beim Abwurf der Atombombe auf Hiroshima: „faszinierend" müssen die Bombardements von oben offenbar gewirkt haben. Und wie häufig sieht man auch in unseren Tagen Veranstaltungen, bei denen große Massen von Menschen in ihren Artikulationen und Bewegungen von außen so geformt werden (beizeiten boten Hollywood-Filme Muster mit ihren menschlichen Massen-Ornamenten), dass sie, da durchgestaltet, bloß als Teilchen innerhalb eines gesamten Ornaments erscheinen. Siegfried Kracauer schrieb – und das ist potenzielle Kritik an der theatralischen Form von Design – von der „Ornamentalisierung der Massen".

Design inszeniert eben alles und ist deshalb stets auch auf seine jeweilige ethische Qualität zu befragen. Zumal in einer „Gesellschaft des Spektakels" (Guy Debord).

Hochparterre

Das Ungeziefer ist nicht fein, ins Glashaus kommt es niemals rein.

Paul Scheerbart

Informationen aus dem Urwald
– Design und Aufmerksamkeit –

1.

Design steckt in einem Dilemma. Denn öffentliches Ansehen, gesellschaftliche Akzeptanz und wirtschaftliche Zustimmung erfährt Design, wenn auch in großem Ausmaß, bloß durch etwas, was es an sich nicht oder lediglich akzidentiell sein will: Dekoration, eben eindimensionale Anschauung.

Liegt die eigentliche Kraft von Design längst und gewissermaßen materiell erfolgreich auch für Sozialität und Ökonomie in einer konzeptuellen, integrativen, transformatorischen und assoziativen oder komprehensiven Kompetenz, so ist dies immerfort zugunsten einer auf Äußerlichkeiten reduzierten Geschmacks-Euphorie breiter Bevölkerungsschichten und insbesondere des Managements sowie öffentlicher Meinungs-Erreger ignoriert worden. Wobei sich dies als eigentümlicher Circulus vitiosus darstellen mag, da im je geeigneten Moment Ökonomisten auf von Dekor oder einer Art Schnäppchen-Innovation (Nippes also) angeregte Kaufräusche verweisen, die das Marktgeschehen belebten und deshalb auch passieren sollten; Käuferinnen und Käufer reagieren – wer will es ihnen verdenken – auf das Marktangebot; die Meinungsbildner, obwohl Mittäter, biedern sich als bloße Mittler und somit unschuldig an; und schließlich existieren etliche Designerinnen und Designer, die an solch einem Markt durch kunsthandwerklich belastete Deko-Objekte teilnehmen. – Nun wäre das vielleicht unerheblich genug, wenn nicht auf diesem Weg Gesellschaft und Wirtschaft so viel von dem wahrhaftigen Potenzial von Design entginge, und noch ärgerlicher ist, wie viele Designerinnen und Designer mitmachen bei der Zerrüttung ihrer Kompetenzen und damit auch dem Vorurteil Vorschub leisten, Design sei halt hübsch, schräg, frech.

2.

Die eigensinnigen Qualitäten von Design dagegen bestünden beispielsweise darin, dass Design alle disziplinären und somit längst überholten Grenzen sprengt, dass es vorzüglich Prozesse (statt Gegenstände) formuliert, Schnittstellen beschreibt, Energien und Materialien einspart und diese jeweils neu aufmerksam verknüpft, Netzwerke entfacht und ordnet, tradierte Ordnungen auflöst und eine ebenso neuartige wie gesellschaftlich dringend nötige Verwicklung von theoretischem Handeln und praktischer Vernunft entwirft, eine Art praktisch-reflektierter Urteilskraft, die sich blitzartig in handfeste Gestaltungen hineinschiebt, ohne darin aufzugehen. Das Design tritt als permanente Provokation gegen mangelhafte Standards und gegen jegliche Starrheit auf und legitimiert sich im offensiven Anspruch auf Veränderung. Gewissermaßen als augenscheinliche List der Vernunft evoziert Design über je neue Aspekte des Gebrauchs oder auch von Anschauung, Akustik, Haptik oder geplanter Zerstörung tradierter Handlungsweisen, veränderte Erfahrungs-Potenziale und neue Einsichten.

Unter diesem Gesichtspunkt aber – für die beispielhaft Buckminster Fuller, Ferdinand Kramer, Frederick Kiesler, Charles Eames, Ettore Sottsass oder auch Philippe Starck und Hartmut Esslinger zitiert werden können – bietet Design der Gesellschaft, Wirtschaft und Kultur neben einem nachdrücklichen Fundus an Kompetenz und komplexer Gestaltung auch Modelle an, mit Lebens- und Arbeitsformen und mit dem Denken darüber reflektiert und situativ, konkret und vorausschauend umzugehen.

Beispielhaft dafür wäre ebenfalls, wie intensiv und exemplarisch Interior-Design schon früh im vergangenen Jahrhundert auf soziale Bedingungen und Verwicklungen hingewiesen hat und versucht wurde, neue Lebensstile zu artikulieren oder gesellschaftlichem Wandel des Zusammenlebens ein neues Antlitz zu geben – das reicht von der „Frankfurter Küche" der 1920er Jahre über jene sensationelle Ausstellung „Italy: The New Domestic Landscape" von 1972 im Museum of Modern Art (New York), die offene und höchst variable Formen von Sozialität darstellte, bis zu gegenwärtig neuer Mobilität von Mobiliar. Vergleichbar begriff Design schon beizeiten die Abhängigkeit von Arbeit und Kooperationsmöglichkeiten in bezug auf die dinglichen und damit immer auch prozessualen Organisations-Formen von Arbeit. Denn die Betätigung jeglicher Art von Maschinen und Werkzeugen und deren Anordnung und Vernetzung konturieren und strukturieren sowohl das Arbeitsvermögen als auch die psycho-physische Kondition von Arbeit in Büro oder der Fabrik: Die Gestaltung regelt Handhabbarkeit und Attraktion des Arbeitsgeräts und definiert in räumlicher und medialer Verknüpfung oder Trennung Geselligkeit wie Reputation von Arbeit. Gestaltung hat dies häufig antizipatorisch im Versuch einer (sicherlich auch ambivalenten) Konstruktion jeweils neuer Sozialitäten und Effizienz von Arbeit bedacht.

3.

Übrigens gilt dies auch für die Entwicklungen von Corporate Design, Corporate Identity und Branding, da Design mit dem ihm eigenen Gespür für Veränderung und mit der für Gestaltung symptomatischen Transformations-Kompetenz frühzeitig – spätestens mit Peter Behrens in den zwanziger Jahren und beispielsweise mit Kurt Schwitters, Walter Dexel oder Raoul Hausmann – die Vermitteltheit und Vernetztheit erkannt und für deren Handhabung und Prozesse Modelle ausgeheckt hat.

Bedächte man nun diese Dimension von Design, dann erläuterte das die radikal veränderte Perspektive von Gestaltungsaufgaben und Handlungsmöglichkeiten höchst qualifizierter wie unmittelbar umsetzbarer Verbesserungen von Geselligkeit und Wirtschaften. – Bedenkenswert ist dabei auch, wie sehr die Entwicklung des Internet von Beginn an designabhängig gewesen ist und bleibt, oder dass immer mehr Arbeiten aus dem Bereich „Service-Design" vorliegen und im Marken-Design die gesamte Unternehmensgestaltung stattfindet: Logistik, Kommunikation nach innen und außen, operationale Integrationen, internationale Recherchen und einiges mehr.

Wie schon formuliert: All dies bietet Design nicht bloß als Behauptung, vielmehr gibt es das alles ganz praktisch und wird es mehr oder minder insgeheim oder als quasi extra-funktionale (und deshalb nicht oder schlecht bezahlte) Designkompetenz von etlichen Unternehmen intensiv genutzt und schafft so beträchtliche Werte. Zweifellos werden heute an Hochschulen Designerinnen und Designer ausgebildet, die im Verhältnis zu den oft noch sehr blassen Ansprüchen beispielsweise deutscher Unternehmen an Design gewissermaßen überqualifiziert sind. Offenkundig sind zumindest in Europa die meisten Unternehmen (zumal sie allzu häufig Forschung ohnehin an die öffentlichen Hände abgetreten haben) noch kaum an wirklicher Erneuerung von Produkt- und Dienstleistungs-Bereichen interessiert und verhält sich der angeblich so aufregende Markt vor allem an der Schnittstelle zum Handel äußerst langsam und konservativ. So gerät Design immer noch allzu häufig zum bloßen Mittel, am Markt augenscheinliche Besonderung und auf diesem Weg Aufmerksamkeit zu erheischen, was kurzfristig selbstverständlich erfolgreich ist, da technischer Vorsprung der gemeinhin eher konventionellen Ingenieurwissenschaften längst ein untaugliches Marketing-Instrument geworden ist. Zum anderen greifen manche Unternehmen in eine Design-Wundertüte, um Produktzyklen zu beschleunigen.

Umgekehrt aber existieren kluge neue Konzepte, die nicht zum Einsatz kommen, weil die Verkaufszahlen auch ohne Innovation stimmen.

Die europäische Automobil-Industrie zum Beispiel verfügt seit Jahren über äußerst intelligente, praktische und umweltschonendere Transport-Konzepte im Verbund mit öffentlichen Verkehrsmitteln und bei gemeinsamer Nutzung ein- und desselben Fahrzeugs. Dieses Programm „Nutzen statt Besitzen", das sehr plausibel ist und für das Design in den betreffenden Unternehmen auch sehr viel getan hat, wird jedoch immer noch kaum umgesetzt, so lange eben am Markt noch der letzte Schrott verkäuflich ist. So bleibt lange alles beim Alten.

4.

Zweifellos rollt der Rubel, da die Nutzerinnen und Nutzer sich inmitten des Gestrüpps einer Psychopathologie des Kaufens und der des Besitzens weiterhin eher als Verbraucherinnen und Verbraucher verstehen und verhalten und sich über Dekoration und Objekte vermeintliches Ansehen, augenscheinliche Eigenheit und Aufmerksamkeit für sich im Getriebe eines bloß als Gleichmacherei erlebten Sozialen einzukaufen trachten.

Die Dinge, Marken, Schriften bleiben in solchen Fällen allein als Plauder-Gegenstände, conversation pieces, übrig, unbegriffen und meist freudlos als Insignien vor sich hergetragen zu werden. Nun lungern zwar alle herum wie bunte Hunde und gleichen sich deshalb in solcher Abstraktion total – und sollte einmal jemand oder eine Gruppe tatsächlich eigenartige Aufmerksamkeit für einen spektakulären Augenblick sensationell erheischen, so holen dies ganz schnell entsprechende Zeitschriften und Fernseh-Programme ein und geraten auch solche Sensationen in Windeseile zum allgemeinen Gemisch beliebiger Attraktionen. Eigensinn bleibt so auf der Strecke, und die Anziehungskraft resultiert vielmehr aus dem Wohlwollen medialer Gerüchte und sich daraus ergebendem raschen Kommerz.

Aber gerade diese unabdingbare Verbindlichkeit von Design, eben nicht, anders als Kunst, den gesellschaftlichen Widersprüchen entfliehen zu können, zeichnet das Design aus. So entpuppt es sich denn gleichzeitig als merkwürdig realistisch, als ungemein sozial, zwangsläufig ironisch, eigenartig effizient, als sinnvoll missverständlich, als opportun(istisch) oder als Inkarnation und Brechung jener Moderne, die allmählich begreifbar wird. Deshalb hätte man einst Design gewiss zu Recht „romantisch" genannt, später womöglich „subversiv" – mit der Perspektive, es als seltsam geordnetes Chaos zu verstehen.

5.

Allmählich wird es deshalb Zeit, dass Design nicht länger bloß allgemeine Platitüden von Aufmerksamkeit schafft, vielmehr auf sich selbst als Phänomen und Problem aufmerksam macht. Dies womöglich erkannt zu haben, verlangt allerdings vom Design, sich selber insbesondere als wahrnehmungs- und empathiefähig zu begreifen und darzustellen, sich also durch Kritik und eben nicht nur durch fatalistische Anpassung zu behaupten.

Design wird, wenn es denn transparente Sorgfalt entwickelt, Aufmerksamkeit durch neue Erörterungen, Einsichten und situative Transformationen erreichen, also provokative Spielflächen entwickeln, lineare Stupidität und borniertre Ökonomie aufbrechen und radikal zur Diskussion stellen.

Hätten Adam und Eva im chinesischen Paradies gelebt, wäre das mit der Schlange kein Problem gewesen: Sie hätten sie einfach gegessen.

Henriette Schwarz

In dubio pro re

1. Beschuldigungen

Ziemlich verwirrend in einer Zeit, in der so viel vom Verschwinden der Objekte und der Auflösung des Materiellen die Rede ist, wie sehr im alltäglichen Leben Menschen die Dinge weiterhin quasi mythisch aufladen und in den Vordergrund rücken. So, als ob die Objekte die Subjekte beherrschten.

Deutlich wird das – wie bereits erwähnt –, wenn Menschen sich mit ihren Gegenständen so sehr verbrüdern oder verschwistern, dass ihnen Sätze entweichen wie „Ich stehe in der zweiten Reihe", was doch bloß das Auto in einiger Entfernung betrifft, oder an der Garderobe „Ich hänge vorne links auf dem Ständer". – Nun hat schon Karl Marx im „Kapital" darauf hingewiesen, dass in der Abstraktion des Marktes die Menschen meinten, die Tische würden tanzen, und dabei vergessen, dass diese doch nur von Menschen hergestellt seien.

Was zweifellos stimmig ist, denn im Markt erscheinen die Waren als die eigentlichen Akteure, als die Lebendigen, die das Leben formulieren. Was zumindest immer dann fast schon zu deutlich wird, wenn die Gestaltung der Dinge diesen namentlich oder formal menschliches Antlitz verleiht: als „Meister Proper" und dergleichen, in der Werbung oder anthropomorph, wenn die Gestaltung die Gegenstände als menschliche Abbilder vorstellt. Das betrifft etwa einen handwerklich produzierten Kontrabass mit dessen Adaption menschlicher Körperformen ebenso wie die Vorderfronten von Autos mit den zwei Scheinwerfer-Augen (die gelegentlich gar zu Schlafaugen werden), dem breiten Mund, dem Stoßstangen-Kinn und an der richtigen Stelle oft die hochnäsig angebrachte Marke des Automobils; in so vielen Gegenständen findet man dies wieder, etwa bei Skelette imitierenden Lampen und auch in der Architektur. Sehr häufig werden Kindchen-Schemata genutzt, und manche Designerinnen und Designer haben dies bewusst oder auch provokativ überzogen, etwa Gaetano Pesce mit seinem Sessel „Donna Up 5", der die männlich Rubens'sche Imagination der üppigen Frau und Mama in extrem roter Farbe als weichen Sessel nachbildet und „ihr" auch noch, als sei dies ein Neugeborenes, eine weiche Kugel (Hocker) an der Nabelschnur hinzufügt.

Wenn also die Waren so lebendig wirken und uns tatsächlich motivieren, nicht bloß mit ihnen zu handeln, sondern sie auch zu verehren und zu lieben, oder ihnen gestatten, unser Leben und unsere Stimmungen und Zuneigungen zu gestalten: nur dann können sie uns auch zu Handlungen verleiten, uns gewissermaßen nötigen, ihnen zu dienen. Nicht unversehens heißt es auf Deutsch „Bedienungs-Anleitung" (und meist sind diese genau so geschrieben, und sind die Geräte eben nicht so gestaltet, dass sie uns dienen).

Doch in dieser Liebe zu den Dingen und in der menschlichen Neigung, sie zu animieren und sogar Mitleid mit ihnen zu haben (Beschädigungen oder Verlust werden von vielen als existenziell erfahren, als sei einem selber Schaden zugefügt worden), wird noch etwas anderes kenntlich: Die Dinge werden für alles Ungemach zu Schuldigen erklärt. Zwar versagen die Objekte manchmal oder gehen kaputt und führt dies die Menschen dazu, die Ursachen zu entdecken versuchen, um jenes Versagen zukünftig zu unterbinden; meist jedoch sind es die Menschen selbst, die die Gegenstände zerstören.

Werden auf diesem Weg die Dinge schuldig, so beschuldigt man damit zugleich deren Hersteller und deren Gestalter, die nun wiederum sofort Gegenstrategien entwickeln, um sich über entsprechende Erklärungen in den Bedienungsanleitungen oder durch andere Maßnahmen a priori zu entschuld(ig)en.

Unter dem Aspekt von Schuld lässt sich nun die gesamte Diskussion um die und der Moderne und lassen sich die vielfältigen Implikationen dieser erläutern (hier ist von der Moderne die Rede und nicht von „Modernism", was im angelsächsischen Sprachgebrauch lediglich die zwanziger Jahre des 20. Jahrhunderts mit Bauhaus und Konstruktivismus und deren Folgen meint). Es wird deutlich, wie sehr die Moderne auch das Design der westlichen Hemisphäre geprägt hat. Immerhin könnte man Schuld als die zentrale Kategorie der Moderne beschreiben. Denn: Schuld begründet die Vorstellung von der Besonderheit des Subjekts.

Historisch betrachtet ist evident, dass in der Wahrnehmung alle Lebewesen und auch die Menschen nicht schuldig sein konnten, da sie allein innerhalb der Verstrickungen göttlicher Mächte und nicht selber handelten. Odysseus wird zerrieben im Streit der Göttinnen und Götter, Ödipus weiß nicht, was er da tut, und noch Adam und Eva fallen (folgen wir dem Alten Testament) der diabolischen Schlange zum Opfer und ihrer eigenen Naivität, was beide und damit in der Folge die ganze Menschheit aus dem Paradies verjagte. So verkehrt sich, was als emanzipatorischer Glücksfall hätte gefeiert werden können, zum Sündenfall und verschärft sich dies in der christlichen Folge mit Jesus Christus, der heilt, wen er will, und Wunder bewirkt, wann er will, und dies lediglich mit der Selbsteinschätzung von Mitleid begründen könnte. Schließlich wird er ans Kreuz genagelt, um die Sünden der Menschen zu übernehmen und sie dadurch in eine noch tiefere Schuldigkeit zu stürzen. Was die Kirche inhaltlich und finanziell stärkte, da sie Buße und Bußgeld einfordern konnte – und das Gottesurteil verfügte.

Denn bis ins späte Mittelalter hinein existierten hierzulande gar keine weltlichen Instanzen, über Schuld oder Unschuld zu urteilen, da weder Vorstellungen noch gar Begründungen für Schuld oder Unschuld aufzufinden waren. Stattdessen reichte die, wie auch immer zustande gekommene, Vermutung, jemand habe gestohlen oder gemordet, diese Person einem Gottesurteil auszuliefern: ein Zeichen Gottes sollte Schuld oder Unschuld „beweisen"; also zum Beispiel den „Sünder" gefesselt ins Wasser zu werfen, auf dass das Opfer – eben mit Gottes Hilfe – sich entweder befreien oder untergehen würde.

Im späten Mittelalter jedoch entwickelten sich die sozialen und wirtschaftlichen Beziehungen zwischen den Menschen zu einer beträchtlichen Komplexität und waren Handlungen und Handelnde gefragt, die sich nicht mehr allein auf irgendwelche göttlichen Mächte berufen konnten, sondern überzeugende Gründe vorzuweisen hatten. Mithin geht es von nun an tatsächlich um die Frage der Schuld, darum, wer schuldig sei. Was implizit ein völlig neues Menschenbild verlangte und hervorbrachte, nämlich das von Eigenverantwortung und demgemäß auch der für die Folgen des eigenen Denkens und Handelns.

Durchaus berechtigt beschreibt kluge Geschichtswissenschaft dies als Beginn der Moderne, und bezeichnet die Formulierung René Descartes' „Ich denke, ich bin" den Anfang der Behauptung des Subjekts als Weg des Subjekts von einem Unterworfenen („sub-iacere") zur herausragenden Kraft und zu eigentlicher Eigenheit menschlicher Perspektive.

Existiert jedoch einmal die Idee des Subjekts als fundamentaler Gegenentwurf zur schicksalhaften Geworfenheit, zu göttlicher Fügung und auch zu Natur und als Abgrenzung zur artifiziell gestalteten Welt, so brauchte dies notwendig eine Ausgestaltung des Rechtswesens, um entscheiden zu können, was richtig und was falsch in einem gesamtgesellschaftlichen Rahmen und wer schuldig oder unschuldig ist. Womit das Problem der Moderne auf die Bühne tritt und seinen Lauf nimmt.

Denn nun stellen sich all jene Fragen ein, wer oder was darüber befindet: Vernunft, allgemeine Prinzipien (woher auch immer abgeleitet) oder

der „Willen der Mehrheit" – aber welcher Mehrheit: „Volonté générale" oder „Volonté des tous" (Jean Jacques Rousseau) – und der „kategorische Imperativ"? Das zu erörtern und zu verorten machte sich die Aufklärung zur Aufgabe, wobei, diese enthusiastisch zu stützen, Immanuel Kant erneut die Frage der Schuld zitiert, eben in jenem berühmten Satz, der den „Ausgang des Menschen aus seiner selbstverschuldeten Unmündigkeit" als Substanz von Humanität einfordert.

Sucht man nun in dieser so genannten „ersten Moderne" zwangsläufig nach Regeln und Gesetzen, das gesellschaftliche Leben und auch das jeweilige Selbstverständnis nach Aspekten von schuldig und unschuldig zu ordnen, so lohnt sich, in diesem Zusammenhang auf drei Bereiche hinzuweisen: Zum einen fällt auf, wie sehr sich trotz aller Aufklärung in die Diskussion um Schuld weiterhin tradiert christliche Dimensionen hineinweben: nach wie vor geht es um gut und böse, und in Wirtschaftskreisen wird noch heute gesprochen von „Schuldnern" und, merkwürdig, von „Gläubigern" – also von denen, die glauben, während die Schuldner konsequenterweise die Ungläubigen sein müssten.

Dieser christliche Überschuss im Schuld-Diskurs noch heute verdeutlicht sich ebenso darin, dass in Kulturen, die auf anderen Religionen fußen, die westliche, also christlich basierte Vorstellung von Schuld gar nicht existiert: In asiatischen Gesellschaften etwa wird sie ersetzt durch traditionelle gesellschaftliche und manchmal sogar Clan- und somit hierarchische Konventionen, deren Missachtung vehement Scham hervorruft, nicht aber die Frage nach der Schuld; und in arabischen, also islamisch geprägten Ländern wirkt noch heute die Frage nach individueller Schuld völlig verwirrend, da Schuld immer auf einen kollektiven Zusammenhang verweist, nämlich anstelle des in unserem Kulturkreis erdachten Individuums die Familie, den Stamm, die Gesellschaft in die Haftung nimmt. – Tatsächlich ist Schuld Substanz westlicher Kultur und kann ohnehin ebenfalls die Moderne als westliches Phänomen ausgewiesen werden.

Um an dieser Stelle etwas eindringlicher erneut auf die Gestaltung zurückzukommen: Obwohl noch in dieser ersten Moderne die Artefakte unter dem Vorzeichen des emphatisch gefeierten Subjekts nicht in die Gefahr gerieten, selber für schuldig erklärt zu werden, so waren es umso mehr die Produzenten der Artefakte, die für diese und deren Miss- oder Gelingen und womöglich auch Erfolg beschuldigt werden mussten und sich nicht mehr herausreden konnten, irgendetwas oder bloß die Auftraggeber seien verantwortlich. Nein, der Preis für Freiräume und Ruhm war, an der Qualität oder dem Misserfolg des Objekts schuldig zu sein. Angesichts bereits der künstlerischen Arbeiten der Renaissance aber stellt sich der Eindruck ein, die Gestalter hätten – gewissermaßen nicht anders als die Gesellschaft insgesamt – schnell nach Regularien gesucht, die sie entschul(dig)en konnten. In diesem Zusammenhang wäre das in der Renaissance ziemlich eindeutig die Zentralperspektive, da sich mit ihr und mit ihrer Durchdringung aller Artefakte dieser Zeit und der nächsten Jahrhunderte die Gestalter ganz simpel einem geometrischen System übereigneten und sich zumindest vordergründig die Frage stellt, ob diese wohl gut formuliert wurde und somit Qualität ersichtlich wird. Tatsächlich entlastet etwa die Zentralperspektive in der Gestaltung wie im alltäglichen Leben, denn im Rahmen der Regelhaftigkeit, also der Befolgung von Regeln, hat man schon so viel eingelöst, dass man sich innerhalb des Gebäudes Freiheiten herausnehmen kann. Die über die Zeit gelernte Regel verselbstständigt sich als allgemeine Voraussetzung, innerhalb derer man, wenn man ihr nur gehorcht, tun kann, was man will. – Und dennoch tendiert Gestaltung stets dazu, neue Regularien zu entwerfen, sich dadurch abzusichern und zu entschuldigen.

2. Entschuldigungen

Die Entdeckung der Schuldhaftigkeit und somit der Konstituierung des Subjekts durch die Frage nach der Schuld hatte de jure gesamtgesellschaftliche Konsequenzen. Denn egal, ob am Ende der damit notwendig gewordenen Gesetzgebungen nun das englische empirische Recht mit dessen starker Präsenz der Judikatur oder die napoleonische Form des geschriebenen Rechts mit dessen Stärkung der Legislative favorisiert wurde: Es bleibt das Problem, dass Gesetzgebung und Rechtsprechung zwar auf der Behauptung des Subjekts und dessen Schuldhaftigkeit beruhen, zugleich jedoch unausweichlich stets Allgemeinplätze formuliert werden müssen. Hegel wies darauf in seinem Aufsatz „Wer denkt abstrakt" insofern hin, als er schrieb, abstrakt denke beispielsweise derjenige („das gemeine Volk"), der in dem Mörder nichts weiter als einen Mörder sehe; denn er bedenke keineswegs die jeweiligen Hintergründe des Mörders als Mensch, zum Beispiel Erziehungsprobleme und andere Härten; Hegel setzt diesem abstrakten Denken den „Menschenkenner" entgegen, der politische, soziale und psychologische Bedingungen mitbedenke, unter denen ein Mensch zum Mörder geworden ist. Er forderte Reflexion, wohl auch Empathie, ein und äußerte damals schon Bedenken, ob jemand wirklich immer, obwohl Subjekt, verantwortlich sei für das, was er oder sie tue oder getan habe.

Eben dieser Gedanke, also die Frage nach der empirischen Schuldhaftigkeit, die so drastisch die Entdeckung des Subjekts beflügelte, gerät zumindest hintergründig zur Essenz dessen, was Geschichtswissenschaft berechtigt die „Zweite Moderne" nennt: die Romantik. Denn diese befragte und artikulierte all das, was jenseits oder vielleicht noch eher diesseits jeglicher Formulierung von Ratio empirisch wirkt und Subjekte leitet und verführt: Ängste, Sehnsucht, Furcht, Wünsche, Idiotie, Träume, Erinnerungen; aber dann traten zunehmend auch die gesellschaftlichen Bedingungen ins Zentrum der Reflexion über das Subjekt. Was keineswegs die Begeisterung für das Subjekt oder überhaupt dessen Behauptung negiert, vielmehr es eigentlich dadurch stärkt, dass das Subjekt mit entsprechender Komplexität ausgestattet wird. So widersprüchlich das auch ist, diese Stärkung des Subjekts als nun ein gewissermaßen realistisches Wesen führt zugleich zu dessen Schwächung, da es ab jetzt nicht mehr als das einfach Verständige und für sich Verantwortliche auftreten kann und betrachtet wird. „Hymnen an die Nacht", rauschhafte Paradiese, Märchen und sogar religiöse Reste, insgesamt die Frage nach kulturellen, sozialen und historischen Vorsätzen dominierten die Diskussion folgenreich.

Dazu gehört auch die Diskussion der Bedingungen, und so kommt erneut Karl Marx' kritische Analyse des „Doppelcharakters der Ware" ins Spiel, die eben Ding und Metaphysik einbindet und anbietet.

3. Verschulden

Brauchen die Menschen also die Objekte deshalb, weil deren innerer Widerspruch und Gegensatz zum Subjekt sie gerade dafür so nützlich macht, ihnen, den Objekten, jegliche Schuld in die Schuhe schieben zu können: „Er haut den Sack und meint den Esel". In der Psychologie ist das die Frustrations-Aggressions-Verschiebung, etwas, das alle Menschen kennen: Man ist wütend auf jemanden, lässt die Tür krachend ins Schloss fallen, haut mit der Faust auf dem Tisch, verflucht den Computer oder wirft gegebenenfalls Gläser oder Tassen an die Wand. Das geschieht im übrigen häufig auch dann, wenn man über sich selbst wütend ist. – In ihrer Design-Abschlussarbeit fand die Studentin Tanja Steinebach in den Geldbörsen insbesondere ganz junger Menschen (Teenager) überraschenderweise ausgesprochen häufig altmodische Papier-Fotos von Familienmitgliedern oder Freundinnen und Freunden. Auf die Frage, warum dies so sei, obwohl doch alle sonst ihre Fotos via facebook oder flickr austauschen beziehungsweise in ihren Mobiltelefonen aufbewahren, kam ebenso prompt wie einleuchtend die Antwort: Wenn man richtig sauer auf diesen oder jenen Menschen sei, dann wolle man das Foto zerreißen können oder darauf herum treten – und das geht bekanntlich in den virtuellen Medien nicht.

Verschulden sich also die Menschen, um sich von den Schulden zu befreien: Abwegig ist das nicht. Denn sie schwanken angesichts der Objekte zwischen der Geste, sie besitzen zu wollen und auch zerstören zu dürfen, und andererseits einer denkbaren, zumindest temporären Begeisterung über das jeweilige Objekt und darüber, mit diesem eine Beziehung eingehen zu können, und drittens der Möglichkeit, es zu zerstören. Menschen versuchen, sich zu vergegenständlichen und verlieren dabei oft die Contenance.

Das Design hat in diesem Prozess die Aufgabe zu vermitteln – also zu überbrücken, zu ermöglichen und notfalls auch zu überdecken. Womit es allerdings bloß dem Fetisch-Charakter der Ware förderlich wäre.

Doch gern räumen wir ein: Design bietet zweifellos mehr, als nur diesen Prozess zwischen Subjekt und Objekt zu kompensieren.

Allem Beweisbaren geht Unbeweisbares voraus – und umgekehrt

Else Lasker-Schüler

Kreisverkehr

Unser gesellschaftliches Leben und viele unserer Entscheidungen und Lebenswege werden von zwei Bewegungen gesteuert oder zumindest wesentlich beeinflusst, die allgemein sogar euphorisch gefeiert werden: Information und Kommunikation. – Und an beiden ist Design zweifelsfrei intensiv beteiligt.

1. In Form

Versteht man Information folgerichtig als jene Aktion, etwas oder jemanden in Form zu setzen oder diesem eine Form zu geben, so wird der Einfluss von Design sofort evident. Denn es geht dabei um Formgestaltung oder Formgebung.

Nun könnte man einwenden, dass nicht jede Umformulierung eines Gegenstands erstrebenswert sei, da auch dieser Gestaltungsprozess von Menschen als bewusster Akt (angeblich) stets zu dem Zweck durchgeführt werde, die Dinge für die Menschen nützlicher, brauchbarer und attraktiver zu machen oder den Menschen die Chance zu geben, sich das so einzubilden. Design nämlich ist unabdingbar mit diesen Zwecken verbunden. Aus einem Baum wird Holz, und daraus entstehen Möbel, Papiere und manch anderes, aus Eisen werden Werkzeuge, aus Kohlenstoff-Kombinationen wird Kunststoff, und dieser wird umgewandelt in alle nur denkbaren Produkte. – Allerdings muss man zugeben, dass bekanntlich einerseits alles um uns herum längst gestaltet ist (meist auch das, was als Natur erscheinen mag; denn das sind vielfach Züchtungen, Zurichtungen und Anlagen, stets entwickelt im Anspruch an – wie auch immer dumm oder klug – eine Verbesserung der menschlichen Lebensbedingungen oder auch nur des Marktes oder politischer Intentionen). Und andererseits ist ebenso gewiss, dass solche Reformulierungen menschliches Leben der Art, wie wir es mögen oder benötigen, erst ermöglichen. Mithin geht es unter dieser Perspektive der Gestaltung der Objekte eher um die Frage nach deren Qualität und nicht so sehr um die, ob dies überhaupt geschehen sollte.

Ganz anders, wenn es um die Information der Menschen geht. Diese in Form zu bringen, klingt vordergründig nach Physiotherapie, Doping, Fitness- und Sonnen-Studios oder nach Schönheits-Chirurgie. Was nicht in allen Aspekten überzeugend und gelegentlich sogar tragisch oder bloß dümmlich wirkt. Dergestalt gerät die eigentlich auf die Formgebung von Gegenständen und gesellschaftlichen Prozessen ausgerichtete Aufgabe von Design zum Teil von Wahnvorstellungen, alles gestalten zu wollen und zu müssen. Was partiell auch zur gesellschaftlichen Diskriminierung von Design geführt hat.

So ersichtlich dieses Problem ist, so wenig wird über das andere diskutiert: dass jegliche Information die Menschen formuliert. Und zwar normalerweise so, dass sie es nicht merken oder nicht erkennen. Denn jede Information ist gestaltet mit der mehr oder minder bewussten Absicht, die dadurch Informierten zu gestalten. – Dies betrifft nicht allein die so genannten Inhalte von Informationen: Inhaltlich werden Informationen geprägt allemal auch durch die Form, in der sie übermittelt werden. Da kann ein Informant (eigentlich müsste man ja schon dieses Wort durch Designerin oder Designer ersetzen) noch so redliche Gedanken in Sätzen artikulieren (wobei selbstverständlich schon die Auswahl des dabei Verkündeten unweigerlich parteiisch und außerdem in vorgegebener Sprache mit deren gesellschaftlichen Implikationen geschieht): Dieselbe Nachricht wirkt völlig unterschiedlich allein durch differente Stimmlage und Betonung, sie gerät in schriftlicher Form völlig eigensinnig, die jeweils verwendete Typografie und deren Anordnung im Satzspiegel bedingen die Wahrnehmung aller Nachrichten vehement und können diese somit rabiat verändern. Es gibt eben nichts einfach so an sich selber, vielmehr immer in gestalteter Form.

Dies wird umso deutlicher und nachvollziehbarer, wenn Bilder und insbesondere laufende Bilder hinzukommen. Man kennt das von der Fotografie, da sowohl deren Sujet als auch Perspektive, Licht und so insgesamt deren Stimmung alles verändern, was drum herum geschieht oder dazu geschrieben wurde. Foto-Design verklärt ständig, kann eine traurige Begebenheit lustig aussehen lassen und umgekehrt, Langweiliges kann spannend und Einfallsloses aufregend erscheinen.

Radikaler noch geschieht dies bei laufenden Bildern. Berüchtigtes Beispiel: Die Filmabteilung des nationalsozialistischen „Reichsministerium für Volksaufklärung und Propaganda" gab 1943 der deutschen Wochenschau den Befehl, die „Wehrmacht" immer in der Bewegung von links nach rechts marschierend zu zeigen – selbst den Rückzug aus dem Osten. Denn so schreiten Sieger voran, da in unserem Kulturkreis alles, was sich von links nach rechts bewegt, als Fortschritt und positive Entwicklung gesehen wird (anders beispielsweise in China, wo etwa Mao Zedong immer auf dem Weg von rechts nach links – mit den Massen hinter sich – gezeigt wurde). Interessant in diesem Kontext ist, dass die erste Berichterstattung zum Beispiel im amerikanischen Fernsehsender CNN den Angriff jener beiden Flugzeuge auf das World Trade Center in New York am 11. September 2001 anfänglich (andere Bilder lagen offensichtlich nicht vor) von links nach rechts hineinfliegend zeigte – es dauerte Stunden und brauchte wahrscheinlich einen Medien-Designer, bis dies revidiert wurde und die Flugzeuge nun von rechts nach links in die Twin Towers krachten (möglicherweise wurden die existierenden Bilder und Videos bloß umkopiert).

Man kann die Präzision solcher Informations-Vermittlungen leicht überprüfen, zum Beispiel einmal auf dem Fernseh-Bildschirm oder auf dem Computer-Monitor einen Punkt in der Mitte fixieren und schauen, wer oder was bei welcher bildlichen Nachricht sich am häufigsten dort aufhält, wie ein Fernsehstudio so aufgebaut ist, Neutralität und Kompetenz zu imaginieren (bis hin zu der göttlichen Geste, neue Bilder heranzuwinken). Und nicht minder, womöglich jedoch vordergründig noch unauffälliger, ist im digitalen Verkehr alles vorformuliert, sogar bis hinein in die notwendigen oder möglichen Handlungen der Benutzerinnen und Benutzer.

Doch sind dies verhältnismäßig simple Einsichten in Bezug darauf, dass überhaupt jemand informiert werden möchte. Information ist ein purer Euphemismus, der eben ständig unterschlägt, mit welchen vielfältigen Mitteln der Gestaltung versucht wird, die Menschen zu formatieren. Nicht also das Gerede von „Informations-Flut" oder einem Überangebot an Information ist klug, sondern die Idee und das Konzept von Information selber sind zu kritisieren und öffentlich zu befragen. Was wiederum in die Diskussion um Design führt und dessen tiefe Widersprüchlichkeit verdeutlicht, im Rahmen noch der so genannten Verbesserung von Funktionen zumindest gelegentlich unmenschlich zu agieren. Ungestaltet jedoch gibt es Informationen per se nicht.

2. Mauer-Blümchen

Die andere Kategorie, die allerorten begeistert gefeiert wird und innerhalb von Design sogar eine ganze Branche sowie Studiengänge benennt, ist die der Kommunikation. Alle kommunizieren, ständig wird Kommunikation eingefordert, und überall werden kommunikative Prozesse organisiert.

Nun hat Fritz Heubach in seinem klugen Buch „Das bedingte Leben" vor vielen Jahren schon darauf hingewiesen, dass das Wort Kommunikation sich aus den drei lateinischen Wörtern „cum moenia ire" ergibt, was in die deutsche Sprache übersetzbar sein könnte als das „Herumgehen innerhalb der Mauern".

Tatsächlich haben sich auf diesem Weg durchaus Zeichensysteme inklusive der Sprache ergeben, zumal dann, wenn es dabei um die urbanen Zentren ging: Diejenigen, die sich innerhalb derselben städtischen Mauern bewegten, entwickelten Zeichen und dann deren Systematiken, sich untereinander zu verständigen. So bildeten sich nicht allein in der verbalisierten Sprache, sondern ebenso in Gestik und anderen Zeichen kleinteilige Dialekte heraus. Der dann zunehmende Handel zuerst in der Region und dann teilweise darüber hinaus führte dazu, dass die ökonomisch oder politisch Stärkeren ihre Zeichensysteme regional oder erweitert durchsetzen konnten, also verallgemeinerten.

Auf jeden Fall aber gilt, dass immer nur jene, die an einem bestimmten Zeichensystem partizipierten, sich verständigen konnten. Diejenigen, die daran nicht teil hatten, waren ausgeschlossen.

Mithin ist Kommunikation erst einmal, statt Inklusion, exklusiv, meint es die Ausgrenzung all derer, die dem je geltenden Zeichensystem nicht folgen können.

Kommunikation stellt deshalb immer die Machtfrage. Und die Tatsache, dass womöglich an vielen Orten dieser Erde – zumal in den offiziell sich global gebenden Bereichen wie etwa Flughäfen oder Messe-Standorte – die gleichen Zeichen etwa als Wegweiser oder zur Unterscheidung von weiblichen und männlichen Toiletten existieren, ist ebenfalls nur Ausdruck – zumeist – westlicher Vormachtstellung von bestimmten Zeichen. Alle Versuche, im Rahmen von Kommunikations-Design sich einzubilden, es gäbe kulturell übergreifend verbindliche Zeichen, erweisen sich als weitgehend schierer Unsinn. Schon die Artikulation beispielsweise von Wut und Entsetzen oder Zustimmung und Ablehnung ist kulturell völlig different. Bekanntlich schütteln in Bulgarien die Menschen den Kopf, wenn sie etwas bejahen, und nicken, wenn sie verneinen; in Japan wird Wut (zumal von Frauen) gestisch so ausgedrückt, als entschuldige man sich, während Menschen aus dem Süden Europas die Hände ringen und die Arme gen Himmel werfen und dergleichen mehr. Selbst noch scheinbar instinktive Laute, wie jene des Schmerzes, sind kulturell konnotiert: Das deutsche „Au" oder „Autsch" wandelt sich spanisch und lateinamerikanisch zu einer Art „Eh" oder „Äh", und in Japan schreit man so ähnlich wie „Itap".

Bei visuellen Zeichen ist klar, dass beispielsweise in arabischen Ländern die hierzulande übliche Differenzierung zwischen weiblichen und männlichen Toiletten und deren entsprechende Zeichen – meistens visualisiert durch Rock und Hose – völlig unsinnig ist angesichts der Tatsache, dass dort die Frauen häufig eine Burka und Männer oft einen Burnus tragen – die beide, bildlich vereinfacht, ähnlich wie ein langes Kleid aussehen. Demgemäß offenbart der auch im Design verbreitete Glaube, es gäbe eine überkulturelle Gültigkeit von Zeichen, das blanke Vertrauen in die Macht, die je eigenen allgemein durchzusetzen (was partiell durch Kolonialismus und Imperialismus dann auch geschah – in Ägypten zum Beispiel oder in Hongkong sprechen viele Menschen heute Englisch, was sich zwar im globalen Zeitalter als Vorteil erweisen mag, gleichwohl nicht freiwillig geschah, sondern unter dem Diktat der Besetzung).

Bleibt noch die Anmerkung, dass überall in der Welt die Menschen womöglich wähnen, sie würden die Zeichen, die ständig unser Leben konturieren, einfach so verstehen. Dabei mussten wir sie allesamt erst lernen, um sie wieder erkennen und schließlich als gelernte für selbstverständlich zu halten.

Wir könnten nun provozierend behaupten, dass visuelle „Kommunikations"-Zeichen letztendlich einfach brutale Wegweiser sind, die uns jeweils informieren und gewissermaßen befehlen, wohin wir gehen und wie wir uns verhalten müssen. Hier entpuppt sich Design als Handlanger autoritärer Anleitungen, mit der üblichen Formulierung, wir hätten diese zu lernen, also zu inkarnieren, so dass wir nur dann dem allgemeinen Leben entsprechen und folgen können und dürfen. Kommunikation bildet Regeln und gestaltet die Menschen ähnlich wie die Information.

3. Im Orient

Unter einem dritten Blickwinkel könnte man diesen Diskurs über Information und Kommunikation mit einer weiteren Kategorie verknüpfen, die ebenso deutlich von Design formuliert ist: Orientierung. Denn der Ausbund der Folgen von Information und Kommunikation ist die Tatsache, dass die Menschen heutzutage permanent extern orientiert werden.

Gewiss, schon Tiere und Menschen umso mehr haben stets versucht, sich zu orientieren, um Schutzräume, Plätze zum Essen und Trinken oder auch, um Artgenossen zu finden. Da gibt es diverse und von Tier zu Tier unterschiedliche, womöglich instinktive neuronale Systeme, die Suche zumindest meist erfolgreich abzuschließen. – Die Menschen, weitgehend aufgrund des evolutionären Verlusts solcher körperlichen Orientierungs-Automatismen, waren dabei zusehends genötigt, die interne Orientierung durch externe Systeme und Instrumente zu entwickeln: Kompass, später Landkarten und noch später Stadtpläne und andere Navigations-Systeme. Wobei sich schon in diesem Prozess verdeutlicht, dass die Zunahme solcher Orientierungs-Medien begleitet war von einer Abnahme der körperlichen Sensibilitäten für die Orientierung; man weiß, dass Gruppen von Menschen, die solche Orientierungs-Systeme nicht entwickelten – zum Beispiel die Ureinwohner Australiens – sehr viel aufmerksamer und präziser Spuren in der Natur wahrnehmen können und ihre Wege ohne solche Hilfsmittel recht problemlos finden.

Nun hat sich über die Jahrhunderte und deren technische Emanationen hinweg bis in die heutige Zeit diese Notwendigkeit von Orientierung geradezu als Sucht ausgebildet und eine diffuse Eigendynamik entfaltet, die allmählich alle Menschen zutiefst ergriffen hat. Wir tendieren nämlich massiv dazu, unsere eigenen Orientierungs-Kompetenzen komplett allerlei externen Mitteln zu übereignen. Womit wir zugleich um uns herum jeweils geschlossene Systeme aufbauen, die nicht mehr wir, die vielmehr nun uns beherrschen, und auf die wir uns unsäglich und unverbrüchlich verlassen. Was wiederum mittlerweile dazu geführt hat, dass die Menschen nunmehr fortwährend ein extremes Ausmaß an Versicherung brauchen, um Angst vor Orientierungsverlust zu besänftigen und auf keinen Fall verloren zu gehen.

Design hat eine erstaunliche Macht errungen, die Menschen zu leiten, anzuleiten und zu orientieren. Das beginnt heutzutage damit, dass in den Kinderzimmern Babyphones stehen, jeden Mucks des Kleinkinds direkt an die Eltern weiterzuleiten, auf dass diese hektisch reagieren und das Kind möglichst nicht in Ruhe lassen. Als nächstes kommt, fein durchgestaltet, am mobilen Telefon ein „Mama-Button", damit das etwas ältere Kleinkind immer dann, wenn es wähnt, sich zu verlaufen oder ein anderes vermeintliches Problem zu haben, sofort per Knopfdruck die Eltern erreichen kann. Schließlich kommt das übliche Mobiletelefon, mit dem man stets mit der Außenwelt verknüpft ist und ohnehin per eingebautem Navigationssystem immer weiß, wohin man sich wenden muss.

Design formt aber noch viel mehr Orientierung: Marken, damit alle wissen, was sie kaufen sollen, Markierungen auf Fahrbahnen und Wegweiser, die Ordnung schaffen, mediale Netzwerke, die uns umsorgen.

Unweigerlich führt all dies dazu, dass Kinder und mittlerweile auch Erwachsene verlernt haben, ihre eigenen Wege zu gehen und zu finden, und dazu, noch tragischer, dass ihnen die konstitutive Erfahrung von Einsamkeit oder momentaner Verlorenheit geraubt wird. Stattdessen weiß man nun eben immer, wo man ist, wo die anderen sind und wohin man sich wenden muss. Nur weiß man dies nicht qua Erfahrung, sondern qua medialem Hilfsmittel.

Design sorgt dafür, dass diese externe Orientierung weitgehend funktioniert und ist auch noch so ansprechend formuliert, dass man gar nicht merkt, wie sehr man in diesem Prozess externer Orientierung lediglich außen gesteuerten Befehlen gehorcht. Entsprechend nämlich säuseln die Stimmen, die per GPS mitteilen, wohin zu gehen oder zu fahren ist, und ebenso attraktiv sind die Bilder, die den Weg zeigen – zunehmend aufgeladen mit noch mehr Informationen über in der Nähe befindliche Restaurants, Clubs oder Sehenswürdigkeiten (nicht mal Letztere sucht man noch selber aus, sondern lässt sie sich vorgeben und vorgaukeln) et cetera.

Wie sehr sich die Menschen in dieser Beziehung selbst entmündigt haben, wurde exemplarisch deutlich, als vor einigen Jahren während der Frankfurter Buchmesse ausgerechnet kurz nach deren Ende im Raum Frankfurt plötzlich das GPS ausfiel: über die Hälfte der Autofahrer fuhr panisch an den Straßenrand und hielt an, denn offenbar vertrauten sie ihren eigenen Sinnen nicht, wussten nicht, wo sie waren und wie es weiter gehen sollte.

Einige Schriftsteller haben solche anstehenden Probleme offenbar bereits in der zweiten Hälfte des 19. Jahrhunderts erahnt. Edgar A. Poe zum Beispiel mit seiner Erzählung „The Man of the Crowd", in der ein anonymer Ich-Erzähler die Bewegung von Menschen in der Stadt beobachtet und dann einem alten Mann folgt, der seine Aufmerksamkeit erregt hat. Am Ende gibt der Erzähler die Verfolgung auf, nachdem er feststellen muss, dass es – zum Glück – unenträtselbare Geheimnisse gäbe: Dieser alte Mann kann nicht allein sein – er ist eben der Mann der Menge. Dieses Motiv wurde von Charles Baudelaire mit dem Entwurf des Flaneurs intensiv aufgenommen, der ziellos und ohne bestimmtes Interesse und schon gar nicht von außen geleitet durch die Stadt bummelt, ohne Orientierungs-Hilfe oder, wenn überhaupt, durch Mittel zur Desorientierung, beispielsweise irgendjemandem zu folgen oder eigene Systematiken zu entwerfen, die den vorgegebenen Maßnahmen widersprechen oder entweichen. André Breton folgte diesem Konstrukt in seiner Novelle „Nadja", und viele andere taten es ihm gleich. Aus dem Gespür heraus und dem heftigen Widerspruch dagegen, dass man sie ständig anleite und ihnen vorschreibe, wohin sie zu gehen und was sie zu tun hätten.

Erweitert man nämlich den Umfang dessen, was hier als Problem der Orientierung beschrieben ist, dann führt das notwendig dazu zu erkennen, wie wir derweil umstellt sind von allen nur denkbaren und gestaltbaren Zeichen, die uns unser Verhalten vorschreiben und jegliche Möglichkeit anderen Verhaltens erschweren oder sogar untersagen. Wir müssen bei grünen Licht der Ampel gehen und bei Rot stehen bleiben, hier darf man nicht rauchen, hier muss man still sein, an dieser Stelle die Straßenseite wechseln, an jener nicht spielen und dergleichen.

Das alles wird vorzüglich von Design gestaltet und uns so nahe gebracht, dass wir gar nicht mehr merken, wie sehr wir selber nur noch informiert in Mauern herumgehen.

Immerhin jedoch: Design könnte auch Desorientierung gestalten und anbieten, also einem modernen Flaneur und dem Eigensinn neue Wege öffnen.

Es ist niemals ein Dokument der Kultur, ohne zugleich ein solches der Barbarei zu sein.

Walter Benjamin

Zwischen Dickicht und Lichtung
– Design als Politik –

Vordergründig wirkt die Frage, ob Design politisch sei, offenkundig banal. Das ändert sich eventuell, wenn man dies genauer betrachtet und etwas auflöst.

1.

Kein Zweifel sollte darüber bestehen – und dennoch wird selten davon geschrieben oder gesprochen –, dass der gesamte Bereich dessen, was öffentlich allgemein als „politisch" akzeptiert wird, von Design durchdrungen ist. Denn jeglicher Auftritt politischer Parteien, Initiativen und Gruppierungen ebenso wie der von Gewerkschaften und auch von Protestaktionen wird von Design formuliert: Das gilt für die Logos solcher Vereinigungen und Bewegungen, für ihre Plakate, Publikationen, internen Mitteilungen, Organisation von Parteitagen, Mitglieder-Versammlungen, Demonstrationen und sämtliche anderen Aktivitäten. Wobei die Relevanz der Gestaltung solcher Präsenz nicht unterschätzt werden sollte, und nicht umsonst geben die Parteien und Verbände relativ viel Geld für Gestaltung aus. Schließlich geht es darum, intern verbindliche Bildwelten und Regeln zu klären und extern Verhaltensweisen, Perspektiven und Absichten dazustellen und zu vermitteln. Wobei schon an dieser Stelle die gelegentlich auch dubiose Rolle von Design im verbands- und parteipolitischen Prozess kenntlich wird, da es vieles zurechtrücken und verschönern soll, was die Instanzen selber nicht zustande oder durcheinander bringen. Häufig wird Design in diesem Kontext lediglich genötigt (und gibt dem allzu oft nach), eine tugendhaft schöne neue Welt zu predigen und sie auf den entsprechenden Verband oder die Partei zu beziehen. Was heutzutage zweifellos und in zunehmendem Maß ebenfalls die digitale Präsenz und Kommunikation solcher Instanzen betrifft.

Man kann sich das eigentlich kaum trivial genug vorstellen. Am drastischsten wird das in Wahlkampagnen ersichtlich und hörbar, wie sehr nämlich Kleidung, das gesamte Aussehen, Haltung und Gebärden und die Betonungen in Sätzen und sogar die Wörter gestaltet sind, nebst sämtlichen Accessoires wie den dabei genutzten Mikrofonen, den Podesten und Redner-Pulten, der Hintergrund-Dekoration und den meist auch noch auf der Bühne stehenden Blumen-Gebinden. Dazu kommt das Design der Abläufe aller Veranstaltungen, bei denen selten etwas versehentlich geschieht, und bedacht werden ebenso alle medialen Kommunikations-Formen, die Einstellung der Kameras, das Licht und am Ende das fertig geschnittene Material. Selbst die Musik und alles Sound-Material ist klarerweise gestaltet.

Dies gilt übrigens genau so, zumindest soweit es deren finanzielle Mittel erlauben (aber hier helfen gelegentlich Designerinnen und Designer, ohne nach Honorar zu fragen), für NGO's und für viele Protest-Organisationen und -Bewegungen; und es gilt ebenso (nur spielen da die finanziellen Mittel selten eine Rolle) für die Kirche, die schon sehr früh und lange, bevor man von Design sprechen konnte, die eindrucksvollen Dimensionen von Gestaltung als Herrschaftsfunktion nach innen und außen begriffen und umgesetzt hat. Sie inszenierte, sie bildete Corporate Design, ließ entsprechende Kleidung und Zeichen frühzeitig ebenso entwerfen wie Prozeduren, Prozesse und Prozessionen und sogar die eindrückliche Akustik, die Gläubigen in die Kirche zu rufen oder sie an diese zu erinnern und zu binden.

2.

Nicht minder bedeutsam ist die Rolle von Design bei der Gestaltung nationaler oder auch regionaler Identitäten. Flaggen und Fahnen, Uniformen und das gesamte Drumherum sind ausdrücklich gestaltet. Was für die Architektur als Herrschafts-Architektur auffällt, gilt ebenso für das Design – zumal das, was allgemein als „Kultur" zusammengefasst wird und dabei jeweilige National-Kultur ausweisen kann, ohnehin und selbst dann gestaltet ist, wenn die heute je existente „Nation" weitgehend in einem zumeist höchst widersprüchlichen und häufig sich politisch und herrschaftlich verändernden historischen Prozess entstanden ist. So impliziert dieser Prozess unabdingbar die Geschichte von Gestaltung ebenso wie die Gestaltung von Geschichte.

Die fatale Rolle, die Design in diesem Zusammenhang zugewiesen wurde und werden kann und die es leicht auszufüllen vermag, wird drastisch kenntlich in der Betrachtung von italienischem Faschismus und deutschem Nationalsozialismus. Das gilt nicht allein für entsprechende Entwürfe von Plakaten, neuen Schriften und Kennzeichen aller Art, vielmehr für das, was Walter Benjamin in seiner ausführlichen Anmerkung zu dem Text „Das

Kunstwerk im Zeitalter seiner technischen Reproduzierbarkeit" als „Ästhetisierung der Politik" frühzeitig beschrieb. Denn die damalige Führung hatte erstaunlich rabiat (und nicht zuletzt als Lernprozess aus der gestalterischen Avantgarde der zwanziger Jahre des 20. Jahrhunderts, zumal aus dem Bauhaus heraus) Design in erschreckender Weise komplex genutzt, eine alles durchdringende artifizielle Identität von Staatlichkeit als national (damals nannte man das „völkisch") durchzusetzen. Wenn solche Intensität und Stringenz von Gestaltung, alles gleichförmig formulieren zu können, sich real durchsetzt, dann gerät dies eben zur Katastrophe. Erstaunlich ist zweifellos, wie umfangreich Gestaltung damals politisch genutzt wurde: die nationalen Zeichen inklusive „Hakenkreuz", die Uniformen der diversen Abteilungen, Gesten und Bewegungsabläufe, alle Siegel und Veröffentlichungen und jegliche Kommunikation auch schon innerhalb der damals neuen Medien (Hörfunk, Filme wie die von Leni Riefenstahl und das Fernsehen ab 1936) durchzusetzen – alles dieses und selbst noch Organisation und Ausdruck der Vernichtungs-Maschinerie waren komplett gestaltet, ergaben ein beklemmend präzises, einheitliches und durchsetzungsfähiges Bild, das in Deutschland und in Italien wie ansatzweise in anderen Ländern weitgehend akzeptiert, gar bewundert und bereitwillig umgesetzt wurde. Dass es zu jener Zeit und symptomatisch für totalitäre Regime gelang, weitgehend sämtliche gesellschaftliche empirische Vielfalt zu unterdrücken, obliegt selbstverständlich nicht allein dem Design, sondern brauchte eine stringente Verbindung mit der staatlichen Macht, deren Organisationen und vorpolitischen Machtmitteln: Polizei, Militär, Geheimdienste und andere Repressions-Organe. – Wir könnten so weit gehen und zynisch zu behaupten wagen, dass das nationalsozialistisch durchgestaltete „Deutsche Reich" eines der erbarmungslosesten, jedoch auch prägnantesten Corporate Designs weltweit jemals hervorbrachte.

Gewiss bedeutet diese nationalsozialistische Einbettung des Designs bis heute und auch in die Zukunft hinein einen unausweichlichen Fokus der kritischen Diskussion und engagierten Auseinandersetzung um Design.

Interessant ist, dass diese Dimension von Gestaltung tatsächlich schon 1949 von einigen Politikern begriffen wurde. In einer der ersten Sitzungen des Deutschen Bundestags beantragte die Fraktion der SPD die Gründung einer Stiftung zur Unterstützung und Beratung von Gestaltung – daraus entstand 1953 der „Rat für Formgebung", gewissermaßen ein Deutscher Design-Rat(geber). Im selben Jahr wurde unter ähnlichen Auspizien die „hochschule für gestaltung" in Ulm gegründet. Damals wusste man offensichtlich noch um die Wichtigkeit oder sogar potenzielle Gewaltform von Design und verstand diese Gründungen als komplexe Formulierung gesellschaftlicher und politischer Organisation und Evidenz. Mehr noch, zu jener Zeit begriff man womöglich schon (wie erst heute wieder), wie eindringlich das Design gesellschaftliche Konditionen und Artikulationen zumindest mitgestaltet: denn in jenen 1950er Jahren entstanden nicht allein, nun allerdings im demokratischen Impetus, wiederum neue Schriften und Layouts, neue Mode, Publikationen und sowieso neuartige Produkte, vielmehr und durchaus in vergleichbarer Intention – nämlich um gesellschaftliche Formationen und Verhaltensweisen als Problem von Gestaltung zu verstehen – schossen allerorten Tanzschulen, Benimm-Kurse und -Bücher aus dem Boden.

Gewiss, aus der Erfahrung der so durchdringlichen und autoritären Gestaltung des Nationalsozialismus heraus (dem übrigens weitgehend gelungen war, per Gestaltung seine grausam autoritäre Formation zu verkleistern und als selbstverständlich wirken zu lassen) wurde andererseits die Kraft von Design vielleicht überschätzt oder glaubte man immer noch, durch Design Gesellschaft grundsätzlich reformieren und somit gestalten zu können. Was trotz aller Macht von Design zugleich zweifellos fragwürdig ist und deren Begrenzung gleichermaßen beachtet werden muss. Zum einen, um genau nicht jene Gestaltungs-Übermacht des deutschen Nationalsozialismus nachzuahmen, und zum anderen sich stets zu vergegenwärtigen, dass gesellschaftliche Formulierungen nur in autoritären Systemen von oben herab dirigierbar sind, da sich sowohl historisch als auch je aktuell längerfristig doch erweist, wie sehr letztendlich alle Menschen an der Umsetzung von Gestaltung teilhaben und Design sich nur im sozialen Prozess realisiert.

Wobei die Frage offen bleibt, welche gesellschaftlichen Bedingungen dazu tendieren, sich beschleunigt der Macht von Gestaltung zu unterwerfen (wie eben in Faschismus und Nationalsozialismus) oder auf der Gegenseite Resistenz oder sogar kluge Auseinandersetzung und damit Qualität von Umsetzung zu schaffen.

3.

Nun kann man die Diskussion um Design und Politik durchaus ebenso berechtigt unter einem anderen Blickwinkel anregen. Denn bekanntlich beansprucht Design, politisch zu handeln und mit den Entwürfen neuer Zeichen, Produkte, Medien, Dienstleistungen und Inszenierungen gesellschaftliche Verkehrsformen und Verhaltensweisen zu verändern und neu zu initiieren. Denn alles Design bedeutet Intervention und somit mindestens Variation des Bestehenden; selbst dann, wenn es nicht sogleich als solches wahrgenommen und verstanden wird.

Tatsächlich gehört zum Selbstbewusstsein von Design diese als unausweichlich gedachte Verantwortung für gesellschaftliche Prozesse. Im Widerspruch dazu nämlich kann man lediglich anführen, dass eine eigenartige Unstimmigkeit existiert – doch dieser betrifft ebenso Philosophie und partiell Naturwissenschaften und andere einsichtige Gedanken – zwischen der Nervosität im Design, alles gleich realisieren zu wollen, und der meist merkwürdig langsamen Durchsetzung wirklicher Neuerungen in der gesellschaftlichen Praxis. Zwar können wir feststellen, dass in unserer Gegenwart dieser zeitliche Zwischenraum von Genesis und Geltung, also von Entstehung neuer Konzepte und Praktiken und deren gesellschaftlicher Akzeptanz, sich mittlerweile verkürzt haben mag, doch dazwischen immer noch Zeit vergeht. Übertüncht wird das lediglich durch vermeintliche Novitäten, die allein modische Effekte bieten und Innovation nur vortäuschen.

Bleibt der Anspruch, etwas verändern zu wollen – deutlich und mittelfristig sogar gesellschaftlich wirksam war dies explizit im Disegno radicale der 1960er Jahre, im Neuen Deutschen Design und auch bei Memphis in den achtziger Jahren; doch irgendwie träumen sehr viele im Design von solcher Qualität und ist dies sogar Anspruch oder noch mehr Begründung von Design. Gewinnt Design die Argumente für seine Berechtigung doch entweder angepasst, aus der Banalität, Bestehendes zu vermarkten, oder aber aus der Qualität, etwas wegweisend und sinnvoll zu verändern.

Eine kleine Nachbemerkung zum möglichen Einfluss von Design im Rahmen ganz einfacher politischer Vorgänge: Man könnte sich vorstellen, dass eine internationale Politik-Runde um einen Tisch herum versammelt ist, um einen äußerst wichtigen Vertrag zu diskutieren und zu entscheiden (übrigens gilt dasselbe für Unternehmen oder für Institutionen). Dabei (dies haben inzwischen Politik-Beratung ebenso wie Unternehmen verstanden) spielen selbstverständlich schon die Form des Tisches: rechteckig konfrontativ, rund quasi egalitär oder oval als das Dazwischen und die Anordnung der Sitzmöbel eine gewichtige Rolle. Einfluss auf das Diskussions-Klima nimmt die Raumgestaltung insgesamt: Gibt es Fenster, um sich strategisch mit dem Rücken zu ihnen zu setzen, so dass die gegenüber Sitzenden geblendet werden; und auch noch das Angebot an Getränken und wie diese gereicht werden, können für die Atmosphäre der Disputation und Entscheidungsfindung bedeutsam sein. Prozesse und Ergebnisse werden – zwar nicht allein, aber gewiss dazu beitragend – durch Design beeinflusst. – So simpel und zugleich so gewichtig kann das Design Politik, auch in Unternehmen, beeinträchtigen oder beflügeln.

4.

Über Design und Politik oder über Design und dessen politische Relevanz zu schreiben, verlangt allerdings auch, über Design als Widerstand und als Provokation nachzudenken.

Beobachtet man die internationalen Design-Aktivitäten vornehmlich innerhalb entsprechender Hochschulen, ist festzustellen, wie häufig Versuche unternommen werden, sich gegen die einfache Inbesitznahme von Design als lediglich ausführendes und verstärkendes Organ herrschaftlicher, ideologischer und allein marktwirtschaftlicher Ansprüche zu wehren.

So finden wir diverse Projekte, Design als Provokation einzusetzen oder Provokationen zu gestalten; die Möglichkeiten dafür sind äußerst vielfältig. Zum Beispiel fiel einer Kölner Designstudentin in Hongkong auf, wie autoritär dort Verhaltensnormen und -Verbote in Form von Schildern in der U-Bahn existieren. Um darauf aufmerksam zu machen und dieses Design zu kritisieren, entwarf sie viele zusätzliche Verbots-Zeichen, die sie in den Zügen anbrachte: sprechen, hinsetzen, in der Nase bohren verboten und so weiter. – In Kairo analysierten Designstudentinnen, dass im öffentlichen Raum die Männer breitbeinig-raumgreifend auf Stühlen herumsitzen, während die Frauen flüchtig, fast unsichtbar durch den Raum huschen. Die Studentinnen beschrifteten diese Stühle heimlich mit der weiblichen Aufforderung „setz dich" (die Schrift gibt in kleiner Variation an, ob etwas männlich oder weiblich ist); zum Schrecken ägyptischer Männer, die sich daraufhin nicht mehr setzen mochten. – Intelligente Designprojekte denken über die Probleme von Orientierung nach und entwerfen Möglichkeiten von erfahrungshaltiger Desorientierung, andere suchen Zwischenwege zum Beispiel über ein „Design für wilde Tiere", was zur Gestaltung von Rebellion der Tiere, zu Gender-Konflikten und anderen ebenso kuriosen wie provokativen und über sich hinausweisenden Entwürfen führte. Oder man begreift, wie leicht die Menschen quasi automatisch bestimmte gestaltete Merkmale gehorsam akzeptieren: beispielsweise jene rot-weiß gestreiften Hütchen und Bänder, die Absperrung signalisieren, oder die orangefarbigen und dadurch ordnende Autorität einfordernde Westen städtischer Arbeiter im öffentlichen Raum. Gegen ihre ursprüngliche Intention eingesetzt, können Menschen in ganz andere Richtungen und zu anderen Verhaltensweisen geführt werden, um ihnen dabei das Problem solcher Gläubigkeit an die Zeichen zu erläutern.

Zum anderen verweigern sich Designerinnen und Designer gelegentlich, stets zu Diensten zu sein oder immer nur solche Aufträge zu erhalten, in denen sie als Problemlöser (Trouble Shooter) gefragt sind; da doch manchmal viel wichtiger ist, erst einmal ein Problem zu verstehen. Wobei dem Design dabei die Aufgabe zukommen oder zugedacht werden könnte, die Komplexität solcher Probleme zu entdecken und öffentlich zu artikulieren. Deshalb macht Sinn, gelegentlich Probleme zu gestalten – und damit der üblichen Vorstellung von Design zu widersprechen.

Damit nimmt Design eine Position ein, die ihm normalerweise wenig zugedacht wird, die zugleich jedoch für dessen öffentliches Verständnis äußerst wichtig ist: Nämlich Design auch als Kritik zu begreifen, als spezifische und kompetente Kritik an all dem, was uns als gestaltet umgibt. Ab und an zu verwirren oder, besser, genauer zu verstehen und demgemäß zu kritisieren, ist eine zentrale Aufgabe von Design und von Designforschung. Derzeit beginnt allmählich ein Verständnis für genau diese Kompetenz von Design, denn Kritik impliziert sowohl eine spezifische Radikalität, als auch hilft sie gegebenenfalls Institutionen und Unternehmen, Althergebrachtes sinnvoll zu überwinden. – Wobei auffällt, dass selbst noch Design als Kritik, als Kritik-Fähigkeit und als Aufklärung sich immer in der Gefahr befindet, verwertet zu werden. „Am Ende", so sagte ein französischer „Street-Hacktivist" kürzlich, „wird alles zum T-Shirt."

Betrachten wir diese Problematik, in der Design, in jeglicher Äußerung, weil gesellschaftlich so relevant, zwischen den Widersprüchen von Resistenz und Nutzung zerrrieben zu werden droht, dann stellt sich (vergleichbar der Kunst und auch der Architektur) die wichtige Frage, ob nicht eine Lösung für das Design aus diesen Konflikten heraus die Subversion sein könnte oder sogar sein müsste. Nicht unversehens haben insbesondere Grafik-Design, gelegentlich aber auch andere Designbereiche viel von Pop Art gelernt oder vergleichbare Kompetenzen entwickelt, sich rebellisch durch das Gewirr von Ansprüchen, Strukturen und Systemen hindurch zu wühlen und darin subversive Aktionsformen zu konzipieren und durchzusetzen. Man erledigt gewissermaßen und nicht ganz ohne Risiko das jeweils Geforderte, um unterhalb desselben zugleich etwas ganz anderes, radikalere Denk- und Handlungsweisen anzusiedeln.

Das Problem an dieser Stelle stellt sich allerdings, dass man über Subversion nicht schreiben sollte.

Wer niemanden imitiert, ist niemand.

Andy Warhol

Dem Leben graut vor der perfekten Wirklichkeit.

Thomas Mann

Bel Etage

Mord Design
– ein Versuch zur Aufklärung von Design –

1. Zum Beispiel Stühle

Es mag etwa zwanzig Jahre her sein, da gab es bei „Spiegel TV" einen Film, der für das Design (und auch sonst) erschütternd war (die englische Version findet sich noch heute auf YouTube).

Gezeigt wurde eine Dokumentation über Fred Leuchter, einen US-Spezialisten mit deutschen Vorfahren, der professionell so richtig reüssierte: als, wie er sich selbst nannte, „electric chair designer". Er war tatsächlich für lange Zeit der beste Experte für diesen Vollzug der Todesstrafe in den USA.

Nun geriet diese Dokumentation gerade deshalb so hart, weil deren Autoren auf jeglichen Kommentar verzichteten, vielmehr Fred Leuchter sich selbst erklären ließen. Und der redete und zeigte und erläuterte vor allem, warum er ein vorzüglicher Designer sei, eben von elektrischen Stühlen. Was sehr präzise geschah, verortete er doch sein absolut funktionales Vorgehen: genauer Einsatz neuester Technik und neuer Materialien vor allem bei der Gestaltung des Stuhls selber, der sehr einfach, komfortabel und fehlerfrei funktioniere. Quadratisch, praktisch, gut.

Weitergehend sprach Fred Leuchter, der Designer, auch von Energieeinsparung und verbessertem Materialeinsatz – zum Beispiel bei der Gestaltung der Accessoires, also der Hand- und Fußfesseln oder der elektrizitätsleitenden Teile am Kopf. Stolz führte er das am eigenen Leibe (allerdings unverdrahtet) vor und begeisterte sich sogleich an seiner hervorragenden Kosten-Nutzen-Rechnung.

Fred Leuchter nämlich war nicht nur Stuhl-Designer (jeder möchte offenbar den ultimativen Stuhl gestalten): Er sorgte sich ebenso um den ganzen Raum, die Todeszelle, die er sehr aufgeräumt und einfach formte, mit zudem sehr guter Aussicht für die, die allgemein bei jenem Todeskampf zuschauen. Denn da muss man, Fred Leuchter beschrieb das so, doch auch an den guten Service denken.

Stolz demonstrierte Fred Leuchter dies alles, erging sich in Detail-Analysen, und er verdeutlichte auch, dass mit seinen überall in den USA favorisierten Stühlen durchaus serienweise tödliche Elektroschocks geleistet werden könnten, quasi als Rationalisierungsangebot.

Ein inhumaner Designer also – oder eben deshalb gar keiner? Weit gefehlt, denn Fred Leuchter schritt voller Überzeugung moralisch drein und bezeichnete sich als zutiefst human in seiner Formgebung. Der Beweis: Bei seinen Stühlen ginge alles sehr schnell und sehr sauber ab. Auch dies übrigens erläuterte er en détail, als hätte er ein medizinisches Gerät entworfen, das allen helfe. Ersparen wir uns weitere Einzelheiten.

Schließlich belegte der selbsternannte Designer Fred Leuchter, wie sehr er typischer Designer sei. Er führte nämlich das Kamera-Team auch noch in sein Heiligtum, das private Museum zur Geschichte des „electric chair design", und alles wusste er zur Historie dieser Formgebung zu sagen, ab und an gar überwältigt von historischen Innovationen oder besonders schönen Stücken.

Alles stimmte, hätte aus einem alten Lehrbuch für Design abgeschrieben sein können, Wort für Wort und Konzept für Konzept. Nur das Objekt der gestalterischen Begierde stimmte irgendwie nicht.

2. Design ist evident

Vor einigen Jahren zeigte ich in meiner wöchentlichen Vorlesung den Kölner Design-Studierenden die gesamte Dokumentation und wollte – wie bei Vorlesungen üblich – diese unkommentiert lassen.

Als ich jedoch am Ende den Hörsaal verlassen wollte, sah ich, dass die meisten Studierenden starr auf ihren Plätzen sitzen geblieben waren: wortlos und recht blass. Und dann reklamierten einige, ich könne sie so nicht verlassen, ich hätte zu erklären und mit ihnen zu diskutieren. Was ich tat.

Eine Profession, eine Wissenschaft, Theorie und Praxis und alle damit verbundenen Reflexionen und Taten emanzipieren sich erst dann, wenn sie um ihre Ambiguität und Ambivalenz, um die unausweichliche Verstrickung in gesellschaftliche Realität wissen, darüber diskutieren und dies veröffentlichen. Was übrigens für alle Bereiche von Denken und Handeln gilt. Die Physik musste das spätestens bei der Kernspaltung erfahren, Chemie und Biologie ebenso wie Mathematik schon viel früher, als Ideologie-Produzenten ebenso die Geisteswissenschaften. Und auch Architektur waren an jeglicher Gestaltung von Kriegsgerät und praktischer Brutalität direkt beteiligt oder an deren Legitimationen.

Was nun das Design betrifft, so ist äußerst problematisch (und grausam), wie häufig und deutlich dieses Metier in Designtexten und von Designern stets sauber geputzt worden ist als permanentes Wohlwollen, als fortwährende Güte, als purer Humanismus oder als nützliche oder zumindest harmlose Funktionalität. Mit wenigen Ausnahmen (etwa in Wolfgang Fritz Haugs Zuordnung zur „Warenästhetik") ist vieles im Design schön- und gutgeschrieben worden, in manchmal geradezu apologetischem Wahn. – Wozu selbstverständlich ebenso gehört, dass das später auch in den USA so erfolgreiche Bauhaus von eben jenen USA nach 1945, mit Persilschein versehen, an Deutschland und Europa sozusagen zurückgegeben wurde – als hätte es nie rassistische Entwürfe von Herbert Bayer für die NSDAP gegeben oder von Gropius die Gestaltung faschistischer Ausstellungen und von Mies van der Rohe Gebäudekomplexe, deren Zeichnungen gleich mit Hakenkreuzfahnen ausgestattet wurden. Erst Ende der 1980er Jahre publizierte die Bostoner Zeitschrift „October" einige Briefe Mies van der Rohes an die Reichs-Architektenkammer, der er sich um 1943 leidenschaftlich als Architekt für den Wiederaufbau Deutschlands „nach dem Endsieg" anbiederte; und es brauchte noch etliche Jahre, bis viele Dokumente der Verstrickung des Bauhaus in die nationalsozialistischen Aktivitäten und auch jenes Foto veröffentlicht wurden, das Adolf Hitler fröhlich auf einem Stuhl von Mies van der Rohe zeigt.

(Der bis heute so gut wie nicht problematisierte Umgang des italienischen Designs und seine Einlassung mit dem italienischen Faschismus oder des japanischen Designs mit seiner ebenfalls brutalen Geschichte wäre eine eigene Studie wert.)

3. Beretta und Kalaschnikow

Wo also finden sich die Recherchen und Berichte über jene oder gar von jenen, die Pistolen, Gewehre und Panzer gestalten oder Verpackungen und Prospekte für Tretminen, Handgranaten, Munition? Da müssen doch etliche Designer tätig sein. Nur reden sie nicht darüber, und die produzierenden Unternehmen selbstverständlich genauso wenig.

Es ist tatsächlich sehr schwer, die jeweiligen Designer herauszufinden. Bekannt ist – aber auch nicht offensiv publiziert –, wer das Corporate Design der deutschen Bundeswehr entwickelte und welches Design-Büro den US-amerikanischen „Stealth"-Bomber gestaltete und dabei jener Einsicht von Lucius Burckhardt „Design ist unsichtbar" eine eigenartige Interpretation anheimgab, da dieser Bomber für das gegnerische Radar dank seiner geometrischen Form und der spezifischen Oberflächenstruktur so gut wie unsichtbar gestaltet wurde. Man kann auch davon ausgehen, dass die „Kalaschnikow" von einem Ingenieur gleichen Namens technisch entworfen und – wie er in Interviews stolz verkündete – ebenfalls ästhetisch gestaltet wurde. Die „Beretta" stammt aus der wahrscheinlich ältesten Waffenproduzenten-Familie (16. Jahrhundert), eben Beretta. Heute wird das Unternehmen von Ugo Gussalli Beretta geführt – wer allerdings all die vielen Waffen gestaltet hat, ist nicht bekannt; die bekannteste und gern in Filmen verwendete ist wohl die Beretta 9mm „Parabellum" („den Krieg vorbereiten").

Es gilt mit wenigen Ausnahmen: Das Design von Tötungsmaschinen geschieht im Geheimen, mit ihm ist sehr viel Geld zu verdienen, aber die Designer bleiben lieber unerkannt, kreieren sozusagen anonymes Design.

4. Mentalitäten

Doch zu simpel wäre es, lediglich zwei polare Lager zu imaginieren: Dort die Bösen, hier die Guten, die sich von jenen distanzieren. Was doppelt ideologisch wäre.

Zum einen nämlich unterschlüge dies jegliche Einsicht in die fatale Realität, dass gerade die Gestaltung von Waffensystemen und diese selber offenkundig attraktiv, eben anziehend, wirken. Es bedeutete, die Aufklärung drastisch zu banalisieren (was allerdings ziemlich normal ist), irgendeine Reinheit der Gefühlswelt und auch der Ratio selber zu wähnen.

Immerhin erkannten und formulierten die diversen Spielarten der Romantik schon vor 200 Jahren die Dialektik der Aufklärung und die veritable Existenz des Dunklen, des Gemüts, der nahezu archaischen menschlichen Sehnsüchte und die Unausweichlichkeit von Widersprüchen innerhalb und außerhalb eines wie auch immer eingebildeten Selbst. Mögen solche – offenbar unangenehmen – Einsichten, zumal in der zweiten Hälfte des 19. Jahrhunderts, auch durch etliche Saubermänner artikuliert philologischer Maßnahmen versuchshalber verdeckt worden sein (es war die Hoch-Zeit erster Rasterfahndungen bis hin zu den erbarmungslosen fotografischen Attitüden eines Eadweard Muybridge): Immerhin erklärte zu gleicher Zeit Charles Darwin hinterrücks das Animalische jeglicher Menschheit, und etwas später analysierten Sigmund Freud und etliche andere das unauflöslich Verworrene und Ambivalente der Antriebe menschlichen Denkens und der Triebe menschlichen Verhaltens.

Was die eigenwillige – und dabei gewiss gender-differente und unterschiedlich sozialisierte, gleichwohl allemal virulente – Macht der Attraktion grundlegend erläutert, die menschliche Wesen angesichts harter und glatt scheinender Perfektion erfasst. Da werden Distanzen, phantasiebeflügelt, überwunden (noch jede Fernbedienung lebt davon), verfallen Menschen der Gewalt des Funktionalen, das ihnen Sicherheit verheißt, Kraft leiht, den Glauben an doch noch etwas Reales bestätigt und die stete Angst vor Verwirrung und Chaos eskamotiert, nämlich verzaubert. Denn die Dinge, die vermeintlich hervorragend funktionieren, vermitteln ein herrliches Gefühl, alles sei gefügt, anständig und erklärbar. Welche Objekte aber schaffen das besser als Waffen und anderes Tötungsgerät.

Ein chinesischer Student legte mir zur Prüfung in Hong Kong einst eine Arbeit vor, die mit dem Satz begann: „Nur die Designer von Waffen können sich keine Fehler leisten". Ich hielt das für angemessenen Sarkasmus, doch er meinte es ernst; und ich brauchte einige Zeit, ihm das Problem zu erklären, dass womöglich gerade diese Faszination durch Waffen und deren aufdringliche potentielle Nutzbarkeit schier alle wünschen lässt, sie irgendwann doch nutzen zu wollen, sich also von der funktionalen Besonderheit überzeugen zu können. Als Beispiel für diese Attraktion und gleichzeitige Frustration dienen hier US-Kampfpiloten und Drohnensteuerer, die alles Mögliche veranstalten könnten, aber, solange kein Krieg erklärt ist, dies nicht dürfen: Trainieren für den Notfall, aber mit Placebo-Effekt. – Erinnern wir uns an jenen akustisch überlieferten Jubel britischer Bomberpiloten angesichts der Schönheit der von oben wie glitzerndes Feuerwerk aussehenden Explosionen bei der Bombardierung deutscher Städte.

Im Rahmen eines von mir angebotenen Seminars zu dem hier erörterten Thema beschlossen die beteiligten Kölner Designstudierenden, sie müssten, da sie (bis auf einen deutschen Studenten und eine israelische Studentin) gar keine Erfahrung im Umgang mit Waffen hatten, sich auf einem Schießplatz einmieten und das Schießen ausprobieren. Sie kamen tief deprimiert zurück, weil reichlich fasziniert von den Waffen und deren Funktionen, etwa auf 100 Meter Entfernung etwas vernichten zu können, in einer Distanz, die keine Antwort des Vernichteten mehr wahrnimmt.

Ebenso aufschlussreich ist die einst in der von Petra und Uwe Nettelbeck herausgegebenen Zeitschrift „Die Republik" veröffentlichte Analyse zu jenen englischen Soldaten, die in Afrika erstmals und begeistert Maschinengewehre an Menschen („Gegner" genannt) ausprobierten und diese reihenweise erledigten – groß war allerdings deren Erstaunen, als Jahre später jene „Gegner" mit MGs zurückschossen, denn darauf waren die Engländer nicht vorbereitet. – Ist man eben nie, da Funktion, allemal als Aktion verstanden, nie als das erkannt wird, wovor man sich zu schützen habe.

Kein Zweifel: Funktion, gar seriell garantiert, ist ebenso attraktiv wie ihr Erklärungsbild als Funktion, und dies gilt umso mehr, wenn es durch Magie, etwa der Überwindung von Distanzen, aufladbar ist. Selten nur – und dies beträfe Gestaltung und deren Gebrauch – werden die Folgen oder gar die immanenten Potenziale bedacht.

Erinnern wir uns: Fred Leuchter fand sein Vergnügen und seine Legitimation stets im Praktischen als vorgeblich a priori Menschlichem.

Und: Noch jede ausgestellte Abscheu vor gestalteter Gewalt und deren Handwerkszeugen kann einer inneren Widersprüchlichkeit nicht entgehen, womöglich noch im Widerwillen Wollen zu verbergen: Es braucht eben Argumente und Diskurs darüber. Zumal sich permanent eine weitere verzwickte Kategorie als Anspruch in jede Gestaltung und ins Leben allgemein einflicht, die uns fortwährend Ökonomie als Rationalität vorgaukelt: Denn allerorten wird Effizienz eingefordert, quasi als Verweis des Seins zum Denken und Handeln.

Nur ist das eine Paraphrase, die immerwährend Unmittelbarkeit einfordert. Alles habe sich sogleich zu realisieren. Lang- oder auch mittelfristige Erwägungen werden ad hoc unter den Tisch geräumt.

In der unternehmerischen Praxis, in der solche verkürzten Vorstellungen von Effizienz üblich sind, nennt man das gern „helicopter policy": Anfliegen, viel Staub aufwirbeln und wieder abheben. Das nämlich schafft Wirkung und entlastet zugleich von jeglicher Verantwortung für das, was dann geschehen mag. Angesichts trostloser Shareholder-Kampagnen, halbjährlicher oder gar vierteljährlicher Geschäftsberichte wird das zwar plausibel, produziert gleichwohl seriellen Unsinn und überlebt nur, weil Unternehmen beträchtlicher Größenordnung ohnehin wie Riesentanker immer geradeaus fahren, egal, wer sich da gerade was ausheckt. Am Ende wird es die Zeit schon richten, und wer sich wehrt, wird erledigt.

Jene unausweichliche und wahrlich oft tragische, von Philosophie schon lange erörterte Spanne zwischen Genesis und Geltung einer Idee, eines Konzepts, eines Plans, einer Gestaltung, gar einer Antizipation oder – wie man heutzutage gerne sagt – einer Innovation passt nicht ins Gefüge landläufiger Inanspruchnahme von Effizienz (zum Schaden von Wirtschaft, Sozialität und Leben, wie man an gegenwärtiger Politik- und Ökonomie-Hektik leicht einsehen kann).

Kein Zweifel: Fred Leuchter war Ökonom alter Schule, fasziniert von Präzision, Effizienz, simpler Kosten-Nutzen-Rechnung und „Ästhetik" als schöner Anschauung.

Es ist klar, dass Design sich neu verorten muss. Ganz allmählich entwickelt es Selbstbewusstsein diesseits simpler Regularien, Nachäffung formalistischer Regeln und blinder Ideologie-Produktion. Aber das kostet (s. Genesis und Geltung) offenkundig zu viel Zeit. Spute sich, wer kann. Wogegen Handeln, Träumen, Empathie, Enthusiasmus und eine intelligente Form von Faulheit Leben schöpfen könnten, eben als kluges Design.

5. Design bei sich und allgemein

Es sollte doch evident und begreifbar sein, dass Design stets und gegebenenfalls auch diesseits eigener Absicht oder hehren Wollens an Konflikten partizipiert (und Ruhm und Geld erwartet), es ein immerwährendes Mittel sozialer Auseinandersetzung ist.

Bekanntlich gibt es nichts, mit dem nicht auch geprügelt oder gemordet werden kann und wird. Täglich tötet der schnelle Zug „ICE" in Deutschland mindestens einen Menschen (in Holland, da viel kleiner, jeden dritten Tag), offenbar sind viele tödliche Autounfälle ebenfalls verkappte Selbstmorde (Brückenpfeiler und dergleichen helfen dabei), wohlgeformte Messer sind Tatwaffen, ebenso wie Äxte, Pfannen: Werkzeuge aller Art sind potenziell tödlich. – Fast jeder Kriminalroman übrigens könnte als intelligente Designanalyse gelesen werden.

Gewiss: Auch Gläser können Schmerzen zufügen oder töten, Flaschen ebenso, Lampen auch und Aschenbecher, Vasen, Streichhölzer, Kopfkissen, Haartrockner, Badewannen etc. – der Phantasie sind keine Grenzen gesetzt. Dazu kommen selbstverständlich noch Atomkraftwerke mit all ihrer Perfektion, Mobiltelefone, Radios und Fernsehgeräte – die Produktreihe ließe sich noch lange fortsetzen.

Nicht alles, zugegeben, ist gleich tödlich; zweifellos jedoch können auch Zeichensysteme und Typografie verführend oder autoritär zum Töten anregen, befehlen und verbieten Wegweiser herrisch, haben Texte (ohne Gestaltung gibt es die schriftliche Form ja nicht) das Potenzial, sich zu verdrücken und Getanes zu entschuldigen.

Da ist kein Entkommen, es hilft auch keine Flucht in so genanntes ökologisches oder soziales Design:

Über allem nämlich schwebt das Postulat, dass ja alles gestaltet ist und somit gestaltbar sei: Verheerend haben das eben auch die Nationalsozialisten, Stalinisten und andere autoritäre Systeme schon längst in jeglicher Brutalität erkannt und zum Glänzen gebracht. Insbesondere diese Erfahrung von Gestaltungsnot zeugt von der Gefahr, mit der Design unabdingbar verstrickt ist.

6. in situ

Eine eindimensionale Lösung ist nicht in Sicht. Es bleibt nur, sich innerhalb von Design dieser Widersprüche gewahr zu werden, sie zu veröffentlichen, sie ständig zu diskutieren, sich sogleich ohne Verklärung zu erklären, dass Design wie alles andere Denken und Handeln widersprüchlich ist. Für Designerinnen und Designer bedeutet das, Emanzipation mit all deren Bewusstsein für Antagonismen zu leben und zu wagen und sich zu sozialisieren – und endlich die Menschen ernst zu nehmen, die mit all den von Design gestalteten Artefakten umgehen und damit ihr Leben gestalten müssen.

Womöglich könnte diese Reflexion empirischer Verhältnisse statt apodiktischer Designlinien helfen, ernsthaft und somit kritisch im Design zu arbeiten. – In der „Ersten Deklaration des St. Moritz Design Summit" von 2001 heißt es, Design müsse Missverständnisse und Fehler (im Umgang mit dem Gestalteten) der Menschen als Quelle von Innovation und kultureller Vielfalt begreifen.

7. jedoch

In einem von mir vor einigen Jahren zu diesem Thema angebotenen Seminar verliefen sich im Rahmen eines „Tags der offenen Tür" ausgerechnet bei einem Referat zu „Serienmord und Serien-Design" drei Schülerinnen in dieses Seminar. Später war zu hören, dass diese aufgrund solch erschütternder Erfahrung keinesfalls Design studieren wollten. Was bisher durchaus symptomatisch formuliert war, gewissermaßen im Rahmen jenes angeblich so gesunden Menschenverstands, der stets danach trachtet, das Design ins Gute und Schöne und Soziale ein- und heimzuholen.

Diesem etwas radikal entgegenzusetzen, verweist dann doch wohl auf Sinn und Notwendigkeit von Designtheorie und -forschung – was allemal mit Selbstkritik beginnen möge.

Ästhetik ist für mich das, was Ornithologie für die Vögel sein muss.

Barnett Newman

Diagnose und Therapie

Im Design ist das Verhältnis von Forschung und aktivem gestalterischen Handeln vergleichbar dem berühmten Konflikt in der Medizin zwischen Diagnose und Therapie. Dies beginnt schon bei beiden gleich gründlich, denn sowohl die Medizin als auch das Design genießen im allgemeinen Verständnis gesellschaftliches Ansehen und ihre Legitimation eher als praktische oder eben aktiv und anschaulich handelnde Professionen; nämlich als Verbesserung eines Zustands und Beseitigung von Mängeln oder auch als Garanten eines besseren Lebens.

So sehr nun öffentlich dieser direkte Heilungs-Vorgang, also die jeweilige Therapie, im Vordergrund steht, so sehr ist bei genauerer Betrachtung selbstverständlich, dass bei beiden doch noch vor der Heilung die Diagnose, eben die Forschung, darüber bestehen müsste, was da überhaupt geheilt werden soll. Denn sonst würde man ja lediglich herumdoktern.

So logisch und plausibel dies klingen mag, so konfliktuös ist die Beziehung von Diagnose und Therapie in beiden Arbeitsbereichen. Das erste Problem besteht bekanntlich darin, dass die Diagnose zwar die Gründe eines Zustands und entsprechende Prozesse aufstöbern und betrachten kann, dies jedoch geschieht selten eindeutig, stattdessen gelegentlich sogar widersprüchlich. Redliche Diagnose wird selten eindimensional argumentieren und viel häufiger Konflikte aufspüren und diverse Gründe finden. Damit wäre also idealtypisch die Therapie gefordert, im Dialog mit der Forschung mehrere begründbare Wege gemeinsam auszuprobieren; oder aber, weniger genau – so geschieht es inzwischen sehr häufig in der Medizin, aber vielleicht auch im Design –, Breitband-Mittel zu nutzen, möglichst viele der denkbaren Ursachen abzudecken.

Aus diesem Tatbestand heraus, doch zusätzlich aufgrund der prinzipiell so unterschiedlichen Herangehensweisen, ist es nicht möglich, von der Diagnose prompte Vorschläge für die Heilung zu erwarten, und ebenso wenig kann die Therapie einfach so aus der Forschung therapeutische Maßnahmen direkt ableiten. Hier braucht es eine Gestaltung des Übergangs von dem einen zum anderen Grund und ein allmähliches Verständnis davon, wie überhaupt dieser Zwischenraum vergleichbar dem von Denken und Handeln sich jeweils füllt, welche Volten da geschlagen werden, um beide zumindest gelegentlich und temporär zu vereinbaren.

Ein dritter Konflikt zeichnet sich dadurch aus, dass nicht ganz zu Unrecht die Forschung sich durchaus auch als handelnd versteht; denn sie ist aktiv, sie greift ein, sie beobachtet zum Beispiel, und sie analysiert, ist demnach stets tätig, allerdings ohne selber zu heilen. – Übrigens bildet dies zusätzlich ein Problem, weil nämlich die Forschung oder eben die Diagnose in ihrem Zugriff auf das zu Beobachtende und zu Analysierende unweigerlich immer den Forschungsgegenstand verändert; das beschrieb Werner Heisenberg mit seiner Formulierung der „Unschärfe-Relation" und erläuterte Niklas Luhmann durch die Aussage, der Beobachtende befände sich immer im Status des nur Wahrscheinlichen, da es notwendig einen zweiten Beobachter brauche, der den „blinden Fleck" des originären Beobachters, dessen selektive Wahrnehmung, in gewisser Weise kompensiere. – Wenn aber Forschung handelt, dann müsste sehr viel genauer die Differenz der Handlung von Diagnose zu der der Therapie erörtert werden. Unterschiedlich wiederum müssen beide Vorstellungen von Handlung sein, denn ansonsten bedürfte es nicht mehr der Therapie. An dieser Stelle kann lediglich ein denkbarer Hinweis auf diese Differenz gegeben werden: Der Gegenstand selber kann es nicht sein, da beide sich an demselben betätigen müssen, wenn es überhaupt eine Verbindung zwischen ihnen gibt oder geben soll; eher scheint es die Richtung der jeweiligen Zuwendung zu sein oder auch das unterschiedliche Ziel. Denn die Forschung oder Diagnose möchte die Probleme finden, die Therapie möchte sie lösen (zugegeben: manchmal ohne zu wissen, welche Probleme es überhaupt gibt, und gelegentlich sogar in der Behauptung von Problemen, die gar nicht existieren).

Aus diesem Konflikt wabert aber noch ein anderer hinüber: Therapie kann tatsächlich ab und an gewissermaßen spontan oder improvisiert gelingen, Diagnose hingegen verlangt nach Belegbarkeit und in sich stimmiger Argumentation. Letztere baut vom Prinzip her auf Logik auf und versucht, systematisch voranzuschreiten. Bei Ersterer dürfen es Annahmen sein, die sich gewissermaßen immer nachträglich durch Erfolg begründen lassen (gewiss, Nicht-Erfolg wird dann gerne verdrängt oder vertuscht). Bei der Diagnose dagegen geht es um Stringenz und Beweiskraft – allerdings mit der potenziellen Einschränkung, gar kein Resultat zu erzielen, nichts zu heilen und sich selbstgenügsam in der Forschung zu befrieden.

Damit wiederum ergibt sich auch der hier vorläufig zuletzt auffindbare Konflikt: Die Diagnose ist stets wild entschlossen, alles zu diagnostizieren, eben den Dingen auf den Grund zu gehen. Auf die Medizin angewandt bedeutet dies etwa, dass gelegentlich Patienten mit komplexen Problemen als „Schatzkästchen" betrachtet werden, die man am liebsten so lange untersuchen würde, bis sie als Leiche seziert werden könnten. Gestört wird die

Diagnose dabei allerdings normalerweise von der Therapie, da deren noch so gelinder Eingriff jegliche Diagnose verfälscht, eben das Objekt der Beobachtung und dessen Konditionen radikal verändert. So muss man zugeben, dass wenigstens gelegentlich die Therapie den Vorteil bietet, immerhin tätig zu werden, solange das Objekt noch lebt, denn sie ist getragen nicht von den Gründen, sondern vom Pathos der Heilung.

Zusammenbringen muss man beide – und kann man jedoch kaum. Denn die Widersprüche zwischen ihnen sind groß, zugleich jedoch sind Diagnose und Therapie aufeinander unabdingbar angewiesen. Immerhin kann man mittlerweile feststellen, dass bei beiden sich ein stärkeres Bewusstsein des jeweils anderen eingestellt hat und dass beide womöglich nach neuen Wegen suchen, ihre jeweilige innere Dogmatik zu mindern. So beginnt Forschung, die Möglichkeit oder sogar Notwendigkeit auch assoziativer Logik, tentativer Formulierungen und die unausweichliche in ihr immer herausquellende Widersprüchlichkeit zu akzeptieren und die Möglichkeiten offener Denkweisen umzusetzen – und die Therapie löst sich vom banalen Trial-and-Error-Experiment, ideologischer Selbstvergewisserung und vom einseitigen Blick auf Heilung um jeden Preis (ohne Ansehen der Folgen) und wird bedächtiger. Allemal jedoch sollte das Interesse der Patienten und Patientinnen, also von Gesellschaft, im Mittelpunkt stehen. Weshalb an dieser Schwelle zwischen Diagnose und Therapie, zwischen Forschung und aktiver Gestaltung, noch sehr viel zu bedenken ist.

Komm ins Offene

Friedrich Hölderlin

Rausch und Provisorium
– unscharf und ephemer –

Design als Handlung und als Denkform besser zu verstehen und nutzen zu können, winken aus der Ferne zwei Kategorien, die noch etwas unbegriffen gleichwohl wesentliche Ausblicke verheißen. Beides übrigens Kategorien, die ausdrücklich schon in den fünfziger und sechziger Jahren des vergangenen Jahrhunderts in den Diskurs gerieten, aber im Design lange nicht wahr- und ernst genommen wurden.

1. ungefähr

Beginnen wir mit der Unschärfe:
   Nicht alles, was historisch verloren ging, lohnt, darum zu trauern. Dennoch gibt es historische Verluste, denen nachzudenken wirklich Erkenntnis schafft. So wie jenes weiße Rauschen, das einst beim Wechsel von Fernsehsendern oder bei überraschenden Unterbrechungen des Programms plötzlich auftrat. Und das, nehmen wir Rauschen als akustisches Phänomen, insbesondere bei der Sendersuche im analogen Radio wunderbare Erfahrungen bot.
   Nun wurde dieses Rauschen schon vor einigen Jahrzehnten von dem amerikanischen Mathematiker und Informatiker Shannon als besondere Qualität beschrieben. Ziemlich plausibel nämlich versuchte er, damals den Menschen zu erläutern, dass dieses weiße Rauschen eigentlich alle Inhalte in sich berge, bloß zu komplex sei (womöglich noch immer), als dass es von den Menschen verstanden würde. Also würden die Menschen des gegenseitigen Verständnisses zuliebe in jedem Diskurs versuchen, diese Komplexität des Rauschens zu vermindern, eben bis zu dem Moment, da sie den Eindruck hätten, verstanden zu werden. Auf der Seite wiederum derer, die verstehen wollen, was ihnen da so entgegenrauscht, ergäbe sich dann der Versuch, möglichst schnell aus diesem Rauschen etwas herauszufiltern oder dieses Rauschen soweit einzudampfen, bis sie selbst meinten, etwas zu verstehen. – Man kann sich das in folgendem simplen Bild veranschaulichen: Da stehen zwei Menschen und unterhalten sich; beide haben eine Art Verstehens-Schirm aufgespannt und reden nun aufeinander los. Beim Reden beobachten sie sich gegenseitig sehr genau darauf hin, ob bei der je anderen

Person Anzeichen erkennbar werden, die nach Verständnis aussehen – und bis zu diesem Augenblick reduziert man die Komplexität der Rede oder bietet Varianten dessen an, was gesagt werden soll. Beim Zuhören hofft man auf die Kraft jenes Schirmes, setzt man sich dem Rauschen aus und wartet darauf, dass der Schirm ein wenig fokussiere – bis man selber den Eindruck gewinnt, man würde verstehen. Im Ergebnis jedoch bedeutet dieser Prozess, dass beide Seiten sich verstanden fühlen und meinen, die oder den anderen verstanden zu haben, obwohl vielleicht alles nur oder teilweise Missverständnisse sind. Meistens ist solch ein Ergebnis keineswegs tragisch, reicht es doch, das eigene Verständnis des von dem anderen Geäußerten als interessant und anregend wahrzunehmen, daraufhin selber sich zu äußern und hoffentlich von der anderen Seite Zeichen des Verständnisses zu erfahren. Nur Befehle müssen eindeutig verstanden werden, aber wer möchte die schon überhaupt wahrnehmen.

Folgen wir dem Gedankengang, dann bedeutet das, dass wir uns durchaus permanent mit Unschärfe des Verstehens nicht nur zufrieden geben und sie akzeptieren, sondern diesen Vorgang lustvoll nutzen oder nutzen können, weiter zu denken.

So geschieht das jeden Tag allen Menschen, ohne dass sie sich darüber besonders aufregen, allerdings meistens auch ohne fortwährendes Bewusstsein dessen, was da geschieht. Eher muss ein Paradoxon angenommen werden, da nämlich der ständige Prozess ungefährer Verständnisse als ausreichendes oder sogar perfektes Verständnis stets kontrastiert wird durch eine herrschende gesellschaftliche Sucht nach geradlinigem Nominalismus eindeutiger Wahrnehmung. Denn allgemein gelernt wird, durch Unschärfe verunsichert zu sein und deshalb sich alles erklären und linearen, somit hierarchischen Abläufen folgen zu wollen. Was am Ende bloß alles verklärt.

Wichtig sind diese Gedanken für das Design und waren sie einst auch für die Kunst. Doch Letztere entwich diesem Anspruch von Klarheit schon in der romantischen Malerei, später im Impressionismus mit dessen Versuchen, die Wirklichkeit von Wahrnehmung abzubilden – und sehr deutlich dann im italienischen Futurismus, sogar in einigen Formen von Konstruktivismus und ohnehin von Data und schließlich berühmt schon in den frühen Arbeiten von Gerhard Richter. Aber Design, dem hinterrücks eben doch diesseits vordergründiger Dispute über dessen bloß akzidentielle und verkaufsfördernde Fähigkeiten die Ernsthaftigkeit abgefordert wird, alles präzise erklären zu sollen, hatte mit der Unschärfe deshalb ein Problem und bemühte sich nach innen und außen um eine möglichst einfache Plausibilität. So folgte das Design lange einem Regelwerk – basierend auf der Fiktion eindimensionaler Funktionalität und anderen vermeintlichen Prämissen – und frönte geraden Linien und rechten Winkeln (obwohl diese bekanntlich zwar berechenbar, aber für Menschen gar nicht ersichtlich sind).

Nun brauchte es, zugegeben, auch in der Wahrnehmung der Relevanz von Unschärfe im alltäglichen Leben einige Zeit und hat erst jetzt allmählich eine veritable Erörterung über deren Bedeutung für die Gestaltung begonnen, sich zu entfalten. Dabei haben einige empirische Beispiele und deren öffentliche Diskussionen geholfen. Zum Beispiel (und dies entspricht sehr genau der Selbstwahrnehmung im Design) begründen insbesondere an Flughäfen beschäftigte Drogen-Fahnder vor Gericht, wenn sie dort als Zeugen gehört werden, immer sehr genau, warum sie auf die Spur von diesem oder von jener gekommen seien und diese festgenommen hätten. Diese lineare und vor Gericht so geforderte Version wird, wenn man mit den Fahndern außerhalb des Gerichts intensiv darüber redet, sofort brüchig: Sie erläutern dann, dass sie selber sich nicht erklären können, warum sie eine bestimmte Person verfolgten, ja, diese nur dadurch aufspüren konnten, dass sie sich jeglicher ableitungslogischer Reflexion enthielten. – Der unscharfe Blick also führt sie zum Erfolg. Dem Design ist das deshalb so ähnlich, weil wahrscheinlich alle Designerinnen und Designer darum wissen, dass ihre Konzepte und Inventionen in linearer Logik kaum nachvollziehbar sind, gleichwohl gegenüber den Auftraggebern als einfach logisch (vielleicht nur vermeintlich) vorgetragen und legitimiert werden müssen; nicht zuletzt übrigens, da nach behauptetem zeitlichen Arbeitsaufwand, eben quantitativ und keineswegs qualitativ, nur nach Arbeitstagen abgerechnet wird (wobei alle notwendig schummeln, denn die wirklich guten Einfälle entstehen zwar nach vielfältiger Arbeit, dann aber meist plötzlich und unerwartet).

Ein banales anderes Beispiel bietet eine Umfrage, die in den USA und in Europa durchgeführt wurde und bei der zu beantworten war, ob die Stadt Milwaukee oder die Stadt Detroit größer sei: Nur 60 % der in den USA Befragten, aber 90 % der befragten Europäer antworteten richtig, nämlich Detroit. Also lagen diejenigen richtig, die es eigentlich gar nicht hätten wissen müssen, mithin nicht dem Stress des Wissen-Müssens ausgesetzt waren und sehr ins Vage hinein geraten hatten. – Dieses Beispiel vertieft sich angesichts eines Prozesses, den wahrscheinlich viele kennen: In einer größeren Stadt einer völlig anderen Kultur, sagen wir in Japan, betritt man eine U-Bahn-Station, orientiert sich an den üblichen Hinweisschildern zur richtigen Linie und fährt davon; nach einigen Stunden kehrt man mit der U-Bahn an dieselbe Station zurück, entdeckt nun verwirrt, dass es nicht einen, sondern sehr viele Ausgänge gibt und man vergessen hatte, beim Eingang auf die Nummer zu achten. Großartig dabei ist, dass man in diesem unterirdischen Labyrinth mit seinen vielen kleinen Geschäften und anderen Anbietern von Dienstleistungen keinerlei kulturell bekannte Systeme wiederfindet, um die Richtung zu dem entsprechenden Ausgang erinnern und rekonstruieren zu können, zumindest nicht im Rahmen irgendeiner ableitbaren Logik. Der Orientierungsversuch auf dem Rückweg funktioniert, scheinbar unergründlich, am besten, wenn man einfach quasi gedankenlos durch die Gegend stromert, sich durch irgendwelche Eindrücke und die Hoffnung, die Unschärfe werde das eigene neuronale Netz und Vorbewusstsein schon irgendwie in die richtige Richtung treiben. Nur solch ein „Vor-Gehen" verspricht Erfolg. Der Unschärfe zu vertrauen, ist jedoch die unabdingbare Voraussetzung für das Gelingen. Was wiederum sehr wohl lebendiger Erfahrung entspricht, haben wir im Leben doch auch gelernt, dass eine dekonzentrierte Wahrnehmung zumindest langfristig manchmal viel nachhaltiger wirkt als der verzweifelte Versuch von Konzentration: Vorträge und Vorlesungen sind wahrscheinlich im Halbschlaf viel besser zu verstehen als in der trostlosen Bemühung, alles mitzuschreiben.

Nun war, ohne dass er es zugab, dieser Vorgang schon Immanuel Kant widerfahren, wenn er in der „Kritik der Urteilskraft" nach allen denkbaren Versuchen von Begründung schließlich nur noch hoffnungsfroh auf das Genie und das Genialische verweisen kann, da es irgendetwas gäbe, was viel mehr verstünde, dies jedoch nur, weil es allgemein linearer Logik, also dem scharfen Fokus, sich entziehe oder sich widersetze. Und Albert Einstein formulierte es in etwa so: Die Intuition (also im Gegenteil zu Fokus und Linearität) sei ein göttliches Geschenk, der denkende Verstand ein treuer Diener. Es sei allerdings paradox, dass wir heute den Diener verehrten und die göttliche Gabe entweihten. Offenkundig fehlt gesellschaftlich das Selbstbewusstsein oder fehlt das Selbstvertrauen, mit dem Unscharfen (in englischer Sprache würde man von „uncertain" und „blur" sprechen) umzugehen und es als Wegweiser und Quelle von Verständnis zu nutzen.

Auf Design bezogen bedeutet dies alles nichts anderes, als dass Design sich selber vergegenwärtigen muss (und dasselbe gilt für die öffentliche Wahrnehmung von Design), wie sehr diese Unschärfe auch es selbst unausweichlich konturiert und wie sehr es praktisch in dieser Gestalt genutzt wird.

Denn Designerinnen und Designer können bekanntlich noch so viele geradlinige Vorgaben liefern, im Umgang mit dem Gestalteten entpuppt sich dessen Qualität, wie geschrieben, eher in dessen Unschärfe. Die gebrauchenden Menschen nämlich nutzen das Gestaltete sowieso in der Weise, wie es ihnen eben nutzt. Hinzu kommt, dass alle Produkte, Zeichen, Dienstleistungen, Inszenierungen und andere Formulierungen unausweichlich im Kontext jeweils anderer Formulierungen stattfinden und deshalb unvorhersehbar Interpretationen im Gebrauch und durch Gebrauch ausgesetzt sind, sich also verändern und lediglich in dieser Unschärfe ihrer wirkenden Wirklichkeit existieren und wahrgenommen werden. Alles überlagert sich und gewinnt die Unschärfe von Überlagerungen – Moiré-Effekt. Das geschieht und ist nicht beliebig, aber auch nicht einfach berechenbar. Unschärfe stellt sich ein und existiert und schafft Präsenz, sogar wahrhaftiges Verständnis.

Was dies nun für den Gestaltungsprozess bedeutet, wurde in der Architektur seit einiger Zeit vorgeführt und findet man längst auch, oft leider nur unausgesprochen, im avancierten Design, etwa bei Ruedi Baur, gelegentlich auch bei Erik Spiekermann, in Produkten von Alessandro Mendini, Marco Piva, bei der schwedischen Gruppe „Front" und selbst bei Philippe Starck und anderen. Unschärfe wird also genutzt für Design, aber man redet wenig darüber.

2. provisorische Monumente

Die zweite so nervöse Kategorie für das Design und insgesamt formulierte in den 1960er Jahren der amerikanische Ingenieur, Architekt, Designer und Theoretiker Richard Buckminster Fuller, als er behauptete, man müsse in der Gestaltung dem Konzept von „ephemeralization" folgen oder zumindest diese Notwendigkeit dringend bedenken.

Nun könnte man einwenden, er habe sich lediglich in der üblichen nordamerikanischen Tradition geäußert, anstelle komplexer Erläuterungen neuer gedanklicher Vorstellungen schlicht ein neues Wort auf den Markt geworfen zu haben – und tatsächlich tendierte er dazu, gelegentlich durch neue Wortschöpfungen aufzufallen. Aber diese Kategorie „ephemeralization", diese Betonung des Ephemeren, greift essentiell in allgemeine Vorstellungen von Gestaltung ein. Weshalb es lohnt, darauf genauer einzugehen.

Klären wir versuchshalber zuerst das Wort – und scheitern schon fast. Klar, es richtet sich gegen Vitruvs „firmitas", das (damals im römischen

Kontext provokativ) für die Architektur und alle Gebäude und Skulpturen Festigkeit, Stabilität und Beständigkeit einforderte. Gebäude oder alles Gebildete sollte dergestalt repräsentieren, dass Monumente, Mahnmale entstünden.

Dagegen erhoben sich immerhin seine beiden anderen empirischen Kategorien des Pragmatischen und Ästhetischen: „utilitas", Nützlichkeit, und damit eine zeitliche Dimension, sowie „venustas", übersetzbar als ästhetischer Reiz – der ebenfalls als keineswegs ewig, vielmehr gebunden an Zeit, also vergänglich, gehandelt wurde. In genau dieser Spannung bewegt sich neben der Architektur ebenso das Design, das gelegentlich auch gern als Monument auftreten mag, zugleich jedoch sich der Zeitlichkeit der eigenen Emanationen gewahr sein müsste (als Monument landet Gestaltung bestenfalls in Archiven und Museen).

Der Architektur widerfuhr die zwangsläufige Selbsterkenntnis der Realität, bloß ephemer zu sein oder zumindest dadurch erfolgreich zu werden, schon sehr früh. Denn Architekten (zu jener Zeit sich selbst auch als Künstler verstehend) wie Filippo Brunelleschi, Andrea Palladio oder Gian Lorenzo Bernini erwarben sich mit sakralen und profanen Theaterkulissen, Trauergerüsten und Triumpharchitekturen in ihrer Zeit Ansehen, dafür wurden sie berühmt und geachtet. Man kann das „performative" Architektur nennen, und dieser Gedanke hat die Architektur auch immer wieder beflügelt und führt bis heute zu dem heftigen Konflikt, einerseits monumental und damit quasi für die Ewigkeit bauen zu wollen, oder für eine bewegliche Architektur einzutreten und diese zu entwerfen – die meisten, wie auch etwa Le Corbusier und später Mies van der Rohe und andere, bewegen sich eher auf der Seite des Monuments, Gruppen wie „Archigram", „Archizoom" oder „Haus-Rucker-Co" kämpften hingegen für eine offene und flexible Architektur.

Für das Design formuliert diese Frage ebenfalls sowohl ein gewichtiges Problem als auch eine womöglich wahrhaftige und äußerst sinnvolle Perspektive. Existieren doch im öffentlichen wie im internen Diskurs einige Wörter, die dem Ephemeren zutiefst widersprechen: Im Design und über Design spricht man zumal in unseren Tagen gern von „haltbar, langlebig, sustainable" oder auch etwas blöd von „klassisch" und „Klassikern", was alles auf eben jene Monumentalität verweist. Dabei wissen doch auch diejenigen, die davon reden, wie flüchtig die Gestaltung ist, dass zumal heutzutage die Zeit, also die Realität des Gebrauchs, technischer Produzierbarkeit, neuer Materialien und modischer Artikulationen, alles sehr schnell vergänglich werden lässt. So sehr dies auch dem Narzissmus von Gestalterinnen und Gestaltern widersprechen mag, aber man entwirft Dinge, die kommen und gehen und gelegentlich sogar augenscheinlich unbemerkt bleiben. Hier rächt sich gewissermaßen sogar jener bereits zuvor benannte und im Design so geachtete Satz des Lucius Burkhardt, Design sei unsichtbar. Dabei weiß man im Design wie in der Öffentlichkeit, dass viele der gestalteten Objekte, Zeichen und Dienstleistungen in ihrer jeweiligen temporären Existenz ausdrücklich ephemer sind: Poster zum Beispiel, Eintrittskarten, Ereignisse, Werbung, digitale Präsenz, auch und explizit Mode, doch ebenfalls Automobile, Möbel und selbst Maschinen. Was nicht allein an den üblichen Markt-Mechanismen liegt, immer etwas Neues auf den Markt zu werfen, um so neue Anreize für den Kauf und damit Profit zu generieren, sondern einfach darauf beruht, dass Menschen bestimmte Aspekte zumindest des Gewohnten verändern mögen, durch neue und inzwischen per Reisen intensive neue Erfahrungen nach neuen Lebenswelten Ausschau halten und in bestimmten Lebensbereichen gern sich als modisch oder zeitgeistig darstellen mögen.

Beziehen wir nun das Ephemere so auf Design, dann stellt sich die Frage, was denn da gestaltet wird: Sind das Bagatellen, die Kleinigkeiten, das Unscheinbare oder – was ja Qualität verbürgen oder bergen könnte – das Passagere, das ausdrücklich Vorübergehende, das mit dem Bewusstsein von Geschichtlichkeit ausgestattet ist und sich als solches und damit als Erkenntnis der jeweiligen Historizität vermittelt. Letzteres wäre an und für sich doch nur konsequent und würde erklären, dass Design keineswegs die Produktion von Ikonen betreibt und umschreibt.

Dabei ruiniert solches Bewusstsein des möglicherweise sowieso existierenden und deshalb umso deutlicher zu gestaltenden Ephemeren in keinerlei Hinsicht die Qualität von Design, vielmehr wertet es diese auf als eine Kompetenz, sich selbst, die gesellschaftliche Wirklichkeit und das Allgemeine unserer Welt zu verstehen und darin zu handeln, also zu entwerfen und zu denken. Gewissermaßen tröstlich hat in diesem Zusammenhang Sigfried Giedion einmal formuliert, dass noch im kleinsten Kaffeelöffel sich die Sonne spiegeln kann.

Bleibt jedoch eine Kontroverse: Angesichts heftiger Umwelt-Probleme hat sich international die Forderung nach so genannten nachhaltigen Produkten durchgesetzt und wähnt sich dies auf der ethisch korrekten Seite. – Allerdings könnte man dagegen einwenden, dass Entwürfe ephemerer Produkte, Zeichen und Ereignisse, zum Beispiel in der Transformation von Produkten in Dienstleistungen, als sehr viel sinnvoller und umweltschonender argumentiert werden könnten – dann nämlich, wenn diese Ephemera wirklich ephemer gestaltbar sind, also gewissermaßen sich selber verzehren oder sich auflösen. Was erneut bedenkenswerte Fragen von Umwandlung aufwirft. Doch Design, da besteht kein Zweifel, bearbeitet, evoziert, denkt und schafft wesentlich Transformationen. Was Unschärfe impliziert.

Während die alten Utopisten über etwas schrieben, was sie nicht herstellen konnten, stellen wir Dinge her, die wir nicht handhaben können.

Benjamin Lieke

Mansarde

Was angeschaut werden kann, ist längst geschehen.

R.D. Brinkmann

Endlich

Auch im Design – und nicht allein im gemeinen Leben – existiert eine Scheu davor, über das Ende nachzudenken. Dabei geht es nicht nur darum, etwa den Tod von Menschen oder anderen Lebewesen gestalterisch zu begleiten – dafür nämlich wurden in den letzten Jahren diverse Formen sowohl der Prozeduren als auch der Behältnisse formuliert.

Im Design geht es in Bezug auf das Ende immer darum, was denn am Ende mit dem Gestalteten geschieht. Diese Frage müsste grundsätzlich und ohnehin der Umwelt zuliebe eigentlich am Beginn jeder Gestaltung stehen. Denn ein einfaches Ende existiert nie, irgendwie geht es immer weiter mit dem, was verbraucht ist oder nicht mehr gefällt.

Nun betrifft das offensichtlich nicht allein Design, vielmehr haben alle Produktionen ein Problem mit dem Ende. Insbesondere in der klassischen Musik kennt man, dass häufig Schlussakkorde erklingen, aber es immer weiter geht und noch einige Schlussakkorde folgen, bevor dann endlich wirklich Schluss und nichts mehr zu hören ist. Dies zu umgehen, wurde dann in technischer Produktion das Fading erfunden, das allmähliche Verklingen – oder wird im Hörfunk inzwischen überhaupt nicht mehr auf das Ende geachtet, denn man kauft einfach irgendwo im Internet für eine bestimmte Zeit, die man als Zwischenstück zwischen Texten zu brauchen meint, ein Musikstück und bricht dies einfach nach bloß quantitativer Struktur ab oder lässt es durch den Computer abbrechen. In der bildenden Kunst ist berühmt, dass gerade Amateure oder jene, die als psychisch problematisch gelten, die Leinwand komplett ausmalen, also einfach nicht wissen oder spüren, wann sie aufhören sollten und könnten; eben getrieben durch die panische Angst vor dem Weiß der Leinwand. Professionelle Künstlerinnen und Künstler hingegen grundieren die Leinwand mit Farbe, um auf diesem Weg schon mal dem Problem der Leere formal zu entgehen, und verfügen dann über genug Selbstbewusstsein, nur das ihnen Entsprechende und von ihnen Ermittelte auf die Leinwand zu bannen, und sei es lediglich ein Strich oder ein schwarzes Quadrat – und wenn nötig, dann attackiert man die Leinwand noch mit anderen Gegenständen: schießt darauf oder schlitzt sie ein und auf. Zu wissen, wann Schluss ist mit dem Bild, gehört zur ungemeinen Qualität intelligenter bildender Kunst.

Im Spielfilm ahnen Zuschauerin oder Zuschauer, dass normalerweise am Ende das Happy End kommen wird oder im Western der Held ziemlich gewiss einsam in die Ferne reiten wird oder ebenso einsam am Schluss mit Pferd auf einem Hügel sich noch einmal umdreht, ein Wiedersehen zu winken. Nur selten endet alles unglücklich, aber auch das Unglück hat seine Standards und ist vorprogrammiert.

Literarische Texte verzweifeln oft an dieser Problematik, das Ende zu formulieren. Berühmt ist Robert Musils Akt, seinem Roman „Der Mann ohne Eigenschaften" kein Ende zu verleihen, da doch das Ende eine Eigenschaft wäre. – Tatsächlich, einen Text zu beenden, ergibt sich selten aus den Gedanken oder dem Komplott heraus, vielmehr sucht man schier verzweifelt nach irgendeiner Struktur, etwa in der Zahlen-Mystik, das Ende zu behaupten. Meist entwickelt es sich in der literarischen Wirklichkeit daraus, dass man einfach keine Lust mehr hat, weiter zu schreiben, oder dass der Verlag eine klare Ansage zum Umfang vorgab. Dann lässt man den Helden einfach sterben oder siegen, reist vom Ort der Verhandlungen ab oder verknüpft diejenigen, die bis dahin nicht zueinander finden konnten. – Ähnliches gilt für theoretische Texte, deren Ende sich niemals in einer einzigen Form schlüssig ergibt, sondern immer – nur aus jeweils unterschiedlichen persönlichen Bedingungen – voluntaristisch, gleichwohl im Rahmen der Bedingungen der Argumentation geschieht.

Im digitalen Bereich ist besonders interessant, wie man gelernt hat, das Ende immer als eine Art Sehnsucht auszubilden. Dies passiert vor allem in Online Games, da dort eine fast endlose Endlichkeit angeboten wird, die man kaum jemals erreichen kann. Diese Spiele bieten die Metaphysik vom Paradies, das zwar imaginiert, gleichwohl kaum eingelöst wird. Womit man genau das verdoppelt, was die Menschen ohnehin ständig suchen: nämlich einerseits das Wissen um das mögliche Ende, andererseits die Einsicht oder Hoffnung, es möge niemals eintreten. Und wenn, dann als Erlösung, als verbildetes Paradies.

Nun kennen wir bekanntlich das Problem, mit dem Ende umzugehen, auch im alltäglichen Leben. Das betrifft nicht bloß den Umgang damit, selbst irgendwann aus dem Leben scheiden zu müssen („der Stoffwechsel mit der Natur endet unausweichlich tödlich", äußerte schon vor vielen Jahrzehnten der Psychologe Peter Brückner). Wir erleben das Problem in ganz normalen alltäglichen Situationen. So denken alle darüber nach, wie man eine Party oder ein anderes Ereignis beginnt, und am Anfang fallen die jeweils Ankommenden sich in die Arme, küssen und herzen sich und sind fröhlich; doch am Ende sind manche trunken, gibt es Beziehungs-Konflikte und ist das Vergnügen des Anfangs oft verflogen. Eigentlich weiß man, dass man solche Ereignisse abbrechen sollte, bevor sie selber ihr Ende finden, aber nur selten geschieht es dann auch rechtzeitig. Insofern ist der banale Spruch durchaus sinnvoll, der besagt, man solle aufhören, wenn es am schönsten sei. – Vergleichbar verlaufen häufig Ferien-Reisen: Man freut sich auf die Fahrt und das Ziel, an dem man sich erholen möchte, und ist deshalb notfalls bereit, den Unbill des Verkehrs hinzunehmen; schlimmer ist dann, dass man nach wochenlanger Erholung am Ort (wenn diese denn stattgefunden hat) wieder zurückreisen muss, im Stau steht, im engen Raum eines Flugzeugs sich quetscht oder in der Eisenbahn Verspätungen einheimst. Das Ende solcher Erlebnisse ist häufig deprimierend, und wenn man dann wieder zu Hause ist, wartet ein Berg von Arbeit, denn die hat sich während der Ferien exponentiell angestaut.

Das Ende bietet also wenig Vergnügen. Es sei denn, man nimmt es selbst in die Hand, begreift es nicht als Zustand, sondern als gestaltbar. Was in jeglicher Beziehung das Design involviert. Denn Reisen, Ereignisse, Partys und alle nur denkbaren Dienstleistungen sind eine Frage der Gestaltung. So ist immer noch ärgerlich und strategisch unklug, dass man am Ende eines wunderbaren Abendessens im Restaurant völlig desillusionierend eine Rechnung zu bezahlen hat, die den Spaß an einem schönen Abend verderben kann. An diesem Ort beispielsweise hätte Design längst eine Alternative für die Gestaltung des Endes finden müssen, wobei die einzig derzeit übliche Variante auch nicht taugt, nämlich schon im Voraus etwa beim Besuch eines Clubs zu bezahlen, ohne um die eingelöste Qualität zu wissen.

Noch drastischer stellt sich das Problem, was mit all den gestalteten Dingen an ihrem Ende geschieht und geschehen soll. Immerhin hat Design, nicht zuletzt aufgrund gesetzlicher Regelungen, in diesem Zusammenhang einiges bewirkt. Zumal in der Gestaltung von Verpackung und Objekten ist heutzutage wirklich wichtig, dass man sie wiederverwerten, materialadäquat trennen und entsorgen oder unkompliziert reparieren kann (was allerdings nicht immer im Interesse der Unternehmen liegt), um nicht immer alles fortwerfen zu müssen, wenn etwas nicht mehr funktioniert. Weiterhin gehört ebenfalls die Gestaltung der Verbindungen zwischen den Teilen dazu, damit die Trennung der einzelnen Elemente einfacher vonstatten geht – deshalb zum Beispiel ist Schrauben allemal besser als Kleben; und auch die Frage der Wieder- und Weiterverwendung wird mittlerweile bedacht. Recherchen zu Aufwand von Energie und Arbeitskraft sind ein wesentliches

Moment, um ein Ende möglichst versöhnlich zu gestalten. Man muss zugeben, dass Design in diesem Kontext bereits mehr geleistet hat als viele Unternehmen oder die Politik. Dennoch, das Ende schon am Anfang mitzugestalten, bleibt ein wichtiges Problem, dem sich nicht nur das Design permanent stellen muss.

Umso sinnvoller erscheint darum, alles immer wieder und immer neu als Aufforderung zu begreifen, darüber nachzudenken, was zu tun sei, statt ein Ende zu finden.

Zweifellos betrifft dies auch die hier nun vorliegenden Texte zu einer „Theorie des Designs", denn sie alle haben kein Ende, und das gilt umso mehr für eine gesamte „Theorie des Designs". Die Kapitel präsentieren und diskutieren Möglichkeiten und häufiger auch Notwendigkeiten, sie formulieren Widersprüche und intendieren Widerspruch, und sie fordern letztendlich nur die weitere Arbeit an der Reflexion möglicher Theorien des Designs ein.

Bibliografie

Theodor W. Adorno: Minima Moralia. Reflexionen aus dem beschädigten Leben, Berlin/Frankfurt a. M. 1951

Theodor W. Adorno: Ästhetische Theorie, Gesammelte Schriften, Bd. 7, Frankfurt a. M. 1970

Theodor W. Adorno: Funktionalismus heute, Gesammelte Schriften, Bd. 10,1, Frankfurt a. M. 1977

Otl Aicher: Kritik am Auto – Schwierige Verteidigung des Autos gegen seine Anbeter, München 1984

Otl Aicher: Die Welt als Entwurf, Berlin 1991

Volker Albus, Monika Winkler, Ursula Zeller (Hg.): Bewußt, einfach. Das Entstehen einer alternativen Produktkultur, Bonn 1998

Christopher Alexander: Notes on the Synthesis of Form, Boston 1964

Emilio Ambasz (Hg.): Italy: The New Domestic Landscape, New York (Kat., The Museum of Modern Art) 1972

Michael Andritzky: Von der Guten Form zum Guten Leben: 100 Jahre Werkbund, Gießen 2008

Paola Antonelli (Hg.): Talk to Me! Design and the Communication between People and Objects, New York 2011 (The Museum of Modern Art)

Arjun Appadurai; The Social Life of Things: Commodities in Cultural Perspective, Cambridge 1986

Hannah Arendt: Vita activa oder Vom tätigen Leben, München/Zürich 2002

Ursula Bachmann, Marie-Luise Nigg (Hg.): Tangente. Inter- und transdisziplinäre Praxis in Kunst und Design, Hochschule Luzern 2010

Roland Barthes: Mythen des Alltags, Frankfurt a. M. 1964

Roland Barthes: Das Reich der Zeichen, Frankfurt a. M. 1981

Charles Baudelaire: Tableaux Parisiens, Frankfurt a. M. 1963

Jean Baudrillard: Das System der Dinge. Über unser Verhältnis zu den alltäglichen Gegenständen, Frankfurt a. M. 2007

Ruedi Baur: Das Gesetz und seine visuellen Folgen / La Loi et ses conséquences visuelles, Wettingen 2007

Ruedi Baur, Michael Erlhoff: Design studieren, Stuttgart 2007

Walter Benjamin: Berliner Kindheit um Neunzehnhundert, GS IV, 1, hg. v. Tillman Rexroth, Frankfurt a. M. 1972, S. 235-304

Walter Benjamin: Das Passagen-Werk, hg. v. Rolf Tiedemann, GS, Bd. V,1 und 2, Frankfurt a. M. 1982

Walter Benjamin: Das Kunstwerk im Zeitalter seiner technischen Reproduzierbarkeit, GS, Bd. I,1, hg. v. Rolf Tiedemann und Hermann Schweppenhäuser, Frankfurt a. M. 1974

Ernst Bloch: Spuren, Gesamtausgabe, Bd. 1, Frankfurt a. M. 1969

Ernst Bloch: Das Prinzip Hoffnung, Gesamtausgabe, Bd. 5 (2 Bde.), Frankfurt a. M. 1959

Hartmut Böhme: Fetischismus und Kultur. Eine andere Theorie der Moderne, Reinbek 2006

Hartmut Böhme, Gernot Böhme: Feuer Wasser Erde Luft. Eine Kulturgeschichte der Elemente, München 1996

Gui Bonsiepe: Entwurfskultur und Gesellschaft. Gestaltung zwischen Zentrum und Peripherie (Schriften zur Gestaltung), Basel 2009

Pierre Bourdieu: Die feinen Unterschiede: Kritik der gesellschaftlichen Urteilskraft, Frankfurt a. M. 1982

Pierre Bourdieu: Zur Soziologie der symbolischen Formen, Frankfurt a. M. 1983

Uta Brandes, Richard Bachinger, Michael Erlhoff (Hg.): Unternehmenskultur und Stammeskultur. Metaphysische Aspekte des Kalküls, Darmstadt 1988

Uta Brandes, Rolf-Peter Baacke, Michael Erlhoff: Design als Gegenstand. Der neue Glanz der Dinge, Berlin 1983

Uta Brandes: Design ist keine Kunst. Kulturelle und technologische Implikationen der Formgebung, Regensburg 1998

Uta Brandes, Michael Erlhoff: Non Intentional Design, Köln 2006

Uta Brandes, Michael Erlhoff, Nadine Schemmann: Designtheorie und Designforschung, Stuttgart 2009

Uta Brandes, Sonja Stich, Miriam Wender: Design durch Gebrauch. Die alltägliche Metamorphose der Dinge, Basel/ Boston/Berlin 2009

Uta Brandes (Hg.): Fandalismus, Köln 2009

Uta Brandes, Michael Erlhoff (Hg.): My Desk is my Castle. Exploring Personalisation Cultures, Basel 2011

Bazon Brock, Hans Ulrich Reck: Utopie und Evidenzkritik, Hamburg 2010

Bazon Brock, Hans Ulrich Reck: Tarnen und Täuschen, Hamburg 2010

Richard Buchanan, Dennis Doordan, Victor Margolin: The Designed World: Images, Objects, Environments, Oxford/New York 2010

Richard Buckminster Fuller: Intuition, Atascadero, CA 1983

Richard Buckminster Fuller: Bedienungsanleitung für das Raumschiff Erde und andere Schriften, Hamburg 2008

Lucius Burckhardt: Design ist unsichtbar. Entwurf, Gesellschaft, hg. v. Silvan Blumenthal und Martin Schmitz, Berlin 2012

Lucius Burckhardt: Design ist unsichtbar. Entwurf, Gesellschaft, hg. v. Silvan Blumenthal und Martin Schmitz, Berlin 2012

Richard Buckminster Fuller: Nine Chains to the Moon, Carbondale, IL 1966

Ferrucio Busoni: Entwurf einer neuen Ästhetik der Tonkunst (1907), krit. u. komm. Neuausg., Wilhelmshaven 2001

Michel de Certeau: Kunst des Handelns, Berlin 1989

Nigel Cross: Designerly Ways of Knowing, London 2006

Mihaly Csikszentmihalyi, Eugene Rochberg-Halton: The Meaning of Things: Domestic Symbols and the Self, Cambridge 1981

Guy Debord: Die Gesellschaft des Spektakels, Berlin 1996

John Dewey: Wie wir denken. Eine Untersuchung über die Beziehung des reflektiven Denkens zum Prozess der Erziehung, Zürich 2002 (Pestalozzianum)

John Dewey: Die Suche nach Gewißheit. Eine Untersuchung des Verhältnisses von Erkenntnis und Handeln, Frankfurt am Main 2001

Umberto Eco: Die Geschichte der Schönheit, München 2004

Umberto Eco: Die Geschichte der Häßlichkeit, München 2007

Thomas Edelmann, Gerrit Terstiege (Hg.): Gestaltung denken, Basel 2010

Norbert Elias: Über den Prozess der Zivilisation. Soziogenetische und psychogenetische Untersuchungen, 1. Bd: Wandlungen des Verhaltens in den weltlichen Oberschichten des Abendlandes; 2. Bd: Wandlungen der Gesellschaft. Entwurf zu einer Theorie der Zivilisation, Frankfurt a. M. 1978

Michael Erlhoff: Raoul Hausmann, Dadasoph, Hannover 1982

Michael Erlhoff (Hg.): Kurt Schwitters Almanach, Bd. 1-10, Hannover 1982-1991

Michael Erlhoff: Nutzen statt Besitzen, Göttingen 1995

Michael Erlhoff, Hans Ulrich Reck (Hg.): Heute ist Morgen. Über die Zukunft von Erfahrung und Konstruktion, Bonn 2000 (Kat., Kunst- und Ausstellungshalle der Bundesrepublik Deutschland)

Michael Erlhoff, Tim Marshall (Hg.): Wörterbuch Design, Basel/ Boston/Berlin 2008

Brigitte Felderer (Hg.): Wunschmaschine – Welterfindung. Eine Geschichte der Technikvisionen seit dem 18. Jahrhundert (Katalogbuch), Wien 1996

Sándor Ferenczi: Zur Ontogenese des Geldinteresses (1914), in: Ders.: Bausteine zur Psychoanalyse I: Theorie, Bern 1964, S. 109-119

Paul Feyerabend: Wider den Methodenzwang, Frankfurt a. M. 1997

Vilém Flusser: Dinge und Undinge. Phänomenologische Skizzen, München 1993

Vilém Flusser: Vom Stand der Dinge. Eine kleine Philosophie des Design, Göttingen 1993

Vilém Flusser: Medienkultur, Frankfurt a. M. 1997

Vilém Flusser: Kommunikologie, Frankfurt a. M. 1998

Heinz von Foerster: Wissen und Gewissen. Versuch einer Brücke, Frankfurt a. M. 1997

Michel Foucault: Die Ordnung der Dinge, Frankfurt a. M. 1974

Michel Foucault: Archäologie des Wissens, Frankfurt a. M. 1981

Christopher Frayling: Research in Art and Design, in: Royal College of Art Research Papers, Bd. 1,1, 1993/1994, S. 1-5

Sigmund Freud: Zur Psychopathologie des Alltagslebens, Gesammelte Werke, Bd. 4, Frankfurt a. M. 2006

Sigmund Freud: Der Witz und seine Beziehung zum Unbewußten, Gesammelte Werke, Bd. 6, Frankfurt a. M. 2008

Sigmund Freud: Totem und Tabu, Gesammelte Werke, Bd. 9, Frankfurt a. M. 1996

William W. Gaver, Anthony Dunne, Elena Pacenti: Design: Cultural Probes, in: Interactions, VI.1

William W. Gaver, Sarah Pennington, Brendan Walker: Cultural Probes and the Value of Uncertainty, in: Interactions, XI.5, 2004, S. 53-56

Sigfried Giedion: Die Herrschaft der Mechanisierung, Frankfurt a. M. 1982

Barney G. Glaser, Anselm L. Strauss: Grounded Theory. Strategien qualitativer Forschung, Bern 2008

Johann Wolfgang von Goethe: Die Metamorphose der Pflanzen, München 1995 (Orig.ausg.: Versuch die Metamorphose der Pflanzen zu erklären, Gotha 1790)

Johann Wolfgang von Goethe: Die natürliche Tochter, in: Sämtliche Werke, Frankfurter Ausgabe, 1. Abtlg., Bd. 6: Dramen 1791-1832, hg. v. Dieter Borchmeyer und Peter Huber, Frankfurt a. M. 1993

Erving Goffman: Wir alle spielen Theater. Die Selbstdarstellung im Alltag, München 2011

Simon Grand, Wolfgang Jonas: Mapping Design Research: Positions and Perspectives, Berlin 2012

Wolfgang Fritz Haug: Kritik der Warenästhetik, Frankfurt a. M. 1971

Susanne Hauser: Ephemeres und Monumentales, in: Wolkenkuckucksheim, 6, H. 1, 2001

Raoul Hausmann: Texte bis 1933, 2 Bde., hg. v. Michael Erlhoff, München 1982

Georg F. W. Hegel: Phänomenologie des Geistes, Werke, Bd. 3, Frankfurt a. M. 1970

Georg F. W. Hegel: Wer denkt abstrakt, in: Werke in 20 Bänden, Bd.2 (Jenaer Schriften 1801-1807) Frankfurt a. M. 1970

Werner Heisenberg: The Physical Principles of the Quantum Theory, Mineola-New York

André Vladimir Heiz, Michael Pfister (Hg.): Dazwischen. Beobachten und Unterscheiden, Zürich 1998 (Museum für Gestaltung)

Hermann von Helmholtz: Das Denken in der Naturwissenschaft, Darmstadt 1968

Herman von Helmholtz: Schriften zur Erkenntnistheorie, kommentiert v. Moritz Schlick und Paul Hertz. hg. v. Ecke Bonk, Wien/New York 1998

Friedrich Wilhelm Heubach: Das bedingte Leben. Theorie der psycho-logischen Gegenständlichkeit der Dinge, München 1996

E. T. A. Hoffmann: Der Sandmann, hg. v. Rudolf Drux, Stuttgart 1986

Martin Ludwig Hofmann (Hg.): Der menschliche Faktor. Wie Architektur und Design als soziale Katalysatoren wirken, München 2012

Max Horkheimer (unter d. Pseud.: Heinrich Regius): Dämmerung. Notizen in Deutschland, Zürich 1934

Fotis Jannidis, Gerhard Kauer, Mathias Martinez, Simone Winko (Hg.): Texte zur Theorie der Autorschaft, Leipzig 2000

Charles Jencks, Nathan Silver: Adhocism. The Case for Improvisation, New York 1993

Dietmar Kamper: Unmögliche Gegenwart. Zur Theorie der Phantasie, München 1995

Immanuel Kant: Kritik der reinen Vernunft, Werke in Zwölf Bänden, Bd. III, Wiesbaden 1956

Immanuel Kant: Kritik der Urteilskraft, Werke in Zwölf Bänden, Bd. X, Wiesbaden 1957

Immanuel Kant: Der Streit der Fakultäten, in: Schriften zur Anthropologie, Geschichtsphilosophie, Politik und Pädagogik, Werke in Zwölf Bänden, Bd. XI, Wiesbaden 1964

Thomas Ketelsen, Andreas Stolzenburg (Hg.): Die entfesselte Antike: Aby Warburg und die Geburt der Pathosformel, Köln 2012

Karl-Heinz Kohl: Die Macht der Dinge. Geschichte und Theorie sakraler Objekte, München 2003

Siegfried Kracauer: Das Ornament der Masse. Essays, Frankfurt a. M. 1994

Siegfried Kracauer: Die Angestellten: Aus dem neuesten Deutschland, Frankfurt a. M. 1971

Kunsthalle Krems (Hg.): Error-Design – Irrtum im Objekt, Krems-Stein 1998

Bruno Latour: Die Hoffnung der Pandora. Untersuchungen zur Wirklichkeit der Wissenschaft, Frankfurt a. M. 2000

Bruno Latour: Wir sind nie modern gewesen. Versuch einer symmetrischen Anthropologie, Berlin 1995

André Leroi-Gourhan: Hand und Wort. Die Evolution von Technik, Sprache und Kunst, Frankfurt a. M. 1964

Claude Lévi-Strauss: Das wilde Denken, Frankfurt a. M. 1973

Adolf Loos: Ornament und Verbrechen, Wien 2012

Niklas Luhmann: Die Kunst der Gesellschaft, Frankfurt a. M. 1997

Dr. Ernst Mach: Die Analyse der Empfindungen und das Verhältnis des Physischen zum Psychischen, Saarbrücken 2006 (Originalausgabe: 1886)

Ernst Mach: Optisch-akustische Versuche, Liechtenstein 1985 (Originalausgabe: 1872)

Ernst Marcus: Das Problem der exzentrischen Empfindung und seine Lösung, Berlin 1918

Claudia Mareis: Design als Wissenskultur, Bielefeld 2011

Claudia Mareis, Gesche Joost, Kora Kimpel (Hg.): entwerfen – wissen – produzieren. Designforschung im Anwendungskontext, Bielefeld 2010

Victor Margolin: The Politics of the Artificial: Essays on Design and Design Studies, Chicago 2002

Karl Marx: Das Kapital. Kritik der Politischen Ökonomie, Dritter Band, MEW, Bd. 25, Berlin (DDR) 1983

Hanna Mittelstaedt (Bearb.): Situationistische Internationale 1958-1969. Gesammelte Ausgabe des Organs der Situationistischen Internationale, Hamburg 1976/1977

Stephan Moebius, Sophia Prinz (Hg.): Das Design der Gesellschaft. Zur Kultursoziologie des Design, Bielefeld 2012

Oliver Müller: Zwischen Mensch und Maschine. Vom Glück und Unglück des Homo Faber, Berlin 2010

Robert Musil: Der Mann ohne Eigenschaften, Reinbek 1978

Eadweard Muybridge: The Human Figure in Motion, New York 1955

Eadweard Muybridge: Animals in Motion, New York 1957

Oskar Negt, Alexander Kluge: Öffentlichkeit und Erfahrung, Frankfurt a. M. 1972

Ernst Neufert: Bauentwurfslehre, Berlin 1936

Neufert: Bauentwurfslehre, Wiesbaden 2012, 40. überarb. + akt. Aufl.

Charles Sanders Peirce: Über die Klarheit unserer Gedanken, Frankfurt a. M. 1985

Edgar Allan Poe: The Man of the Crowd, in: The Complete Works of Edgar Allan Poe (Nachdruck der New Yorker Ausgabe von 1902), Bd. 4, New York 1965

Jean-Bertrand Pontalis: Objekte des Fetischismus, Frankfurt a. M. 1972

Jean-Pierre Protzen, David J. Harris: The Universe of Design. Horst Rittel's Theories of Design and Planning, Abingdon (u.a.) 2010

Hans Ulrich Reck: Traum. Enzyklopädie, München 2010

Hans Ulrich Reck: Spiel Form Künste. Zu einer Kunstgeschichte des Improvisierens, Hamburg 2010

Rainer Maria Rilke: Archaischer Torso Apollos, in: SW Bd. 2: Der neuen Gedichte anderer Teil, Frankfurt a. M. 1975

Horst W. Rittel, Wolf D. Reuter: Planen, Entwerfen, Design. Ausgewählte Schriften zu Theorie und Methodik, Stuttgart 1992

Felicidad Romero-Tejedor, Wolfgang Jonas (Hg.): Positionen zur Designwissenschaft, Kassel 2010

Bernard Rudofsky: Architecture without Architects, New York 1964

Bernd Rübenach, Bernd Meurer: Der rechte Winkel von Ulm, Darmstadt 1987

Kurt Schwitters: Das literarische Werk, hg. v. Friedhelm Lach, Bd. 1-5, Köln 1974-1981

Gert Selle: Geschichte des Designs in Deutschland, Frankfurt/New York 2007

Gert Selle, Jutta Boehe: Leben mit den schönen Dingen. Anpassung und Eigensinn im Alltag des Wohnens, Reinbek 1986

Georg Simmel: Jenseits der Schönheit. Schriften zur Ästhetik und Kunstphilosophie, Frankfurt a. M. 2008

Claude E. Shannon, Warren Weaver: The Mathematical Theory of Communication, Urbana, IL, 1949

Claude Elwood Shannon: Collected Papers, hg. v. N. J. A. Sloane, Aaron D. Wyner, Murray Hill, NJ, 1992

Claude E. Shannon: Communication in the Presence of Noise, www.stanford.edu/class/ee104/shannonpaper.pdf (Zugriff. 2.09.2012)

Mary Shelley: Frankenstein, New York 2003 (Originalausgabe: Frankenstein or The Modern Pormetheus, London 1818, anonym publ.)

Mary Shelley: Frankenstein oder der moderne Prometheus, Frankfurt a. M. 2008

Georg Simmel: Philosophie des Geldes, in: Ders.: Georg Simmel Gesamtausgabe, Bd. 10, Frankfurt a. M. 1995, S. 7-37

Herbert A. Simon: Die Wissenschaft vom Künstlichen, Wien/New York 1994

Peter Sloterdijk, Sven Voelker: Der Welt über die Straße helfen. Designstudien im Anschluss an eine philosophische Überlegung, München 2010

Betty A. Toole: Ada, the Enchantress of Numbers, Mill Valley, CA 1992

Aby Moritz Warburg: Die Erneuerung der heidnischen Antike, Hamburg 2011 (Nachdruck der Originalausgabe von 1932)

Max Weber: Wirtschaft und Gesellschaft. Grundriss der Verstehenden Soziologie, Studienausgabe (MWS), Tübingen 1980

Oswald Wiener: Die Verbesserung von Mitteleuropa, Reinbek 1969